平田清明著作 解題と目録

平田清明記念出版委員会【編】

日本経済評論社

まえがき

一九九五年の春に平田清明先生がなくなられて四半世紀になろうとしている。先生は、経済思想史および政治経済学の理論を専門としたが、一九六〇年代の後半から三十年近く、広い領域にわたって影響力をもった著作家であった。

一九六〇年代の末、環境問題をめぐる市民運動やベトナム反戦運動が起こり、さらに学園紛争が激化していた時期に、先生は『世界』や『展望』などの総合雑誌に論説を次々と公表された。のちに『市民社会と社会主義』（一九六九年十月刊）に集められたこれらの論説は、従来の社会主義像に市民社会の視点が欠けていたことを指摘して大きな反響をよんだ。マルクスの『資本論』の結論が「個体的所有の再建」であるとする主張をめぐっては、テクストの文義解釈から社会主義のもとでの所有制度にまで関連した激しい論争が起きた。マルクス経済学者だけでなく、歴史家、哲学者、宗教者、社会運動家、また学園紛争の渦中にある学生・教員たちがこの論争に関心を寄せた。「市民社会派」というべき潮流がそれによって生まれたとさえ言われた。

先生の主張に関しては、当時から現在に至るまで、賛否両論が併存し続けている。しかし、回顧的にいえば、こう言えないだろうか。日本の社会運動およびそれを支える思想は、この時期に市民社会をテーマにした論争を経たことで、社会主義についての権威主義的なビジョンからの解放に向かうことができた、と。東欧の集権的社会主義体制が崩壊した一九九〇年前後に「新しい市民社会」論が登場したとき、一九七〇年前後の日本の論壇を知る人たちは、ある種の「既視感」（デジャビュ）をもってそれを受け止めたと思われる。

『市民社会と社会主義』における挑戦的な問題提起は、『資本論』に先行する草稿『経済学批判要綱』を対象にした深みのあるマルクス研究に支えられていた。それは、一九七一年に公刊された『経済学と歴史認識』にまとめられている。さらに、その前に、ケネー「経済表」にいたるフランスの経済思想を、スミス『国富論』にいたる英国古典派経済学と対比しながらおこなった研究が存在していた。ケネー「経済表」の生誕を大革命前の旧体制の危機のなかに位置づけながら、この「表」に凝縮された全過程を図形表現の駆使によって解明した『経済科学の創造』（一九六五年刊）は先生の学界での地位を確立した著作であった。先生は、経済社会の総体的解明の鍵となる資本の循環＝回転論、循環＝蓄積論が、ヴェルサイユ宮殿の侍医フランソワ・ケネーから革命家カール・マルクスにひきつがれていることを確認し、それを基礎にマルクスの所有論、市民社会論を論じていたのであった。このことが現在しばしば理解されていないのが残念である。

今回の記念出版では、本冊『平田清明著作 解題と目録』と同時に、一九六一年十一月に先生が京都大学から旧制博士（経済学）を受けられた際の学位論文『フランス古典経済学研究』を刊行する。この著作は先生が学究生活に入られて以降の探求をケネーからシスモンディにいたるフランス経済学における理論的課題と結び付けてまとめられたもので、著者自ら編纂した初期論文集として位置づけることができるだろう。読者は、これまで京都大学図書館に所蔵されたまま未刊にとどまったこの著作のなかに、若き平田清明の苦闘、そして一九七〇年前後に脚光を浴びた平田理論の源泉を探ることができる。

先生は名古屋大学時代、一九七三年春から翌年にかけて在外研究員としてパリに滞在したが、これは研究の重点をテクスト研究から現代研究に移す転機となった。在野のマルクス研究者M・リュベールを訪ねて、その書写したマルクス遺稿を見た先生は、そのオリジナルを保存するアムステルダム社会史国際研究所に向かう計画を放棄した。先生が選択したのは、パリで親交を深めた森有正さんとともに、現代の経験から真理を探究する道を探ることであった。個体的所有の形態は文義解釈ではなく、現代の探求によって答えられなければならないからである。この転機以降の先生は、マルクス『資本論』の読解および方法論的探求とともに、同時代の政治課題や社会運動についても研究するようになった。フランスにおける自主管理社会主義をめぐる政策論争について最新の情報を収集し、また東欧における変革の兆しに関心を寄せた。一九七〇年代中葉にフランスで生まれたレギュラシオン理論に注目し、その日本での紹介者になるとともに、この学派の俊秀と協働して政治経済学の革新をはかろうとした。

一九七八年春に京都大学の「経済原論」担当教授に就任した先生は、マルクス『資本論』全巻のコンメンタールを独力で執筆することを決意する。それは、『経済セミナー』の一九七九年四月号から一九八三年三月号にいたる全四十八回の連載によって完遂された。書籍としては、日本評論社版『コンメンタール「資本」』全四巻（一九八〇～八三年刊）として結実している。この著作の解題は、本冊でも五〇ページ近くを占める長篇になっている。「解題」としては詳細に過ぎるかもしれないが、平田先生のオリジナルな読み方を解説するために紙幅を増やさざるをえなかった。

この「著作解題」を作成・刊行するに至ったのは、門下生たちのあいだでしばしば浮上した平田清明著作集の構想の実現が、現在の出版事情から困難であったからである。著作集の構想は、先生の研究および著作活動は、一つ二つの代表的論文、あるいは単行本で評価できるものではなく、全体として理解されるべきであるという考えにもとづいていた。しかし、図書館の連携システムや文献データベース、古書を含む書籍の流通システムが整備されている現在では、一旦公刊された文献であれば、労を厭いさえしなければ、それを入手ないし閲読することがほとんどの場合可能である。また、著作集が実現されたとしても、それには代表的な著作しか収録できないであろう。

そう考えると、いま必要なものは、著作自体を再刊することではなく、それへのガイドかもしれない。そのようなガイドは、先生の著作が生まれた時の状況を知っている門下生が生きているうちでなければ作成できないだろう。それに詳細な著作目録が加わればガイドとしては完璧であろう。平田先生の著作目録はこれまでにも作成されたことがあるが、完全なものではなかったので、この際、小文をも含む決定版を整備しておく必要があるだろう。

そのように考えて、著作集の代わりに著作解題集・著作目録を作成することになった。数回の打ち合わせのあと、記念出版事業の委員として千賀重義、野沢敏治、八木紀一郎、山田鋭夫の四名があたり、門下生に担当著作の解題執筆の依頼をおこなうことになった。病気その他、万やむを得ない事情により参加できなかった少数の方を除いて、ほぼすべての門下生がこの事業に加わって下さったことに心から御礼申し上げたい。委員四名のうち、千賀、野沢は主として学位論文『フランス古典経済学研究』の校訂を担当し、本冊の「著作解題」の校閲・調整は主として八木、山田が担当した。なお、「著作目録」は浅井和弘がまとめ役をつとめた。日本経済評論社は、この出版企画の趣旨にご賛同いただき、学位論文の同時出版も含めて出版元になってくださった。担当編集者として万端お世話いただいた清達二さまにも感謝を申し上げます。

本冊の著作解題では、巻数に制約のある著作集であればとても収録できそうにない、全四巻の『コンメンタール「資本」』や、エッセイ風にかかれた著書も対象としている。これらの著作の解題では、担当者は読者の代わりに錯綜した章節に分け入ったり、先生のエッセイを愉しく紹介してくれたりする。これも本冊の取り柄ではないかと思う。

二〇一九年七月二十日

平田清明記念出版委員会

本冊編者　八木紀一郎

山田鋭夫

目次

解題・著作目録担当者紹介（五十音順）

赤《あか》間《ま》道《みち》夫《お》
一九五二年生まれ。愛媛大学法文学部で経済学史を担当。『再生産論成立史研究序説』青葉図書などを公刊。

浅《あさ》井《い》和《かず》弘《ひろ》
一九四六年生まれ。岩波書店で「日本近代思想大系」（全二四巻）製作ほか諸種の業務を担当。若森章孝と共同編集で『平田清明著作＝目録と解題』（非売品）を刊行。

安《あ》孫《び》子《こ》誠《しげ》男《お》
一九四七年生まれ。千葉大学法経学部で比較経済制度論、社会思想史を担当。『イノベーション・システムと制度変容』（千葉大学経済研究叢書）などを公刊。

安《あん》藤《どう》金《かね》男《お》
一九四〇年生まれ。名古屋市立大学経済学部にて経済学史を担当。『経済学の世界へ』（共著）有斐閣などを公刊。

伊《い》藤《とう》正《まさ》純《ずみ》
一九四七年生まれ。立命館大学産業社会学部などで経済学理論、社会発展論を担当。『スウェーデンにみる個性重視社会』（編著）桜井書店などを公刊。

井《い》上《のうえ》泰《やす》夫《お》
一九五一年生まれ。名古屋市立大学経済学部などで制度経済学・現代資本主義論を担当。『世紀末大転換を読む―レギュラシオン理論の挑戦』有斐閣などを公刊。

植《うえ》村《むら》邦《くに》彦《ひこ》
一九五二年生まれ。関西大学経済学部で社会思想史を担当。『隠された奴隷制』集英社新書などを公刊。

金《かな》谷《や》義《よし》弘《ひろ》
一九五五年生まれ。鹿児島県立短期大学、宮崎大学で金融論・経済原論・情報経済論等を担当。『管理通貨と現代資本主義―インフレーションと投機の経済学』（文理閣）などを公刊。

後《ご》藤《とう》康《やす》夫《お》
一九五一年生まれ。福島大学経済学部などで政治経済学・現代資本主義論を担当。『世界経済危機とマルクス経済学』（共著）大月書店などを公刊。

斉《さい》藤《とう》日《ひ》出《で》治《はる》
一九四五年生まれ。大阪産業大学で社会経済学を担当。『グローバル化を超える市民社会』新泉社などを公刊。

佐《さ》々《さ》木《き》政《まさ》憲《のり》
一九四七年生まれ。稚内北星学園大学情報メディア学部で経済学・地域経済論・情報経済論などを担当。『オルタナティブ・ソサエティ―時間主権の回復』現代企画室などを公刊。

佐《さ》藤《とう》滋《しげ》正《まさ》
一九四七年生まれ。尾道市立大学で経済学史・政治経済学等を担当。『リカードウ価格論の展開』日本評論社などを公刊。

千《せん》賀《が》重《しげ》義《よし》
一九四三年生まれ。横浜市立大学商学部などで経済学史・社会科学概論などを担当。『リカードウ政治経済学研究』三嶺書房などを公刊。

野《の》沢《ざわ》敏《とし》治《はる》
一九四四年生まれ。千葉大学法経学部（現法政経学部）などで経済学史・社会思想史などを担当。『社会形成と諸国民の富』岩波書店などを公刊。

花《はな》田《だ》昌《まさ》宣《のり》
一九五二年生まれ。熊本学園大学にて、社会政策学を担当。『水俣学研究序説』（編著）藤原書店などを公刊。

平《ひら》野《の》泰《やす》朗《ろう》
一九四八年生まれ。福岡県立大学人間社会学部などで労働経済学・社会保障論等を担当。『日本的制度と経済成長』藤原書店などを公刊。

八《や》木《ぎ》紀《き》一《いち》郎《ろう》　編者紹介参照。

山《やま》田《だ》鋭《とし》夫《お》　編者紹介参照。

若《わか》森《もり》章《ふみ》孝《たか》
一九四四年生まれ。関西大学経済学部で政治経済学を担当。『新自由主義・国家・フレキシビリティの最前線―グローバル化時代の政治経済学』晃洋書房などを公刊。

著作解題

『経済科学の創造』解題

岩波書店、一九六五年七月刊、xvii＋五六五＋三〇頁

Ⅰ　概観および書誌

『経済科学の創造――「経済表」とフランス革命』は、一九六五年七月に岩波書店から発行された。Ａ５判、総計約六〇〇頁、うち緒論一九頁、前篇二〇二頁、後篇三一〇頁、索引・文献目録三〇頁から構成され、第二版は一九七一年八月に発行され、内田義彦に献辞が捧げられている。

同書は全文書き下ろしの書であり、一九六一年三月頃から三年数ヶ月かけて執筆された。この間、共著『社会思想史概論』（一九六二年）の出版、論文二編、辞典の分担執筆、書評、三つの学会報告はあったが、著者のほぼ全努力は、本書の執筆に注がれている。当初の執筆原稿は四百字で二四〇〇枚に上り、「書き直して半分に圧縮」された。同書の「あとがき」で、著者は、こう記している。

「私は、この書物を書きはじめてから、なんと、検討すべき論点が三〇〇を下らぬことを知って、愕然とした。しかし、対象への、苦渋に満ちた批判的内在が、対象の総体認識への道を一歩でも切り拓くとき、そこに劃然として開ける境地は、人間としての自己存在を確証させるものであった。」

著者のケネー研究は、一九五〇年頃にはじまる。すなわち、「ケェネーの『明証論』における感覚論と偶因論（I）」（一九五〇年）、「ケェネーにおける動物生理学と政治経済学」（一九五一年）等々が、マルクス地代論の研究と並行する形で執筆された。他方、『ケネー著作集』（一九五九年）に収められるケネーの諸論稿の翻訳もおこなわれた（「王立外科医アカデミー紀要論文」「明証論」「経済表」）。著者の研究対象は、スミスやシスモンディ、さらにはマルクスまでをも射程に入れて、ケネーを中心にしたフランス古典経済学の全体的な流れを摑み出そうとするものであった。その成果は、ひとまず、京都大学への学位請求論文『フランス古典経済学研究』（一九六一年）にまとめられていく。同請求論文の「本研究の構成」で、著者は、当研究を通じて資本循環回転論と連繫した経済表理解の重要性を自覚した、と語っている。『経済科学の創造』は、獲得されたこれら基礎範疇を梃子にしてケネーの解読をおこなったものである。

同書は、緒論（「古典研究の課題と方法」）、前篇（「アンシャン・レジームの危機とその超克」）、後篇（「『経済表』の解析」）の三篇で構成されている。前篇では、フランス革命直前の時期への時論的アプローチによって、農業・市場・財政・国家についてケネーの胸に突きささった「危機意識」が描き出され、後篇では、「経済表」への理論的アプローチによって、表の成立以前・原表・略表・範式の解析を通して、「表」に凝結されている「経済科学」の諸範疇が探求される。そして、この時論的と理論的の二つのアプローチに、さらに、経済史的および社会思想史的という二つのアプローチを絡ませて、「統一したケネー像の論理的再構成」が目指されている。

本書を読むに際して、「緒論」で著者は、特に次の二点について、読者の注意を促している。第一に、ケネーの「経済表」が一個の経済学的「虚構」であることについて、第二に、研究者として自らが採った基本態度について、である。著者は言う。ケネー「経済表」は一個の経済学的「虚構」であるが、ルソーの『社会契約論』の

「虚構としての真実性」が、その政治学的虚構によって切り拓かれた視野へのわれわれの驚きに存したように、本書は「経済表」を、「虚構としての不自然さを知り尽くしたうえで、その虚構としての真実性を承認する」という読書態度で臨む、と。そして、そのことは、「研究主体が時代そのものに対して批判的」であることと結びついている、と言う。すなわち、時代（歴史）は研究の対象と主体との双方を捉え、研究者に問題意識を吹き込むが、しかし、研究者が時代それ自体から身をもぎ離し、時代に対して批判的であるときにのみ、「批判的時代意識は、研究の対象を時代のアクチュアリテから引き離し、客観的な素材《マチエール》として確立する」、と。古典を徹底的に読み抜くことで知られる著者の学風が、そこに籠められた熱さとともに、よく伝わってくる記述である。

『創造』刊行後の著者のケネー研究あるいはフランス古典経済学研究は、直後に書かれた「ケネー経済学体系」（一九六五年）、および『経済学事典』（一九六五年）への諸項目（「シスモンディ」「生産的消費・個人的消費」「生産的労働・不生産的労働」）の執筆、訳書『ケネー経済表』（一九九〇年・二〇一三年）、および、ケネー生誕三百年を記念した経済学史学会共通論題報告「ケネー経済表とその理論的意義」（一九九四年）に限られる。研究の重心はマルクスに移され、『創造』で獲得された回転循環論視座が、『経済学批判要綱』『資本論』のテキストへの内在を通して再構成されていき、これらは、一九六六年以降、諸誌（『思想』『世界』等）に相次いで発表され、『市民社会と社会主義』（一九六九年）および『経済学と歴史認識』（一九七一年）となって結実していく。

以下、IIでは、本書前篇の十八世紀フランス社会とアンシャン・レジーム下でのケネーの理論的格闘が、IIIでは、本書後篇の回転循環論視座からするケネー経済表の解析図による解読が、IVでは出版後の本書への反響が、それぞれ論じられる。

II　前篇――アンシャン・レジーム下のケネー

前篇の「序説」では、多くの「虚像」を伴って語られてきたケネーの「実像」が描き出される。シュンペーターがフィジオクラートを「セクト」と呼んだように、ケネーの弟子たちは「経済科学」という名の「原理」を奉戴した。師は弟子に裏切られる、と著者は言う。『原理』を構成する諸範疇を日常に用いること」を自らの使命とする弟子たちは、「原理」を、「原理」としてだけでなく、「原理」に内包された「時論的主張」を絶対の真理として主張するが故に、と。「経済表」は、師ケネーの「孤独な魂の所産」なのであった。それは、すでに三年前に始まっていた七年戦争の「戦争継続の不可能性を証明するものであり」、「和平を進言するためのメディア」、「アンシャン・レジームの死亡診断書」であり、そこには、「絶対王制自己崩壊のプロセスが、数量表現をともなって、写しとられていた」。したがって、既存の「絶対主義国家権力」にとって「危険なもの」であった。この緊迫した政治状況の中では、「ひとり原理のみが血路を切り拓きうる」。著者は、こう言って、農業改良・交易の自由化・財政改革・デスポティスム・レガル〔法受託者支配〕を政策的骨子とする「経済表」の政策的立論を辿ることを通して、「経済表」の「原理」に籠められた、ケネー経済理論の精髄に到達しようとする。

第一章「戦略体系と基底体制の危機」では、ケネーが眼前にしていたフランスの危機が活写される。すでに、ヨーロッパの主導権はフランスからイギリスに移り、太陽王の栄光は一片の幻想と化していた。軍隊は農民から「人身」と「富」を奪い、本源的蓄積ファンドである「収入」の減少をもたらしている。国民全体の「ロイアルティ」の確保が不確かになってきたのである。ケネーは、ローマ帝国の軍事的専制主義の滅亡を想起しつつ、

「強国」観念の旋回が現実に進行しつつあることを的確に見据え、その旋回点の判定基準を、「信教の自由」と「富の継続的な基本」が確保されているか否かに、定置した。そして、「君主の主権」を存続させるのは、「法の権威と、互いに抑制し合うコウル〔身分諸団体〕の均衡と、これらのコウルに関連し、その権限を制限し保証するところの法」〔『人間論』〕によってのみなのだが、この支配諸階級の勢力均衡のうえに聳立した絶対的王権が崩れるとき、「君主制的専制主義」は「軍事的専制主義」に急転する、と言う。すなわち、「オート・ブルジョアジー〔前期的金融業者・徴税請負人・特権商人・投機師の集団〕」が主権者自身以上に強力になった「コウル」として「主権者」と「同盟」を結ぶとき、主権の実質が簒奪され、それによって「主権の形式的発動→軍事力の発動が規定され」てしまい、そのことは、「主権者」にとっても「その大臣」にとっても怖るべき危険な「ブルボン王朝顚覆の危機である」、とケネーは警告するのであった。著者は、この「旧制度」の全般的危機の中で、国家顚覆の可能性をはらむ「無秩序」=「乱脈」の六つのモメントを剔出する。I 産業規制の一般化〔独占の精神〕と低穀価=低賃金政策の強行、II 都市治安維持を目的としていた「食糧調達機構」の低賃金確保制度への変質、III「農民保護政策」の農民犠牲政策への機能変換、IV 再編「領主制」的公権力の発動と恣意的課税、V 零細分益小作農経営の蔓延〔耕作放棄・脱農民化〕、VI 支配階級の免税特権と「間接税」体系、である。そして、このような「アンシャン・レジームの全般的危機を構成する最深のモメント」が、「エコノミスト・フィロゾーフ」によって「未来への前望的ヴィジョン」としてどう捉えられたかを、農業問題・市場問題・財政論・国家論にわたって、以下の四つの章で検討していく。

第二章「農業近代化の展望」では、「大農経営の全般的確立」というケネーの基本テーゼが議論される。それは、単に「自然の秩序」の回復にとどまるのではなく、「資本制農業の全面展開を、資本・賃労働関係の全面開花を、そしてフランスの近代的再生を、意図するもの」である。著者は、M・ブロックの、「技術の歴史は、結局、人間精神の交流の歴史に他ならない」という言葉を援用しつつ、「明らかに農業革命は、……『理性の時代』において急速に進展する」ものであり、「農民層の近代的分解の波頭に立とうとしたケネー」の基礎視角が、決して弟子達の「地主的改革」の「無邪気な幻想」に解消されるものでないことを強調する。牛耕・二圃制の小農経営から馬耕・三圃制の大農経営への転換、「資本・賃労働関係に立脚した自由な新機軸創造者entrepreneur」の出現への展望。そして、「コンスティテュシオン・ドゥ・ラント〔寄生地主的な半封建的土地所有〕」に対する批判。ケネーの「農業王国」の復活論は、生産における新機軸と制度批判が一体不可分となって展開されるものであり、「自然の秩序と正義の秩序」を語り出すものである。この第二章第三節の表題「寄生地主制の抑制」には、著者の一九五〇年代の地代論研究の反映が認められ、また、「『経済表』は、輪作経営様式が不可避的に生みだす回転期間分析に立脚するものである」という記述には、回転循環論を基礎視座とする本書後篇への予告を読み取ることができる。

第三章「自由化のヴィジョン」では、「レッセ・フェール」が、単に貿易自由化の一般的テーゼではなくて、「一国再生産構造の正常的＝自生的発展」と結びつくヴィジョンであったことが強調される。すなわち、「レッセ・フェール」は、「都市対農村」のコルベール的規制機構からの解放、特権的商人の「コンパニイ」による前期的独占的な「穀物倉庫」に対置させられた「自由倉庫」の創設、生産力増大の政策的槓杆としての大農化の提唱、であった。また、「必要悪」としての外国貿易というケネーの把握の中に、すでに、「生産資本循環と市場問題、および個別資本の循環過程と社会的総資本の表式論的連関についての、初期的探索が見られる」ことを指摘して、ケネーの外国貿易論を初期と後期で分断するS・バウアーの機械的な整理が批判され、ケネー外国貿易論の初期から後期への一貫的把握の必要が強調される。「価格の自然状態」としての「良価 bon prix」という概念は、「所有の安全」と「自由競争」のうえに成立する穀物の世界的交流の「自立的原理」として、ケネーの初期から晩年を串貫しているのである。

第四章「財政改革プラン」では、「自由化」に続いてエコノミスト・ケネーの不変のテーマであった「財政改革」が俎上に載せられる。「経済と国家とをむすぶ結節点」である「財政」についてのケネーの議論は、全労作を通じて多彩な色調変化を示している。『借地農論』『穀物論』『租税論』における、租税の割当制と恣意性批判・租税原則論・間接税批判の開始と租税転嫁論、「原表」における、直接的単一地租制の提起と間接税の全廃の主張。著者は、「経済表」に至るまでのケネー租税論の軌跡を「発生史的に記述」し、それを踏まえて、「ケネーによって確立されたフランス古典経済学」にあっては、「租税論」は、「転嫁論を通じて、価値・価格論という経済学の基本原理にみずからを基礎づけると同時に、他方では、国家活動の理論的・批判的解明を通じて、国家の問題を経済学体系のなかに定置するものであった」、と総括的な記述を与えている。そして、ここでも、「利権を伴う職務 charge や官職 offices の創設」という、「主権者以上に強力になった」オート・ブルジョアジーの「コウル」に対する、公債制度批判・間接税批判におけるケネーの革新的な姿勢が摘出され、同時に、また、単一地租制において「生産的消費部分」と「不生産的消費部分」との範疇的区別の確立という理論的発展にも、注意が促される。

第五章「デスポティスム・レガルの虚構」は、前篇の最終章であり、後篇の最終章（第十一章「絶対王制の自己否定」）とともに、ケネーの「国家論」を俎上に載せている。ケネーの国家観は「主権理性説」と言われるが、「理性」とは「経験」と「法則」の間に介在する「中間者」である、と『動物生理学』で述べられているように、ケネーにおいて「理性」による「明証」とは、フィジークな世界とメタフィジークな世界（「信仰」の世界）の共存関係の中に立つものであり、「自然法則」は、「物理的であるとともに道徳的なもの」（『自然権論』）であった。そのような理論感覚が、「社会の起源と国家の起源を区別し」「社会を国家に等置しない」「社会の一定の状態が権力としての国家を不可避的に成立させる」という、エコノミスト・ケネーの眼を養ったのであった。そして、そのようなケネーの主権理性説が政体論と結びつくとき、「政体」の三つの「理念型」――「モナルシイ」「アリストクラシイ」「デモクラシイ」――を混濁させた当今の「混合政体」が倍加させる弊害に対して、「社会と国家とを区別しながら、しかもなお、両者の連関を実体的に把握する」という、ケネーの「デスポティスム・レガル」論が、「ますますその切れ味を示す」ことになる。ルソーが、立法を人民の「一般意思」に委ね、この「一般意思」による「政治的国家の人為的作為に関する虚構の論理を構成すること」に力点をおいたのに対して、ケネーは、「新しい経済社会の理論的虚構を構成することに、研究と叙述の力点をおいた」のであった。こうして、「自然法」を前提にした国家が「経済学的」に語られ、「権力の自動制御装置」が「おのずから形成され、時におうじて発動する」「デスポティスム・レガル」が展開されることになる。「専制 despote」とは「受託者 despositaire」に通じ、「デスポティスム・レガル despotisme légal」とは「法 lex を受託されたものの支配」の謂であることに注意を喚起し、また、血統とは無縁に「主権」の人格的定在が変化する中国をケネーが評価していたことを指摘しつつ、著者は、前篇を終える。

Ⅲ　後篇――『経済表』の世界

さて、「後篇『経済表』の解析」では、いよいよ著者によるケネー経済表の謎解きが展開される。だが、最初の八〇頁余りは、ケネーの時代認識と密接に絡み合った彼の経済理論の分析である（第一部　基礎視角の検証）。これを踏まえて、「第二部　原表研究」から『創造』の叙述を特徴づける解析図による分析が始まる。解析図こそは、ケネーの原表から、略表を経て、範式に至るまでの経済表の完成過程（一七五八年から一七六五年までの八年間）を追体験するために著者が読者に提示した道案内の手段である。それは、ケネーの経済学説における文章表現とその造形表現である「経済表」を媒介するツールでもある。ここでは著者による解析図の展開を再現することはできないが、最も単純な「売戻」と「買戻」の解析図に始まって、それが生産階級に始まって、不生産階級、地主へと複雑化していくにしたがって、経済表「原表」にたどり着く過程を著者とともに追体験することができる。解析図による分析は、さらに、略表、範式へと大きな山を目指す山登りに似た様相を呈する。原表、略表、範式をそれぞれ切り離して分析するのではなく、ケネーがわずか十年弱の時間のなかで展開した研究の軌跡を示す重要なモメントとして捉える視角である。

一体、著者のケネーへの内在的研究はどのように始まったのか。著者自身によれば、「経済的時間――資本の回転循環によって規定される歴史的時間――のなかに生きる人間が、その市民的実感にひたされた日々の生活を再生産することを通じて、物質的な産業連関に外化される体制的人間関係をみずから再生産する諸過程の構造に関して、人類の英知がこれまでどのような批判的理論認識を我がものとしていたか、この点、虚心に古典から学ぶこと」（『創造』あとがき）、これである。そして著者が「経済表とフランス革命」（『創造』サブタイトル）というテーマに問題意識をあらためてかきたてられたのは、「右の点について従来まったく未開拓で、しかも最も基礎的な視座が、このテーマ＝研究対象そのものに秘められていたからに他ならない」（同右）。特記すべきは、著者の研究の開始において、「資本の回転循環」によって規定される歴史的時間こそが経済時間として把握されていることである。一定額の貨幣である資本はつねに動いている資本であり、それは、あらゆる資本要素をつねに移動している。いわば、過程にある資本 le capital en procès である。マネーとしての資本が排他的に重視されるのではない。それは、農業であろうと工業であろうと基本的に同じである。

このような分析視角に立つとき、経済学説の歴史的形成において、ケネー、スミス、そしてマルクスという強いラインが浮き上がる。実際、著者は『創造』における経済表の分析のなかで、これら三者の学説の比較検証を要所において展開している。ただし、その場合、「後代の理論的巨星の分析用具をもってして裁断されうるかぎりでのケネー体系の腑分け」（一六頁）が問題となっているのではない。むしろ誤解を恐れずに言えば、ケネー→スミス→マルクスは、『創造』の通奏低音を形成している。これら三者を結びつけているのは、再生産論と呼ばれる研究領域であり、しかも著者によって新たに切り開かれたのは、回転循環論を踏まえた再生産論である。『創造』は、ケネー理論の総体的研究であるが、その背景には、新たなスミス研究への示唆、マルクス研究の忘れられた視座が鮮明に存在している。一九六〇年代前半における日本の学史研究への著者の強い呼びかけ、パトスの展開に接することができる。著者の意図するところは、「学史研究」の「旋回」（五頁）である。

著者の「資本の回転循環によって規定される歴史的時間」をもう一歩踏み込めば、経済表の世界は、原表から範式に至るまで、一貫して、農業だけでなく工業を含む産業部門における資本の回転循環分析によって特徴づけられていることがわかる。このような一貫した理論的視角を徹底させることにより、経済表のもつ理論的重要性が浮き彫りになる。売戻、買戻を意味する前払、その具体的表現である「年前払」「原前払」などの概念が基本的概念として定義される。そして、資本の回転循環分析が展開され到達した地平こそが、充用資本概念の確立と社会的総資本の構造的分析である。分析のカギとなるのは、ケネーの掘り当てた「原前払利子」概念の重要性である。現代のタームで言えば、固定資本価値の減価償却過程における部門間での価値補塡、使用価値補塡のもつ意味である。この観点に立つとき、原表のジグザグライン、略表のクロスライン、そして範式の五つの線分、これら三つの造形表現は、ケネーの経済表構想過程をその時々において表現した作図であることが明らかになる。異なる造形表現であるにせよ、それらが語りだす内容は理論的に一貫している。ケネー研究を経済表の異なるそれぞれのモメントに固定して展開するとき、その時々でケネーの学説は異なっているように見える。だが、それは学史研究の王道ではない。同一の人物による理論を体系的に網羅的に研究対象として捉える重要性を、著者は示している。細部に至るまで手を緩めず、しかも全体を見失わないような学史研究こそ、現代においてもますます重要になっている。

しかもこのようなケネーの「資本の回転循環過程分析」視角を生み出したのは、彼による農業資本分析への批判的内在であった。ケネーは、たんに農業が重要であるという意味での農本主義者ではなかった。そうではなく、農業経営という現場に内在することによって多年的経営分析に自ら取り組み、会計的、簿記的分析の世界を生きることによって、ケネー経済表は生み出された。決してベルサイユ宮殿の優雅な生活のなかから生まれたものではなかった。農業経営に批判的に内在することにより、彼は小農経営と大農経営という対立的な成長モデルを析出する。そして前者ではなく後者こそが、フランス農業の復活の契機となる、これがケネーの批判的分析の結語であった。ここから、ケネーの農業資本の回転循環過程分析が生まれ出たのであり、彼は工業資本に対しても同様の分析視角を適用している。農業資本こそが生産的であるというテーゼを固持しつつも、である。

このように見るとき、ケネー経済表は、ケネーの同時代への批判的認識と不可分であることがわかる。『創造』

はすでに述べたように、ケネーの理論分析だけでなく、理論分析を支えたケネーの批判的社会経済分析のもつ重要性を繰り返し叙述している。後代の言葉で整理すれば、十八世紀後半において展開された絶対王政の全般的危機であり、これに対してケネーがベルサイユ宮殿に国王の侍医として登り詰めた結果、何を見て、どう判断したのか。『百科全書』に寄稿されたケネーの初期の諸論稿から、ミラボーとの共著である『農業哲学』（中期ケネー）を経て、後期の範式段階に至るまで、ケネーの頭に去来したのは、フィナンシエ、フェルミエ・ジェネロー、ネゴシアンなど絶対王政の特権的利権と規制に癒着した利害集団への徹底した批判意識であった。そして、封建的土地所有が貨幣経済の浸透とともに半封建的土地所有関係に転化して、零細農民を債務奴隷化していることに、農業危機批判の礎を置いた。この批判意識が重商主義批判として経済政策批判となり、そして「農業だけが生産的である」とのテーゼを生み出す。当時の思想界において農業ブームは強く存在したが、「商工業は不生産的であり、農業だけが生産的である」と述べたことによって、ケネーの周りには、数多くの思想的敵対者を生むと同時に、師の考えに同調する弟子たちも出現した。経済学史上における、「フィジオクラシィ（自然の支配）」という最初の「学派」の出現といわれる所以である。マーカンティリズムvsフィジオクラシィの論争は数々の著作を生み出して経済政策論争は展開されたが、肝心の経済表の世界はケネーの死とともに忘れられていく。ルソーが十八世紀末フランスにおける体制外疎外者であり、ケネーはそれに対して体制内疎外者であった、と著者は述べている。きわめて重みのある結語である。

絶対王制の末期的段階に立ち会ったケネーが見たのは、年々の国家財政を次年度以降の農業収穫を抵当にした借入でやり繰りする財政赤字累積の現実であった。金融的利害に寄生する金利業者、商業的特権にすがりつく商工業者たちが主導する政策路線は、国富の中心である農業を軽視して食い尽くすことによって「顚倒した」政策でしかない。ケネーの医師としての社会診断はこれに尽きるが、彼の独自性は、そこから出発して、経済表の世界をその晩年の数年間において構築したことにある。すでに述べたように、『創造』はこのケネーの時代への批判的論説と抽象的論理展開（経済表）を一体として捉えて分析しているのであり、ここに『創造』の大きな魅力が存在する。『創造』という著書自体が大きな山であり、読み手にとり挑み甲斐のある大きな作品である。すでに述べたように、『創造』はケネー・スミス・マルクスという通奏低音を備えているが、さらに、叙述の節々において、著者である「私」と「読者」が登場している。書き手としての私がどのような思いで叙述しているのか、著者の当時の生の声、息遣いをわれわれは今もなお、行間にくみ取ることができる。その一方で、『創造』に挑む読者に対して、たえず「書き手」からの発言、メッセージが発せられている。ここに、読者とは、ときに従来のスミス研究者であり、同様にマルクス研究者である。きわめて印象的であるのは、当時の研究水準への理論的な挑戦が展開されていることである。『創造』の冒頭において、すでに「著者が読者にむかって直接に提供するものは、……「謎」にみちた一経済学説の批判的解明である」（二頁）ことが明確に宣言されている。

Ⅳ　本書の反響

『創造』は、すでに述べたように、一九六〇年代初めに執筆され、出版されている。当時においてすでに、久保田明光、坂田太郎、越村信三郎、渡辺建、渡辺輝雄、菱山泉たちの研究が展開されていた。そして、『創造』が上梓されて半年後、同世代の学史研究者であり、異なる観点からケネー経済表に内在していた菱山泉は『創造』への書評のなかでつぎのように書き留めている。

「著者はこの書物において、広汎にして徹底的な文献考証によって、ケネーが問題にしたほとんどすべての領域をば貪欲といってよいほどの吸収力を発揮して、くまなく探求した。かくてこの書物は、とり扱う問題の広さと分析の深さとにおいて、読者を圧倒するに足る実力を備えている。……わたくしは、一コの研究者が自己を限界状況にまでおいつめたときにどのような力が発揮できるかということをこの書物によって思い知らされた。……ともあれ、今後この方面の研究にたずさわるものとしては、……それからの前進の度合を測るべき里程標としての、まことに重い荷物をば背負うことになった。しかし、学問における進歩とは元来そういうものなのかもしれない。」(『経済研究』第一七巻第二号、一九六六年四月、一八二〜一八三頁)

さらに、坂本慶一(『龍谷大学経済学論集』第五巻第四号、一九六六年)、宮崎犀一(『思想』五〇八号、一九六六年)、吉原泰助(『土地制度史学』九巻一号、一九六六年)、の諸氏がそれぞれ書評を執筆している。『創造』執筆の当時において、著者が述べているように、戦後の高度成長の本格的展開のなかで、「価値意識と美意識のアナルシイ、未来像の不統一」が「この国にデカダンスを刻印している」。著者自身による当時の日本への批判的認識こそが、「フランス革命前夜の財政危機」に取り組んだ「ケネー経済学を、喚び起す」(六頁)。

『創造』が世に出てすでに半世紀が経過し、日本と日本を取り巻く世界の状況は大きく変化している。マーカンティリズム的言説は資本主義の歴史とともに旧く、現代にもよみがえる言説である。マネーゲームという金融バブルに依存することによってしか現代の資本主義は生き残ることができないのか。二十一世紀の社会的、時代的文脈のなかでケネー経済学をもう一度考えてみる必要がある。この意味においてこそ「学史研究は完結することがない」(一四頁)。

〔付記〕この「解題」は、ⅠとⅡを佐藤滋正が、ⅢとⅣを井上泰夫が担当し、それぞれの原稿を叩き台として、数度にわたる議論を経て成稿に至ったものである。

『市民社会と社会主義』解題

岩波書店、一九六九年十月刊、vi＋三四五＋三頁

I　成立の背景と経緯

本書は、著者の十八世紀ケネーに関する経済学史研究に続く十九世紀マルクス研究の学術的成果を、広く日本の一般読者に伝えるものであった。それは、資本主義社会の歴史的な独自性と未来社会への展望について誰もが自由に議論できるようにするための素材として提供され、研究者と一般読者の協力によって社会認識が深められることを願うものであった。

日本資本主義は戦後の高度経済成長を経て変わったのか、未来に展望される社会主義社会とはどのような社会であるべきか。平田は、一九六〇年代後半におけるこのような現代的問題に対する解答の核心は、マルクス『資本論』をマルクス市民社会論として読むことにあると考えて、一九六七年に論文「歴史理論としての『資本論』――マルクス市民社会論の生成と展開」（『思想』一九六七年五月号）を執筆する。この論文は、最後に「社会主義社会における市民社会」という問題を論ずる予定であったが、紙幅の関係上、この部分は割愛された。この割愛された部分が、翌年、独自の論文として発表された、本書第三章「市民社会と社会主義」の初出論文「社会主義と

市民社会」（『世界』一九六八年二月号）の原形である。

本書の中核部分をなしている第二、三、四章は、過去の古い共同体が崩壊して誕生した近代市民社会が、諸個人の自由、平等なあり方にも拘わらず、資本主義社会という階級社会として成立していることを理論的に解明している。

個々の資本は循環と回転の運動を通して他の諸資本との社会的相互作用に入り、時間的空間的に拡がった社会的総再生産過程を形成する。資本存立の歴史的に形成された条件の下での資本の本源的蓄積過程が、資本存立の条件を自ら再生産する資本の本格的蓄積過程へと転化する。本書は、同時期に執筆された「循環＝蓄積」論視座を提起した『経済学と歴史認識』所収の諸論文と併せて読まれるべきである。

ところで、近代市民社会においては、市民は私的なあり方ではあるが、個人として解放されている。また、共同体的所有に代わって市民社会を成立させる「私的所有」は、私的形態においてではあるが、「個体的所有」を成立させている。

この場合、社会の歴史的な変遷と連動している個人のあり方について、「私的」と「個体的」を区別することが重要なポイントである。ここから、史的唯物論が再検討され、資本主義社会からの経済的な人間解放としての社会主義社会が、「個体的所有」の再建される社会として展望される。

さらに、第五章と第六章は、近代市民社会における個人の「私的個体」という矛盾したあり方を観念的に解決しようとする宗教としてのキリスト教を取り上げ、観念的宗教的な人間解放に代わる現実的実践的な人間解放としてのマルクス主義における「社会革命」を対置する。

最後に、近代市民社会における人間解放の課題として、経済的、宗教的な解放と並んで政治的解放が問われなければならない。本書の第七章は、「プロレタリア独裁」を社会主義に向かう自己解放過程と捉えた上で、この問題に焦点を合わせている。

平田は、「市民社会と社会主義」という問題を探究する動機の一つとして、国家論、帝国主義論を構築するという問題意識を抱えていた。そこには、マルクス主義とレーニン主義の連続と差異という平田の長年にわたる問題意識が投影されている。それは、西欧基準のマルクス歴史理論の適用可能範囲はどこまでかという問題意識でもある。

Ⅱ　各章の内容

第一章　市民社会の歴史のなかで——ヨーロッパで考えたこと

ヨーロッパを旅して平田は次のようなことに気付かされる。

ヨーロッパにおいては、過去の遺物が美的な存在として連続した分厚い歴史を形成している。ヨーロッパの知性は、堆積した過去の諸事実との厳しい内面的な対決を通して、そこに世界普遍的な諸価値の体系を見出すべく努力を積み重ねてきた。

翻って、今や近代国家となった日本において無いもの、それは威厳に満ちた具体の過去であり、それに対する不断の対決である。日本人にとって、過去とは忘却されるものであり、歴史とは思い出に過ぎないものとなっている。

我々は、自分の過去並びに日本社会の家族的構成に規定される原思考と対決しつつ、自分たちの近代を作り出してきた西欧精神の強靱さから学ばなければならない。

第二章　マルクスにおける市民社会の概念

マルクスは西欧知性に宿る市民社会史としての歴史把握から学んで、「市民社会」を歴史の理論的分析にあたっての方法概念とした。

近代市民社会における社会形成は、⑴経済的、政治的、道徳的諸過程の共時的展開として捉えられるとともに、⑵「市民社会」の「資本家社会」への「転変」として理論的に把握されることとなった。マルクスの「領有法則の転変」の理論である。

この「転変」の過程には、商品・貨幣所有者の資本所有者への経済的転変が基底として展開すると同時に、市民的所有権の資本家的領有権への転変の過程が伴っている。

このような近代市民社会における交通様式は、市民的生産様式によって生み出されているのであるが、そこには「個体的所有」が「私的所有」という形態においてではあるが成立している。また、他人の労働生産物を、さらには他人の労働を、商品交換により、購買＝支配するという独自の「領有様式」が生み出されている。この独自な「領有様式」が、商品生産者たちの自由競争を通して、「資本家的領有様式」へと「転変」するのである。

第三章　市民社会と社会主義

『資本論』研究の旋回が求められている。そのためには、これまで重要でありながら見失われてきた基礎範疇、すなわち「所有」、「交通」、「市民社会」を再検討することから始めなければならない。

『資本論』は、生産、交通、所有という三次元において所有論を展開し、市民社会における市民的所有の資本家的領有への「転変」を叙述したものである。

所有論としての『資本論』という認識こそ、『資本論』研究の第一歩である。

市民社会における私的個人の私的労働は、社会的生産有機体という内実においては、個体的労働である。同様に、市民社会における私的所有は、内面的には個体的所有である。

マルクスは、個体が排他的な私人でしかなく、個体的労働が私的労働としてしか実存しない社会、したがってまた個体的所有が私的所有としてしか実存しない社会を批判するために、価値論としての商品論を展開したのである。彼は、この商品論から出発して、貨幣論、貨幣の資本への転化論へと積み上げていく。

マルクスの経済学において重要な基礎範疇が見失われていたように、史的唯物論においても、共同体から近代市民社会への移行という世界史認識の基礎視座が見失われていた。

わが国では、史的唯物論は、生産手段の所有・非所有によって世界史を、原始共産制－奴隷制－農奴制－資本制－社会主義と区分する階級史観であると誤認されてきた。

しかし、階級関係を解明するためには、階級関係が成立する基礎そのものをまず明らかにしなければならない。アジア的・古典古代的・封建的および近代市民的な生産様式とは、直接に階級的な生産様式を指しているのではない。そこから階級的生産様式が生まれる基礎そのものである。

このような史的唯物論の立場から、社会主義社会はいかなる社会として現れるのか。

それは、資本家社会へと「転変」する近代市民社会において、私的形態によって歪曲されていた勤労人民の個体性、個体的労働、個体的所有が真実に開花する社会、生産手段の共同占有、協業を基礎として勤労者の個体的所有を再建する社会である。

第四章　市民社会と唯物史観――範疇と日常語

市民社会の日常語、例えば、交換、取引、価値、労働などは、特殊歴史的に成立したことばであると同時に、いわば歴史貫通的な内容をも示している。

交換は、商品交換であり、また意見や手紙の交換でもある。

労働は、賃金を支払われる雇用労働であると同時に、人間の自然に対する歴史普遍的な働きかけでもある。労働の二重性を概念として獲得することが根本的に重要である。

市民的用語の二重性を批判的に継承する者こそ、特殊に歴史的、社会的な過程のなかに歴史貫通的な普遍的人間形成の過程を読み取ることができる（本質分析的方法）。また、これを通して、何故に、普遍人間的な営みが、特殊歴史的な姿をとって現れるのかを追究することができる（発生史的方法）。これが、史的唯物論の方法である。

第五章　マルクスにおける経済と宗教

マルクスの経済学は、私的所有の経済学的分析を通じての近代所有権法の批判であり、また西ヨーロッパ的宗教形態であるキリスト教に対する内在的な批判でもあった。

青年期のマルクスは、『ユダヤ人問題』において最初の疎外論的思想を展開し、ユダヤ教、キリスト教が市民社会の宗教的疎外形態であり、それらが貨幣物神を揚棄せんとする宗教形態に他ならないことを論じた。

中期以降のマルクスは、貨幣発生の謎を解く鍵を『ヨハネ黙示録』から示唆を与えられながらも、『経済学批判要綱』などにおいて、市民社会の経済学的研究を通してキリスト教批判を試みた。

第六章　キリスト教とマルクス主義

キリスト教は、被抑圧者の立場からの、人間の私的個人としてのあり方に対する批判であり、原罪の展開としての歴史的現在に対する審判の意識であり、そのための自己防衛的・未来形成的な戦闘の組織であった。

マルクス主義はこれらの諸点を批判的に継承している。ただし、マルクス主義によるキリスト教批判の凝集点は、キリスト教は古代の奴隷制についても、中世の農奴制についても、批判的に捉えていたが、貨幣こそが身分的差別を階級的差別に骨化させるものであることを明晰に認識することができなかったことである。

第七章　市民社会と階級独裁

マルクスにとってプロレタリアート独裁のテーゼは、何よりもまず、市民社会の一定の成熟度、とくに民主主義的政治生活の豊かな経験の蓄積を前提条件とするものであった。

マルクスは、プロレタリアート独裁の政治形態を一八七一年のパリ・コミューンに見出していたが、それは自由な諸個人の連合（アソシアシオン）が「個体的所有の再建」を実現しようとする労働者の自己解放運動体であるべきであった。

他方、レーニンは、プロレタリアート独裁は、「個人独裁」として遂行されると主張していた。個人独裁はソビエト民主主義と対立しないどころか、両者は車の両輪のごとき関係にある。諸ソビエト組織における「集会民主主義」と「下からの統制」こそ、統一者を「独裁者」たらしめるのである。レーニンはこのように考えていた。

やがて、マルクス・レーニン主義が唯一最高の解放理論であるとされるようになったが、かえってマルクス主義とレーニン主義の差別面が拡大され、レーニンその人の思想からの逸脱が生じるようになった。

参考　各章と初出との比較

第一章の初出論文　「ヨーロッパで考えたこと――日本で考えることへの序章」『展望』一九六八年三月号、筑摩書房。

本書第一章の四三頁一三行目から四四頁五行目までは、初出論文にはなく、新たに書き加えられた文章である。マルクスの思想と理論の普遍性について述べられている。

第二章の初出論文　「マルクスにおける市民社会の概念について」『経済研究』一九六九年七月号、一橋大学経済研究所。

この第二章における初出論文からの主な変更点は、六一頁の注＊にある「本源的蓄積すなわち所有権法の転変」が、初出論文においては、「本源的蓄積すなわち転変」となっていたことである。

第三章の初出論文　「社会主義と市民社会」『世界』一九六八年二月号、岩波書店。

この第三章の「II　史的唯物論の再検討」のうち、一〇〇頁から一〇二頁にわたって展開されている国家論は、初出論文にはなく、本書において新たに書き加えられたものである。

さらに、一〇八頁の個体的所有再建に関する注＊は、初出論文にはなく、本書において新たに書き加えられたものである。

また、「III　市民社会と社会主義」のうち、一一七頁一四行目にある「生活手段の配分」は、初出論文において誤って「生産手段の配分」となっていたため、社会主義のもとで生産手段も個々人に配分されると平田が主張しているかのような誤解を生む原因となった。

第四章の初出論文　「範疇と日常語――市民社会と唯物史観」『思想』一九六八年四月号、岩波書店。

この第四章の一四七頁の東洋人がマルクスの著作を読む場合の心構えに関する注＊＊＊と、一六六頁の生産関係の法的表現に関する注＊はともに、初出論文にはなく、本書において新たに書き加えられたものである。

第五章の初出論文　「マルクスにおける経済と宗教――市民社会と人間疎外」『展望』一九六八年十一月号、筑摩書房。

初出論文の最末尾には〈追記〉があり、本章の主題「マルクスにおける経済と宗教」が著者の課題として感じとられたのは、一九五六年のことであったことが記されている。

第六章の初出論文　「キリスト教とマルクス主義」『三田文学』一九六九年一月号、三田文学会。

本書第六章の二五八頁の八行目から一六行目までは、初出論文の当該箇所の文章が大きく書き換えられている。初出論文においては、宗教が現代の機械文明的生活様式に対する批判意識を提供する限りにおいて、現代人はそのような宗教を必要とするであろうと述べられている。

また、二八九頁七行目から最後までの文章は、初出論文が大幅に書き換えられたものである。初出論文においては、「マルクス主義とは何かという最も現代的問題は、マルクス主義と宗教という最も根源的な問題のなかにその真の問題性が潜んでいる」のではないかと簡潔に結ばれている。

第七章の初出論文　「市民社会と階級独裁」『世界』一九六九年一月号、岩波書店。

この第七章の三三二頁の四~五行目の「党意思の公的認証機関または儀礼組織」は、初出論文においては、「党意思の公的記録所または広報部」となっている。

Ⅲ　刊行前後から一九七〇年代における反響

本書に収録された論文は、ベトナム戦争に反対する運動に多くの大学での学生反乱がむすびついた一九六八年から一九六九年にかけて公表された。一九六八年の八月には、社会主義の自由化・人間化をめざしたチェコスロバキアにソ連・東欧軍が侵攻するという事件が起きていた。拡大と高揚がもたらされた知的世界のなかで、それまで反体制運動の支えとみなされていた社会主義とマルクス主義についても、根本的な問いかけがなされるようになった。平田が『世界』や『展望』などに公表した論考はそれに答えるものとみなされ、一書にまとめられることが切望されていた。本書が刊行された翌月の『週刊朝日』読書欄の評者は、以下のように書き出している。

「いま、ノンセクト・ラジカルズといわれている学生の間で、静かなブームを引きおこしているのが、この平田清明氏が雑誌に書き続けている論文である。その人気のほどは、氏の論文集である本書が出版される前に、学生の間に海賊版が出版され、売切れたということからもうかがわれる。」(〈麻〉、一九六九年十一月二十八日号、一〇三頁)

社会主義・共産主義・マルクス主義を掲げた既存の政党や新左翼諸党派、さまざまな研究者集団や学派がこの「ブーム」に対応を迫られたことはいうまでもない。そのいくつかについて以下で紹介する。さらに、平田が共鳴を得たのは急進的学生からだけではなかった。『資本論』の結論を「個体的所有の再建」というテーゼに見出した平田は、市民社会における個人のありようをもとめて、知識人や哲学者、またキリスト教関係者との対話を積極的におこなった。それは、政治ではなく、心に訴える対話であった。そのため、平田の問題提起の反響は、市民社会と宗教の関係から個人と共同性の関係へと深まり、時には執拗な批判も受けることになった。

A　既存の政治党派系の論者の反応

平田は自分の主張が「政治論争」化するのを嫌い、マルクスの文献学的研究者としての発言であると自己限定して話すのが常であった。しかし、本書刊行のわずか三か月後に日本共産党の中央機関誌『前衛』(一九七〇年二月号)が長大な平田批判論文「平田清明氏はマルクスをいかに〈発見〉するか」を掲載すると、それを皮切りにして共産党系の学術・文化メディアや共産党に近い学者の平田批判が相次ぐようになった。『前衛』誌上の平田批判の執筆者名は佐竹恒有となっていたが、これは唯物論哲学者見田石介の筆名で、没後に公刊された『見田石介著作集』の第五巻(大月書店、一九七七年)にも収録されている。平田批判を見田以上に持続的におこなったのは、その門弟にあたる林直道であろう。林は一九七一年五月に大月書店から刊行した二巻本の『史的唯物論と経済学』のうち上巻下巻あわせて一〇〇頁強を平田批判にあてただけでなく、その後の著作『史的唯物論と所有理論』(大月書店、一九七四年)でも批判を続け、また平田がよりどころにした『資本論』フランス語版にも研究の手を伸ばした(『フランス語版資本論の研究』大月書店、一九七七年)。

『前衛』に続いて、新日本出版社が刊行している雑誌『経済』が、一九七〇年四月号に芦田文夫による「平田清明『市民社会と社会主義』批判」を掲載したが、これは当時現実に存在していた社会主義体制の研究者による所有論の検討の走りとなった。また青木書店から刊行された『現代と思想』はその創刊号を政治学者田口富久治による「平田清明氏における〈国家〉と〈市民社会〉概念の検討」(一九七〇年十月号)で飾った。この雑誌は二年後の第八号(一九七二年六月)でも、社会主義経済研究の当時先端にいた岡稔の「社会主義のもとでの所有——いわゆる〈個体的所有〉をめぐる論争によせて」を掲載している。岡は「社会的にして個体的な所有」は共産主義段階では可能だが各種制限の残る社会主義段階ではアソシアシオン的所有よりも国家的所有を積極的に評価すべきであるとして、社会主義のもとでの所有の具体的形態を論じた。

共産党系に比べ、労農派マルクス主義の系譜を汲む社会党左派（社会主義協会系）や、政治グループではないが左派の社会運動に影響力をもつ宇野学派は、平田の問題提起に対して総じて冷淡な態度をとった。労働運動において反合理化・長期抵抗の路線をとり、中ソ論争以来ソ連派の立場をとってきた社会主義協会としては、ソ連社会主義への批判に同調するわけにはいかなかった。またイデオロギーを排除する独自の科学方法論（三段階論）をとっていると自負する宇野派の経済学者にとっては、「市民社会」や「個体的所有」という概念自体が前科学的なイデオロギーでしかないと思えたからであろう。たとえば、鎌倉孝夫は、マルクスからスミス的な残滓を拾い集めイデオロギー的な「市民社会」を構築してマルクス思想としている平田の「知性」を疑わざるをえないと一刀両断にしている（「〈市民社会〉と資本主義」『現代の眼』一九七〇年四月号）。ほかにも、大内秀明「『資本論』と市民社会論の復位——平田清明氏への疑問」（同著『宇野経済学の基本問題』現代評論社、一九七一年）、刀田和夫「いわゆる〈個人的所有〉について」（『唯物史観』一三号、一九七四年）などがある。

新左翼グループにおける反響は多様であった。新左翼色が強い雑誌『情況』では、マルクスの理解で疎外論にかえて物象化を強調した廣松渉と並んで、平田の市民社会論・個体的所有論がしばしば取り上げられた。吉村堅「六〇年代マルクス主義の地平——広松・平田批判」（『情況』一九七〇年十一月号）、園村奎「平田〈共同体論〉とその位置づけをめぐって」（『情況』一九七二年十月号）、坂間真人「マルクス学説の再興」（『情況』一九七二年十、十二月号）などである。『現代の理論』に近い構造改革派系の諸派とならんで、分裂によって小集団になった共産主義者同盟（ブント）系の諸派も、平田理論を他の様々な新思想とともに吸収しようとしていた。しかし、革共同中核派や革マル派のようなセクトはその組織原理に反する「市民社会論」「個体的所有論」を忌避した。典型的なものは革マル派の影響の強かった『早稲田大学新聞』に一九七〇年半ばに四回にわたって掲載された頭ごなしの批判であろう（影山光夫「〝げそ巻史観〟・〈個体的所有〉実現史観と唯物史観」（一一九九、一二〇三、一二〇四、一二〇五号、一九七〇年七～九月）。

十分な紙幅がないので、批判がもっとも詳細にわたり、またそれ以後の学界にも影響を及ぼした共産党系の学者による批判を、佐竹＝見田と林に代表させて紹介する。

佐竹＝見田論文で特徴的なことは、平田の主張が「レーニンにはじまり〈マルクス＝レーニン主義〉の名をもってよばれてきたこれまでのマルクス主義」に対する批判であるととらえ、「マルクスの学説がとくにレーニンによってあやまり伝えられてきたというのは事実であろうか」という問いかけではじめられていることである。批判の主要部分はマルクス文献の文義解釈にあてられているのだが、当時の共産党の中央機関誌掲載論文としてはレーニンに忠誠を誓って論じ始めるのが適切だったのであろう。そのうえで以下のような諸点にわたる批判が展開されている。(1)史的唯物論を階級性抜きの「市民社会」生成史に替えてしまっているが、そのような「市民社会」はそもそも存在しない、(2)所有論からも階級性が抜き取られている、(3)本来普遍的な性質を有するマルクス主義の学説の妥当性を西欧に限定するのは誤りである、(4)「領有法則の転変」があれば「市民社会」と「資本主義社会」は同じことになるから「転変」論は不要である、(5)「個体的所有」の再建の前提になる「土地を含む全生産手段の共同占有」は社会主義になって社会的所有＝国家的所有として実現するものであって、資本主義下で成立するものではない、(6)個々人による生産手段の所有としての「個体的所有」の例としてゲルマン的共同体での所有形態が持ち出されているが、そのような所有形態は低い生産性に対応したもので社会主義のもとでの所有のモデルにはなりえない、(7)平田が「個体的所有」にこだわるのは、社会的所有の下では個人の独立、自主性、個性が失われると考える「ブルジョア思想」のあらわれである。

林直道の一九七一年の平田批判は、平田の「市民社会」史観と「個体的所有」論に向けられている。前者で林は、(1)平田が「共同体から近代市民社会への移行」を「世界史認識の基礎視座」としているのは、無階級社会（原始共同体）から隷属と敵対が伴う階級社会をへて再度無階級社会の高次復活にいたるという階級史観を否定するものである、(2)平田の「市民社会」は小生産者だけを想定しているので階級社会に「自己転変」するといっても説明にならない、(3)「資本主義社会」と区別されるような自由・平等・所有から成り立つとされる「市民社会」はブルジョア的な観念にすぎない、(4)労働者の「無所有」を認識しない「市民社会」論は、本源的蓄積による資本主義生成の論理も労働者の結合の必然性も理解できない、と批判する。社会主義のもとでの所有をとりあげた後者では、(1)「個人的所有の再建」と「資本主義的所有から社会的所有への転化」というマルクスの二様の表現の対象は異なっていて、「社会的所有」の対象になるのは「生産手段」で「個人的所有」の対象となるものは「個人的消費の対象」である。エンゲルス及びレーニンによるこの説明は正しい、(2)「個体的所有」は資本主義のもとでも私的形態のもとで歪曲されていても存続している、また資本主義の下で「社会的所有」が事実上実現されている、とみる平田説はどちらも誤った認識である、(3)平田が典拠としているフランス語版『資本論』の該当箇所も「社会的所有」が資本主義下で実現しているという解釈を裏付けない、と論じている。

林が「市民社会」だけでなく、「共同体」や「旧市民社会」について論じたことから、歴史理論の研究者のなかにマルクスのテクスト読解とそれに基づいた生産様式の構成や発展の理論への関心が高まった。一九七〇年代後半以降にはそれに刺激を受けた成果が続々と現れるようになったが、それについては次節でふれる。他方では、資本主義のもとで達成される「否定の否定」の基礎の有無、社会主義のもとでの「個体的所有」のあり方についての議論が精緻化した。

B　研究者・知識人たちによる受容と批判

平田の問題提起を積極的に受け入れたのは、安東仁兵衛が編集長であった『現代の理論』に集うグループやそれに近いかつての「現代マルクス主義」グループであった。『現代の理論』は、平田理論にかかわる討議を何度も掲載したほか、数年にわたって継続したマルクス文献のコンメンタール・シリーズで平田理論の影響を受けたマルクス解説を数多く掲載した。このグループが一九七〇年代半ばに日本評論社から刊行したシリーズ『講座マルクス経済学』は、いわば「市民社会派」マルクス主義の研究者を結集したものだった。

平田は一橋大学で高島善哉門下に出て、経済学史研究者となり、ケネーの「経済表」の精緻な解析を『経済科学の創造』（一九六五年）として公表したあとに、マルクス研究の成果を公表しはじめた。高島はすでに戦時下の著作から、「市民社会」を軸にして研究を進めていた。したがって、高島門下の研究者にとっては、マルクスと「市民社会」を結びつけることも奇異なことではなかった。また、戦時生産力理論をへてアダム・スミス研究に転じた内田義彦も、大塚久雄の影響のもとに資本主義の発展と結びついた価値法則の貫徹を市民社会の論理として理解していた。高島ゼミを核とした一橋系の学者や、内田義彦、水田洋を中心とした経済学史や社会思想史の研究者は、研究者としての平田に近いグループであったが発言には慎重な態度をとり、論争にまきこまれることを避けた。例外は佐藤金三郎で、本書が刊行される一年前に平田と対談しその主張に理解を示している（「対談：『資本論』と社会主義」『大阪市大新聞』一九六八年十月十日号）。しかし、佐藤は「領有法則の転回」を歴史理論とみなすことには批判的で、それを「表層」と「基底」の関係であると論じた（「『資本論』研究の一争点――領有法則の転回について」『経済セミナー』一九七五年四月号）。

平田の門下生として最初に平田をうけつぐ研究を公表しはじめたのは山田鋭夫である。山田は早くも一九七一年半ばに「マルクスにおける領有法則転回の論理」を『思想』同年六月号に公表し、さらに日本評論社の『講座マルクス経済学』のシリーズでも、『経済学批判要綱』のコメンタールの巻（第六・七巻、一九七四年）を森田桐郎とともに編集刊行した。平田市民社会論の影響を受けたり、一九七〇年代はじめの論争に触発されたりした研究者がその成果をまとめて問いはじめるのは一九七〇年代の後半以降であるが、これも時間を隔てての影響として次節で述べることとしたい。

一九七〇年代初頭に直ぐに反響が現れたのは、むしろ経済史の領域であった。平田と並んでマルクスの市民社会論を開拓した望月清司（『マルクス歴史理論の研究』岩波書店、一九七三年）は経済理論である以上に歴史理論としてそれを理解していた。また平田が、それまで「共同体の三類型」と解されていたマルクスの草稿（いわゆる「資本制生産に先行する諸形態」）を、世界市場にまで及んだ資本循環が共同体を残した伝統社会と対峙した段階での歴史認識として位置づけたことが、経済史研究の俊秀（赤羽裕、山之内靖、福富正美など）をひきつけたからである。平田は赤羽、山之内と『展望』一九七〇年五月号で討論（「マルクス再検討――市民社会と人間」）をおこなっているが、『現代の理論』一九七二年五月号（「大塚史学とマルクス主義へのチャレンジ」）でも、長洲一二を加えて山之内と大塚史学の課題も含めて討論している。平田が市民社会における個人の問題を、マルクス主義とキリスト教という関係で論じたことは、マックス・ウェーバーや大塚久雄の影響を受けた研究者の内面にかかわることであった。

平田の問題提起は、政治的な色彩をもった各様のマルクス主義者以上に、自立的な哲学者やキリスト者によってより鋭敏にうけとめられたかもしれない。J=P・サルトルの研究者であった竹内芳郎は、平田のマルクス文献学研究の公表メディアであった『思想』誌上で一九七〇年に三号(四〜六月号)にわたって「われわれにとって『資本論』とは何か」を連載して、その衝撃を語った。竹内は、平田が「私的所有」と「個体的所有」を区別し、社会主義のメルクマールを「生産手段の社会化=国有化」ではなく「個体的所有の再建」に転換させたことを初期マルクスの理念が後期マルクスにおいて経済学的に基礎づけられたものとして評価した。『思想』誌上では、竹内に引き続いて清水正徳が「『資本論』における〈物化〉再論——平田清明氏の所説に関連して」(一九七〇年七月号)を寄稿している。

また、本書の出現をいちはやく歓迎し、一九七〇年代はじめに経済史家として平田と交流した山之内靖は一九七〇年代の後半になって、マルクス疎外論を再構成するということを目的として個体的所有論を再検討する論考「個体的所有範疇の再審」を『経済評論』(一九七八年十二月号以降)に連載し、『現代社会の歴史的位相——疎外論の再構成をめざして』(日本評論社、一九八二年)に結実させた。

平田は本書の刊行前後に、日本YMCA学生部や日本基督教団から講演や寄稿を何回か依頼されただけでなく、大木英夫、高尾利数、隅谷三喜男らとマルクス主義とキリスト教をテーマにした対話をおこなっている。反戦運動や学園闘争の高まりのなかで、キリスト者の側からも対話が求められていたのである。しかし、新約聖書研究から宗教批判に進んでいた田川建三からは執拗な批判を受けることになる。というのは、田川は平田の「個体的所有」がそれ自体として積極的な純粋概念に転化していて、それによっては、宗教の本当の問題はとらえられないと考えたからである。マルクスに従えば、キリスト教（宗教）の世俗化の批判から国家の批判に進むことが課題であるのに、平田は「市民社会」を肯定することで終わっているのではないか、というのである（はじめ『情況』一九七〇年十一月号「平田清明批判——個体性と共同性」、一九七一年二月号「キリスト教と市民社会——続平田清明批判」、のち田川『批判的主体の形成』三一書房、一九七一年所収）。

Ⅳ　「市民社会論」の過去と現在——本書のその後の反響

A　「市民社会派」は成立したのか

前節でみたような一九七〇年代の動きをとらえて、マルクス経済学において「正統派」「宇野派」に並ぶ「市民社会派」が登場したと表現したのは、佐藤金三郎（「マルクス研究と現代」一九七五年、高須賀義博編『シンポジウム「資本論」成立史——佐藤金三郎氏を囲んで』新評論、一九八九年）であった。

たしかに、平田の問題提起の影響は『現代の理論』でのマルクス・コンメンタールの連続企画や日本評論社の『講座マルクス経済学』に顕著にみられ、とくにそれまで研究が手薄であった中期マルクスの研究に刺激を与えた。内田弘著『「経済学批判要綱」の研究』（新評論、一九八二年）や山田鋭夫『経済学批判の近代像』（有斐閣、一九八五年）は書名が示すように『経済学批判要綱』の本格的な研究書である。しかし、体系的な経済理論を生み出すには至らなかったことが、後のレギュラシオン理論の受容につながっていく。

「市民社会派マルクス主義」という呼称は、二〇〇四年に原書が公刊されたアンドリュー・バーシェイ（山田鋭夫訳『近代日本の社会科学』NTT出版、二〇〇七年）でも用いられ、内田義彦とともに平田がとりあげられている。バーシェイはそれをマルクス主義と近代主義を結びつけた規範的な思想として評価している。しかし、他方では、ジョン・キーンのように、この学派は日本の資本主義を「市民社会をもたない資本主義」と理解したため現実にそぐわず短命に終わったと見る見解もある（John Keane, *Civil Society: Old Images, New Visions*, Cambridge: Polity Press, 1998）。

バーシェイも指摘するように、「市民社会論」は、日本資本主義の「半封建的」特殊性を強調した講座派に源泉をもち、上からの改革によって生まれた戦後民主主義に主体を確立させようとした理論として位置づけられる。それゆえ、寺出道雄（『知の前衛たち——近代日本におけるマルクス主義の衝撃』ミネルヴァ書房、二〇〇八年）によれば、「市民社会論」のような近代主義は、「第二次世界大戦後、一九六〇年代いっぱいまでの思想」であった。同様に、杉山光信（『戦後日本の〈市民社会〉』みすず書房、二〇〇一年）も、「高度成長が半ばをすぎた時期の日本での内田義彦と平田清明の〈市民社会〉の議論が人びとの関心を惹いたのは、公害や環境破壊を進めた現代資本主義の野蛮が、人間と自然の物質代謝の思想と対照をなしたためだろうか」と「市民社会論」の時代制約性を強調している。

B　「市民社会」概念への学術的批判

一九八〇年代になると、高島善哉、内田義彦、平田清明らがcivil societyに「市民社会」の訳語を与え、そこに自由と民主主義と結びついた規範的な意味をもたせたことへの疑問が各方面から登場する。平田の先輩にあたる水田洋も、もともとスミスの社会観を表すには「市民社会」よりも「文明社会」「商業社会」の方が適当であろうとしていたが、新世代の代表である坂本達哉（『ヒュームの文明社会——勤労・知識・自由』創文社、一九九五年）も、十八世紀の英仏思想の研究に「特殊日本的な市民社会概念」を用いる理由はないとして、それを斥けた。植村邦彦の「市民社会」概念の批判的検討（『市民社会とは何か——基本概念の系譜』平凡社新書、二〇一〇年）も、それに掉さしたものとみなせる。

マルクス歴史理論の理解についても精緻な議論が行われるようになった。芝原拓自『所有と生産様式の歴史理論』（青木書店、一九七二年）、熊野聡『共同体と国家の歴史理論』（青木書店、一九七六年）、大野節夫『生産様式と所有の理論——『資本論』における一般的結論』（青木書店、一九七九年）、中村哲著『奴隷制・農奴制の理論——マルクス・エンゲルスの歴史理論の再構成』（東京大学出版会、一九七七年）、尾﨑芳治著『経済学と歴史変革』（青木書店、一九九〇年）などである。また、所有論を中心論点とした将来社会の構想にかかわる所有論・社会主義論も活性化した。この論点については『経済学と歴史認識』の解題を参照されたい。

マルクス文献学からの批判もあらわれる。重田澄男の『資本主義の発見——市民社会と初期マルクス』（御茶の水書房、一九八三年）は、「資本主義」という語の淵源を探求し、当初の「市民社会 bürgerliche Gesellschaft」が「市民的生産様式 bürgerliche Produktionsweise」を経て「資本家的生産様式 kapitalistische Produkionsweise」として確定される経緯を解明した。これは第二作『資本主義とは何か』（青木書店、一九九八年）と第三作『資本主義を見つけたのは誰か』（桜井書店、二〇〇二年）を合わせて、マルクスによる「資本主義」概念の発見を中軸にした三部作になっている。この三部作は、文献渉猟とマルクス内在による「市民社会論」批判として、マルクス研究者からの批判の典型となった。

なお念のため付言しておきたい。それは、MEGA（『マルクス・エンゲルス全集』）の刊行の進展によって、『資本論』草稿の全容が明らかになり、さらに抜粋ノートの刊行のための作業が進んでいる現在では、文献学的研究の資料的基礎が一九六〇~七〇年代に比べて、格段に整ってきているということである。

C 「市民社会論」の再展開

ソ連・東欧に変革がおこった一九八〇年代末以降、かつて日本で「市民社会」をめぐる議論が沸騰したと同じような状況が全世界にあらわれた。営利的な市場経済的活動(資本主義)とも、権力を伴う国家機構、組織された政党政治とも異なる、非市場・非権力の市民活動、自律的な市民団体やNGOなどが「市民社会」の領域として認められるようになった。「市民社会」は権力の濫用や営利活動の弊害に対する異議申し立ての主体にもなるが、現在では国内・国外を問わず公共的活動のパートナーとみなされるようになっている。これはユルゲン・ハーバーマス(細谷貞雄訳『公共性の構造転換(第二版)』未來社、一九九四年)、ジョン・エーレンベルク(吉田傑峻監訳『市民社会論——歴史的・批判的考察』青木書店、二〇〇一年)、マイケル・ウォルツァー(石田淳他訳『グローバルな市民社会に向かって』日本経済評論社、二〇〇一年)などによって理論化され「新しい市民社会論」と呼ばれている。他方で、サミュエル・ボウルズ(植村博恭・磯谷明徳・遠山弘徳訳『モラル・エコノミー』NTT出版、二〇一七年)らによって、近年の進化的行動科学の成果の上で、健全な市民社会を築くためには、制度にとどまらない市民(主体)の社会的選好が育成される必要があると論じられている。こうした市民社会論の再評価は、ジョン・ロールズやアマルティア・センによって復活した経済倫理学の現在的な探求と結びついている。これら「新しい市民社会論」「経済倫理学」の登場は、マルクスを基礎として本書に結実した戦後日本の市民社会論についても、マルクス基準を離れた再評価と、その批判的な社会科学としての再展開を要請しているだろう。

〔付記〕この解題は、安藤金男が第Ⅰ、Ⅱ節、八木紀一郎が第Ⅲ節、赤間道夫が第Ⅳ節を分担・作成した原稿をもとに、調整・統合されたものである。

『経済学と歴史認識』解題

岩波書店、一九七一年八月刊、xviii＋五七四＋五頁

I　概観と背景

本書は全巻六〇〇頁に近い大冊で一九七一年八月に公刊された。そこには一九六六年四月から七一年二月までの五年間に、主に『思想』誌上に発表された諸論文が収録されており、収録に際して少なからず修正や追加が施されている。全巻は六つの章から構成されていて、単純平均すれば一つの章だけでも一〇〇頁をなす雄編が集められた一巻である。

一九六六年といえば、平田にとってはケネー研究の大作『経済科学の創造』（一九六五年七月）を世に問うた直後であり、以後、平田が本格的なマルクス研究に乗り出していく出発点にあたる。本書「あとがき」で、「十八世紀ケネーの研究を通じて市民経済学への内在を、私なりに……『創造』に総括しえたとき、私は、その研究作業における理論的分析基準の根幹を成してきたマルクス経済学そのものを、新しい文献史的グルントにおいて再検討する課題の前に、みずから立たされていた」（五六九頁）と述懐されているように、本書は「新しい文献史的グルント」のうえに新しいマルクス像を開拓しようという情熱と努力の所産である。「新しい文献史的グルント」

とは、主としてマルクス『経済学批判要綱』（一九五三年になって初めて広く利用されうる形で公表された）とフランス語版『資本論』（一九六七年に極東書店版リプリントが公刊された）を指していよう。

本書所収の諸論文が発表された時期は、日本が戦後高度成長の道をまっしぐらに突き進むと同時に、公害など、それにともなう深刻な社会問題が顕在化しはじめ、さらには、いわゆる大学紛争（一九六〇年代末）の爆発に見られるように、戦後的社会経済レジームへの激しい異議申し立てがなされた時期でもあった。世界に眼を転ずれば、一方でアメリカの絶対的な経済力に陰りが見え始めるとともに、他方の社会主義圏では、中ソ対立の激化（特に一九六〇年代末）やチェコ事件（一九六八年）など、これまた大きな体制的な動揺と亀裂が広がった時代でもあった。そんな中での平田のマルクス再読の記録が本書である。いや、再読をとおしてむしろ、右のような新たな時代状況に平田が批判的に切り込んでいった記録である。実はこれと同時期に、平田は雑誌『世界』『展望』などに、より一般向けの論稿を精力的に発表していて、これは名著『市民社会と社会主義』（一九六九年）に結実する。学界・論壇・政治運動などで一大センセーションを巻き起こしたこの本に対して、『経済学と歴史認識』はその姉妹篇、あるいはそれと一体をなす学術書として位置づけられるであろう。

『経済学と歴史認識』というタイトルは、「新たな経済学的基準の創出をもって歴史認識に生気を吹き込む」という、ケネー研究以来の平田の超テーマを示すものである。本書「あとがき」でも「マルクスの経済学体系とは、当代社会の批判的科学としての経済学が歴史の基礎科学として展開されたものであ」る（五七〇頁）と述べられているように、この超テーマを今度はマルクスに即して取り組もうという意味がこめられている。このように本書では、マルクスにおける経済理論は同時に歴史認識の基準を提供するものだといった視点から、新しいマルクス像が打ち出されることになる。

参考　各章と初出との比較

以下、本書各章につき、それらの初出書誌および初出稿との異同関係を示しておく。

第一章　『要綱』資本章における循環＝蓄積論と歴史認識――循環＝蓄積論視座と先資本家的生産諸形態

（初出）「マルクスにおける経済学と歴史認識――『経済学批判要綱』を中心として」（上・中・下ノ一・下ノ二）、『思想』一九六六年四、五、八、十一月号。

（異同）本書収録に際して、随所に比較的長い追記や注が挿入されている。特に塩沢君夫『アジア的生産様式論』（御茶の水書房、一九七〇年）および福富正実『共同体論争と所有の原理』（未来社、一九七〇年）による平田批判に対しては、相当の紙幅を割いた反論が付加されている。

第二章　『要綱』貨幣章における貨幣把握と歴史認識――物象化の歴史理論と経済理論

（初出）「貨幣把握と歴史認識――『要綱』貨幣章における市民社会の省察」（上・中・下）、『思想』一九七〇年七、八、十月号。

（異同）本書収録に際して、一八頁分の「付論　初期マルクスの歴史認識――『要綱』研究への予備的考察」が付されている。

第三章　『批判』における商品論の成立とその意義――歴史理論としての商品論の成立

（初出）「五〇年代マルクスの市民社会論」経済学史学会編『『資本論』の成立』岩波書店、一九六七年十一月。「商品論の復位――歴史理論としての商品論の発見」『一橋論叢』第五六巻六号、一九六六年十二月。

（異同）収録に際して、二つの旧稿は、ほとんど原型をとどめないほどに大幅な変更が加えられている。

第四章　『資本論』商品章における物神性世界の批判的省察――歴史理論としての商品論の完成

（初出）「物神性の再発見——歴史理論としての商品論の総括」（上・下）、『思想』一九六九年十、十一月号。

（異同）本章では、初出誌『思想』一九六九年十一月号の「日常生活の宗教——価格」項における市民的国家に関する叙述が消え、題名通りの宗教論に特化した叙述がなされている。その延長線上に、宗教論に関してフランス語版『資本論』を参照した叙述が追加されている。

第五章 マルクス研究におけるフランス語版『資本論』の意義——とくに本源的蓄積論をめぐって

（初出）「マルクス研究におけるフランス語版『資本論』の意義——とくに本源的蓄積論をめぐって」（上・下）、『思想』一九六九年五、六月号。

（異同）本書では、初出誌以後、いくつかの追加がなされている。その中では、『資本論』の各国語版およびエンゲルス編集のエンゲルス版に関する文献考証の追加が最も多い。また、とくに「個体的所有の再建」テーゼをめぐる文献考証は、章末尾に付論としてまとめられている。このほか、「Bドイツ語版第二四章の論理構成」節において、文明史（私的所有における個体性の開花と排他性の発現）と人類史（人間の個体性と共同性の相克と共生）との対比をより鮮明に表現するよう修正したと思われる箇所がある。

第六章 経済学体系における物象化と地代範疇——分割地所有論と経済学的三位一体

（初出）「物象化と地代範疇——分割地所有論と経済学的三位一体」（上・下）、『思想』一九七〇年十二月、一九七一年二月号

（異同）収録に際して、四九四頁において新たに注（2）が追加されている。

II　論旨の要約

本書を構成する六つの章は「経済学と歴史認識」というテーマでは一貫しているものの、それぞれは比較的独立しているので、以下、各章ごとにその論旨を要約する。

第一章「循環＝蓄積論と歴史認識」は本書諸章のなかでも最も早い時期に書かれたものであり、また以後の平田マルクス論の出発点をなし基礎視角を形成した記念碑的な論文である。検討対象は最初の『資本論』草稿ともいわれる『経済学批判要綱』。初出時（一九六六年）のタイトルは「マルクスにおける経済学と歴史認識」。ある講演で平田自身、「私はそこ〔『経済学批判要綱』〕における固有の問題点を一九六六年に『経済学と歴史認識』という『思想』に四回にわたった論文として発表しました。実は私が『世界』に発表した『市民社会と社会主義』という論文やその後のものなどで書いたことの内容は、ほとんど全部ここに入っていると言ってもよろしいのです」（『一橋新聞』一九七〇年六月一日号）と語っているように、この論文には後に平田市民社会論と言われるものの基本的要素が多く包蔵されている。

この論文は本書収録にあたって「循環＝蓄積論と歴史認識」と改題された。それに象徴されるように、この章では、マルクスの経済学はすぐれて循環＝蓄積論（資本循環の総体において把握された資本蓄積論）として成立したという点が強調される。また、あの有名な歴史認識「資本家的生産に先行する諸形態」がこの循環＝蓄積論の展開のなかで論述されていることに最大限の注意を喚起することによって、この「諸形態」の——共同体論としてではなく——所有論としての新しい読み方が提示される。これを裏書きするかのように、この章は大きく

「第一部　十九世紀資本主義世界像について——機械の経済学」と「第二部　先資本家的所有の本質把握について——所有の経済学」とに二分され、つまりは経済学批判体系創成期のマルクスにおける経済学と歴史認識の関連が問われている。

平田はまず第一部で、『資本論』には見られない『要綱』の特徴として、資本の蓄積過程と循環・回転過程が——資本の生産過程と流通過程とに腑分けされることなく——統一的に把握されている点に注目しつつ、この独自な視点ゆえに資本の「世界市場創造傾向」や「文明化作用」という、他の時代にはない資本主義世界の動的で変革的な本質が迫真性をもって描き出されていることを示す。と同時に、この循環＝蓄積論が蓄積論を含むことによって、蓄積論の核心的命題たる「領有権法の転回」を語りだしていることに、つまりは所有論の問題に分け入っていることに、最大限の注意を喚起する。資本の循環過程が繰り返されると、当初は自己労働の所産でもありえた財産もやがて——理論的には第二循環が終わったところで——他人労働の所産に転化してしまうというのが「資本の本性」である。「われわれは第二循環の終わりになってようやく、資本の本性がどのようなかたちで現れ出るかを見てきた」とは『要綱』マルクスの言葉であるが、平田はこれがまさに「資本家的生産に先行する諸形態」の結語として書き留められていることに刮目する。そこから、本章の第二部は、「諸形態」を共同体論としてではなく所有論として読みこんでいく。つまり、そこでのアジア的・ローマ的・ゲルマン的の諸形態につき、これを共同体発展論としてでなく本源的所有の三形態論として、さらには本源的所有の階級的所有への転回の議論として読みこんでいく。つまり「資本の本性」の分析は「資本の発生史」の解明であるほかないという形で、経済学と歴史認識の深いかかわりが確認される。

第二章「**貨幣把握と歴史認識**」では、「疎外＝および物象化視点」ないし「物象化視点」という論点が前面に打ち出される。それを平田はこう説明する。「個と個との、したがって個と類との、関連の独自性を形成する社会的諸規定に対する関心が、近代市民社会において、この関連の物象化をみいだし、そこに諸個体からの類の外化＝疎外を発見・確認し、このことのなかに近代社会の歴史的批判とそこへの批判的内在との原点を措定する方法態度。これを、私は疎外＝および物象化視点とよぶ。本稿ではこれを簡略して物象化視点という」（一一〇頁）、と。そして『要綱』貨幣章を特徴づけて、それは徹頭徹尾、物象化視点の展開であるとし、いま少し具体的にいえば、それは物象化の歴史理論にして、かつ物象化の経済理論なのだと主張する。

平田が「物象化の歴史理論」と呼ぶものは、通例、世界史の三段階把握として知られている『要綱』貨幣章に独自な歴史認識である。すなわち「人格的依存関係」（最初の社会形態）、「物象的依存性のうえに立脚した人格的非依存性」（第二段階）、そして「諸個人の普遍的発展のうえに、また諸個人の社会的力能としての彼らの共同的・社会的な生産性を服属させることのうえに立脚した自由なる個体性」（第三段階）という三段階論がそれである。在来の常識的マルクス主義の眼には奇異に映るこの歴史認識を、平田は「市民社会における普遍的対象化と総体的疎外による歴史把握であり、交換価値論〔さらには萌芽的な価値形態論〕の歴史理論的叙述にほかならない」（一三六頁）と位置づける。そのうえで平田は、一方で『要綱』貨幣章のうちに価値形態論の基礎的成立をみるとともに、他方、商品流通W―G―G―Wと貨幣流通G―W―W―Gの二重運動として展開される貨幣論を「循環論としての貨幣論」と規定する。それはゲマインヴェーゼンとしての人間活動が市民社会的に物象化された形態運動であるとして、平田はここに「物象化の経済理論」の成立を確認する。

第三章「『経済学批判』における商品論の成立とその意義」は、マルクスが十五年にわたる研究の成果を、一個の「経済学批判体系」として展開すべく、現実に公刊した最初の書物『経済学批判』の商品論をとりあげて、

『要綱』で示された世界史の三段階＝前史の二段階把握という歴史認識が、ここにおいて経済学の始源カテゴリーとして語りだされることを論じ、その意義を解明する。

では、歴史認識が経済学のカテゴリーにおいて語りだされるのは、何故なのか。その根拠を、あらかじめ「主題」として明らかにする。ここでは、「労働主体としての諸人格」というキー概念に示されるように、労働の「主体」的把握、労働する諸主体の「人格」としての把握が前面に押し出される。この「労働主体としての諸人格」の社会関係が、私的諸個人の市民社会にあっては、つくりだす諸生産物の商品としての形態において実存することが強調され、商品物神性テーゼ「人格の物象化と物象の人格化」がリフレインされる。

商品論の構成では、その出発点に、使用価値で表示される「個別的労働」と交換価値で表示される「普遍的労働」という労働の二重性を据えて、この「商品で表示される労働の二重性」カテゴリーこそが「市民社会に生きる人間の本質＝活動における個と類との矛盾を、経済学的に物語るもの」と力説される。ここから、価値形態論と交換過程論は、ともに商品を生産する諸個人の労働が直接的には私的労働でありながら、しかもなお、労働という社会的有用性の相互連関においては社会的労働でなければならないことを証明する「社会的労働論」と位置づけられ、そこに『批判』の意義を見出す。

最後に、商品論と『批判』序言において示された唯物史観とのかかわりが総括される。物神性論に集約される商品論は、共同体解体とこの社会における貨幣を神とする一個の共同体形成を語ることで、不可視の地底における世界的規模での人格的依存関係形成、つまり物象的依存に媒介された人格的非依存関係の揚棄を語りだす。この人類前史の二段階把握から、社会の第一次的形成、そしてこれを基礎とする社会の第二次形成としての階級的関係が解明される。こうして、「補注」における「プルードン主義、総じてアナーキズムは、商品形態に対する根底的批判を欠落した資本攻撃」との言及とあわせて、商品論が経済学批判体系の始源であることによって、「変革の基礎理論」に他ならないと確言される。ここに、『経済学批判』が、「経済学批判体系」の始源としての商品論を具備して公刊されたことは、「人類の精神史」のうえで、「労働の解放史」のうえで、一大画期をなすものと位置づけられる。

第四章「物神性世界の批判的省察」の直接的な課題は、商品の物神性とは何かを解明することである。平田は以下のように論理を展開する。

商品の物神性とは、商品が自明のものとして売買される「行為事実」の中で生まれる。商品は、果たして自明のものであるのか？　この問いに批判的に答えるには、日常意識から一旦離れ、歴史認識をもって問いを分析する必要がある。マルクスはこの歴史認識を『要綱』における世界史の三段階把握として獲得していた。『資本論』では、この歴史認識をもって商品の物神性論が展開される。

マルクスは、古典派経済学から、人間的労働力総体を主体として、また抽象的・人間的労働を実体として批判的に継承した。この上で、彼が貨幣の成立を論理的に解き明かすには、独自の価値形態論が必要であった。この価値形態論をもって貨幣の成立を論理的に証明したのち、彼は、商品世界に展開される生産諸関係が「人格の物象化」であることを、かの歴史認識をもって明らかにする。

こうすることにより、商品論の結論部分に「自由人の連合」の展望が語られる。それは、狭隘性と結びついた人格的依存関係（世界史の第一段階）でもなく、また直接的人格的依存を喪失しながらの物象的依存関係（第二段階）でもない。それは、自由人の連合という新たな人格的依存関係の創出なのである。

平田市民社会論のベースを構成するひとつが、この商品物神性論と言える。

第五章「フランス語版『資本論』の意義」は、一九六〇年代後半において活発な議論を引き起こした、平田の「個体的所有の再建」テーゼの文献史的裏づけをなす論文である。

平田は、フランス語版『資本論』はマルクスが責任をもって編集した最後の『資本論』であることを指摘し、そこに彼の経済＝歴史認識の深化をみる。特にフランス語版において独立の篇として、しかも『資本論』第一巻の最後の篇として設けられた本源的蓄積論にこそマルクスの経済＝歴史認識の深化が見られることを論じる。

平田は、『資本論』の本源的蓄積論がどのような内容をもつものであるかを論理的に追跡する。まず、本源的蓄積（いわゆる原蓄）と資本蓄積を歴史的に分断する見方を否定した上で、蓄積を遂行する生産様式は労働様式と領有様式を含むことを指摘する。ここで、領有とは社会的生産物の私的排他的な獲得であり、所有物の支配をいう。この領有は、市民的生産様式を通じて行われる限りでは、価値法則に基づく契約により実現する。そして、市民的生産様式が資本家的生産様式に転回することにより、資本家的領有が成立する。しかし、未だ領有を実現する力が不足している場合は、暴力による実現を誘発する。すなわち、顕在化した暴力が領有を補完する。これが、歴史的には本源的蓄積である。

このように本源的蓄積を論理的に資本家的蓄積と関係づけた上で、平田は、フランス語版『資本論』第八篇の意義を次のように論じる。

『資本論』が描く原蓄は、近代的土地所有、プロレタリアート、農業資本家、国内市場、工業資本家の五契機から形成される。マルクスは、この過程を所有論（労働と所有という人類史的視点に立つ）から総括する。そこに、経済学と史的唯物論との関係も見えてくる。すなわち、経済学の書『資本論』が対象とした資本主義は、歴史的に五つの契機から形成される原蓄をもつ西ヨーロッパに限定されるということである。これは、当時行われたロシア研究の成果の上に結論づけられる。そして、西ヨーロッパ以外の資本主義は、共同体の解体の上に成立するのか、その存続の上に成立するのかで類型を異にすることが示唆される。

市民的生産様式が確立した西ヨーロッパでは、資本家的私的所有により否定された個体的所有（第一の否定）が再び否定されること（第二の否定）によって個体的所有の再建が展望されると説く。

ここに、「個体的所有の再建」という平田のテーゼは、緻密な文献史的研究により裏づけられるのである。

第六章「経済学体系における物象化と地代範疇」は、『資本論』第三巻第六篇第四七章「資本家的地代の創世記」最終節における分割地所有論を取り上げ、その地代論としての意義について、土地価格論が土地私有の物象化の経済理論であると同時に、第一巻本源的蓄積論を「補完」する歴史理論であることを論じ、そこから人類の未来形成の展望を切りひらく。

最初に、「所有」の問題において「人格」のあり方を論ずる『要綱』の基本的態度が、ここ『資本論』において貫いていることについて、「戦前の日本資本主義論争の争点ともなったものであるだけに、きわめて重大」と注意を喚起する。この視点から、封建的地代の展開序列において人格的依存関係から物象的依存関係への推転の画期をなす貨幣地代、とくに土地の商品化と「先取りされた地代」としての土地価格の成立に注目し、これを封建的地代から資本家的地代へ転化させる地代論的媒介者とする。ここから、資本家的地代は、ブルジョア的表象においては、利子として現象することになり、この地代範疇の利子化こそ地代論の固有の課題と主張する。文献史的にみれば、もともと第六篇地代論のために執筆されたが、エンゲルスによって第七篇「収入とその諸源泉」冒頭章に移された「三位一体範式」こそが、地代論の固有の課題と確認し、あらためて第四七章第一節「緒論」から再検討することによって、物象化としての地代論と断言する。そして第四七章最終の第五節の「農民的分割地所有」をとりあげて、土地価格は土地所有という法的権利の経済的価値、つまり土地私有の物象化、土地そのものの神秘化＝幻想に他ならぬと論じ、地代論とは疎外＝および物象化の経済理論の最終的段階だと結論づける。次いで分割地所有論を歴史理論としてとりあげ、第一巻本源的蓄積論の「補完」の内容を検討する。ポジとして、封建的生産様式から資本家的生産様式への移行を媒介する「正常な」所有形態、そこでは「所有」、「人格」、「経営」が不可分で「人格としての個体性と自由」が獲得される、その意味で近代化の世界的クリテリアムとなる。ネガとして、その所有は占有から自立した名義に抽象化され、土地私有と合理的農業・正常な社会的利用との矛盾のひとつであり、移行の過渡的形態となる。近代的土地所有、そして資本の私的所有もやがて同様の運命を辿るにいたる。

最後に、こうした分割地所有論は私的所有一般の歴史的傾向を、土地独占と資本独占にたいする「人間と自然との奪還としての階級闘争の必然性」を語り、そこから「人類の本史たるコミュニズムに向かって歩む人格的主体」の形成と「勤労諸個人の自由人の連合としての階級的連帯」を展望する。分割地所有論は、地代論の総括だけではなく、第一巻、そして第三巻全体の総括を「私的所有そのものの根底的批判」を通して、「人類の未来形成」において語るものなのである。

Ⅲ　反響

A　書評

本書の反響については、出版当時に出された書評を確認できた限りで発表年月順に紹介する。

（無署名）「中期マルクスに焦点」『読売新聞』一九七一年十一月十五日。俗流化された日本マルクス主義の理論に、根底からメスを入れた成果と評価する。その特徴は、「マルクス再発見」の対象を初期マルクスではなく中期『要綱』と後期の仏語版『資本論』にしたこと、経済理論上のカテゴリーを世界史認識の概念的武器として掘り起こす方法にある。それだけに現実世界との切り結びが弱く、自由人の連合体としてのコミュニズム論も、その過程が自明ではないと批判する。

杉原四郎「平田清明氏と『経済学批判要綱』研究」『週刊読書人』一九七一年十一月十五日号。国際的な『要綱』研究のなかで見た本書の特徴は、「諸形態」の「広義の経済学」と古典派批判の「狭義の経済学」とを、疎外と物象化の視座に立つ「所有の歴史理論」として包摂することにある。その中心は、「世界史の三段階」把握で、そこから「変革の基礎理論としての価値論建設」が展望されてくる。そして、人類史的視点から経済学批判体系を十全に描くには、『要綱』になお残されている論点、例えば「経済本質論」があると指摘する。

望月清司「文献史的な『資本論』研究」『エコノミスト』一九七一年十一月二十三日号。平田は、『資本論』研究で忘れられがちになるマルクスの経済学における歴史認識を、『経済学批判要綱』や『フランス語版資本論』を用いて明らかにしたと紹介する。その際の理論的視角は循環＝蓄積論であり、この点は『資本論』における歴史的叙述を理論から切り離して用いがちな歴史家に反省を促すものであると評価する。

佐藤金三郎「〈市民社会論〉の真価を問う」『日本読書新聞』一九七一年十一月二十九日号。本書の主要論点――循環＝蓄積論と資本の文明化傾向および本源的所有論との関係、疎外＝および物象化論、世界史の三段階把握、文明史の人類史からの批判的解明――を紹介したのち、本書が問いかける問題――『要綱』における「先行諸形態」論の位置づけ、市民社会の資本家社会への自己転変、『資本論』の西ヨーロッパへの限定的適用性、『資本論』のテキスト問題等――を真摯に検討する必要があることを述べる。

内田義彦「『商品とは何か』の認識」『朝日ジャーナル』一九七一年十二月十日号。本書は『資本論』を経済学史的手法により研究された成果であり、その理論的・思想的射程は長いと評価する。本書は、平田の『経済科学の創造』の延長線上に生み出されたものであり、新たに切り拓かれた理論は、商品論である。それは十分衝撃的であるとの評価がなされる。

出口勇蔵「経済学と歴史認識」『経済学史学会年報』第一〇号、一九七二年十一月。平田の言う経済＝歴史認識は、経済領域ばかりでなく、法律・政治・宗教・文化を含む壮大なものであることを紹介し、その分析視角が循環＝蓄積論と所有論であると要約する。これは、マルクス研究の新しい視座を拓くものであろうと評価する。ただ、十九世紀思想家のマルクスの歴史認識を現代の状況と対比して論じる自覚が必要ではないかとの疑問をも提示する。

B　論争

本書は「市民社会」をめぐる諸論争にも関連しているが、それについては『市民社会と社会主義』の解題を参照されたい。ここでは、フランス語版『資本論』および「個体的所有」をめぐる論争の一端を紹介するにとどめる。

平田のフランス語版『資本論』研究に関しては、林直道『フランス語版資本論の研究』（大月書店、一九七五年）による批判がある。林は序文で平田の著作に言及しているが、本格的論評は、それ以前に書かれた『史的唯物論と経済学』上・下（大月書店、一九七一年）に書かれてあるとする。そこでは、①資本主義下での社会的所有の事実上の実現説、②資本主義下で労働者は生産手段を共同占有しているとする説、③reposer sur を〔死者として〕安置するとする訳文の三点が批判される。この批判に共通する認識は、マルクスの当該文章が資本主義下での状態を表しているのではなく、来るべき社会主義下での状態を表したものであるというものである。③の批判自体は適切と言えるであろうが、①②に関わる当該文章が社会主義下の状態を表したものとは、とくにフランス語版を読むと、言うことはできないのではないか。なお、この林の批判に関しては、平田が『経済学と歴史認識』で初出論文に加筆した第五章「付論　個体的所有の再建をめぐる『資本論』各国語版の検討」と元来からの論文を併せ読むことによって、あらためて平田の所論を正確に把握することが求められていると言える。

Ⅳ　意義

A　本書の理論的源泉

冒頭に述べたように、本書は『市民社会と社会主義』（一九六九年）とワンセットをなしている。『市民社会と社会主義』が、「この国の問題状況に直接かかわる」論稿（一九六八年と一九六九年に発表されたもの）からなるのに対し、本書はそれを裏づける「文献史的理論史的研究」（一九六六年から一九七一年に発表されたもの）からなる。ここでは、「市民社会」に関わることは『市民社会と社会主義』解題に譲って、平田理論に内在し、その意義をあらためて考えることとしたい。理解を深めるために、平田の「問題発見」のプロセス、問題の独自な立て方から始めよう。

主体的唯物論へ　平田の学生時代の問題意識について、伊東光晴が語っているところは、その特徴を的確につかんでいると思われるので、長くなるが引用してみよう。

「平田さんに最も影響を与えたのは内田義彦さんだ、と思います。……内田さんの家へ平田さんが行って、長く話をするということを続けておりました。時に、内田さんを中心に平田さんと私とが会っていたのです。内田義彦さんはイギリス経験論と主体的唯物論はどう違い、交差しあうのか。実践的な二つの理論で、戦前の唯研的日本のマルクス主義哲学を超えるという問題意識を、もっておりました。平田さんは主体的唯物論にいち早く心酔しました。……一橋における主体的唯物論は、その主張者コルシュのゼミの幹事でもあった杉本栄一でした。これがイギリス経験論との対決ということをやっていたのです。……主体的唯物論に平田さんがどこから入ったのかというのは私にはわかりません」（小冊子『「平田清明　市民社会を生きる」を手にして』二〇〇八年、一六頁）。

ここで、念のため、内田『経済学の生誕』（一九五三年）の「あとがき」の有名な冒頭の一句を確認しておこう。「イギリス経験論をのりこえること、しかもそれを経済学の深みにさかのぼっておこなうこと、これがこの研究の奥にあるテーマである」（増補版、未来社、一九六二年、三七一頁）。

こうして、平田は、「実践的な二つの理論」のなかで「イギリス経験論を乗り越え」てマルクス主義の立場に立ち、そのマルクス主義の立場においては、戦前の唯物論研究会におけるマルクス主義哲学理解の三つの問題点、すなわち客観主義、経済決定論、そして生産力・技術論における労働手段体系説を乗り越えようと、主体的唯物論の立場に立つことになったといってよいであろう。

では、なぜ、平田は『経済科学の創造』（一九六五年）に結実するケネー研究に、そして本書に結実するマルクス研究に取り組むことになったのか。

経済学の世界へ　敗戦と占領下の民主変革の真っ只中で、平田は変革の理論基準を、次のように発見する。

「戦後いちはやく、民主化の激動のなかに投じられた山田盛太郎氏の火文字「再生産表式と地代範疇」……。戦火のもとで執筆（一九三五年）されたこの論稿の公表（一九四七年）は、それ自体、この国のアンシャン・レジームの崩壊と新時代到来のシンボルであった」（前掲書、九頁、（　）は引用者、以下同じ）。

この山田論文によって、変革（客体と主体）の理論基準として「ケネーとマルクス」の再生産論が確定されることとなった。この基本線上で、平田は、戦前来の日本社会科学・マルクス主義の成果を、次のように吸収し、そこから問題を独自に立てていく。

「私のケネー→マルクス研究という問題設定は、山田盛太郎先生の「再生産表式と地代範疇」に直接、示唆されたものでありますが、この山田論文の再生産＝蓄積論把握を循環論につなげる発想は、ケネーそのもの……から得られたものでありますが、循環形態論の歴史理論的な意義を、大塚先生（『近代資本主義の系譜』一九四七年。商品取扱資本の循環は生産資本の循環を含まず積極的な社会形成を展開しえないし、また産業資本の主体的形成力は中産的生産者層にあると主張）から学ぶことがなかったならば、ケネーが語り出している巨大な理論内容も理解・検出しえなかったであろうと思います。私にとって、山田・大塚先生のお仕事をケネー研究に生かす直接のグルントが『経済学の生誕』（社会的総資本の再生産の分析基準をなす商品資本循環は、そのうちに生産資本循環を含むと理解し、こうした生産資本循環・自然と人間との物質代謝の社会形成的特質を明確に検出）であった……」（「大塚史学とマルクス主義へのチャレンジ」『現代の理論』一〇〇号、一九七二年五月、三三頁）。

このように、山田の再生産論（「構造＝対抗・展望」）をベースに、大塚と内田から資本循環論の独自な意義を見出し、ここから再生産＝ならびに循環論視座なるものを提起することになる。

媒介項としての論文「分割地所有と地代範疇」　しかし平田においては、こうした方法論の視座設定から、二冊の大著『経済科学の創造』『経済学と歴史認識』がストレートに産み出されて来るわけではなかった。ひとつの決定的な通路、内容上の媒介項があった。平田みずから「一九五五・六年を旋回点として……新たな経済学的基準の創出をもって歴史認識に生気を吹き込む課題が、私のすべての研究の、いわば超テーマとなった」(『創造』「あとがき」五六四頁)と語っているので、その一九五五・六年という時点の平田の作品を見てみよう。戦後民主変革の性格を規定する農地改革について、これを世界史的に位置づけることを主題として開催された土地制度史学会での報告論文「分割地所有と地代範疇」(山田盛太郎編『変革期における地代範疇』岩波書店、一九五六年、所収)である。次のような論点提起が注目される。

「『資本論』第三巻第四七章第五節における分割地所有の叙述は、第一巻第二四章(いわゆる本源的蓄積)第七節「資本制蓄積の歴史的傾向」における封建制から資本制への移行を、小経営生産様式のなかで分割地所有がはたす機能の分析視角……から究明したものにほかならない。……歴史的叙述がどのような意味で論理的方法と歴史的方法との統一であるかについては、稿をあらためて論述することにしたい。……分割地所有は封建制から資本制への移行の過渡期における世界史的な……範疇である。……(分割地所有における貨幣による土地購入は)農民の「人格的自立性の発展のための基礎」→「自由な個性の発展のための一つの必要な条件」である」(前掲書、二七七、二八一、二八二頁)。

このように、平田は、山田の「再生産表式と地代範疇」という問題設定を、独自に『資本論』における地代論と本源的蓄積論との関連において再構成し、資本主義の世界史的成立における分割地所有・小経営生産様式の過渡的性格、そこにおける人格的自立性と自由な個性の意義、全体としてマルクスにおける歴史と論理の統一、という三つの論点を引き出してくる。では、これら三つの論点を媒介項にして、いかに「新たな経済学的基準の創出をもって歴史認識に生気を吹きこむ」ことになるのか。平田の経済学体系へと入っていこう。

B　平田経済学体系とその意義

根底的問題としての「階級と個人」と「普遍世界史」　本書（および『市民社会と社会主義』）の画期的な提起について、平田はみずからこう語る。「『資本論』を用意した最初の体系的労作であるこの『〔経済学批判〕要綱』は、歴史理論としての『資本論』の成立……であり、最後の『資本論』たるフランス語版……は、特に本源的蓄積……の理論的歴史的研究に重大な反省を迫っているものであって、そのいずれもが、マルクスの提起した〝階級と個人〟という根柢的問題の核心にかかわる……。……歴史理論……には、弁証法的思考の体系的叙述の理解にかかわる普遍世界史的な問題が存在する……。……資本主義社会なるものを市民社会の基底において再把握することが……資本主義揚棄としてのコミュニズムの展望に新地平を拓く」（『市民社会と社会主義』三四一～三四二、三四四頁）。

「歴史理論」なるカテゴリーが繰り返され、きわめてコンパクトかつストレートなメッセージとなっている。根底的問題としての「階級と個人」、そして「普遍世界史」が注目される。このような平田の「歴史理論」なるものは、研究史においてみると、山田盛太郎の「歴史の法則」=「生産力の内の規定的な要素」としてのプロレタリアート（『日本資本主義分析』一九三四年。岩波文庫一九七七年版、二一四頁）、内田義彦の資本主義を人類史のなかで「最後の階級社会」として論理的に解明する「歴史の理論としての『資本論』」（『資本論の世界』岩波新書、一九六六年、一二二頁）という提起を、真正面から受け止めていると考えられる。

平田経済学体系の構成・特徴と意義　以上を踏まえて、本書にみられる平田経済学の独自な構成・特徴と意義を素描してみると、以下のようになろうか。

(1) 三段構成

① 物象化の経済理論

「人格の物象化と物象の人格化」というテーゼにおいて、「人格と物象」の相互関係がダイナミックに把握される。さらに、商品論から地代・三位一体論まで、『資本論』全体が「物象化の経済理論」体系として浮彫りにされる。

② 物象化の歴史理論

「人格と物象」の関係を理論基準に、人類史の三段階と前史の二段階を新たに定式化し、そこからコミュニズム像が商品論における「人格復権としての自由人の連合」、本源的蓄積論における「共有にもとづく個体的所有の再建」として強烈に打ち出される。

③ 変革の基礎理論（歴史の主体形成論）

こうした二つの理論の大団円は、商品論では「不可視の地底における世界史的規模での人格的依存関係の形成」として潜在化していたものが、地代論では「人間と自然の奪還としての階級闘争」、「勤労者個人の自由人の連合としての階級闘争」という壮大な人類史的スケールで顕在化して実を結ぶ。

(2) その意義

① 根本——社会を構成する「労働する諸個人」をなによりも主体的に「人格」として掴み、この人格の自立と自由な個性を徹底化させていこうとする主体的唯物論。

② 展開——史的唯物論（唯物史観）と経済学との関係を、「歴史理論としての経済理論」の形において見事に結合（佐藤金三郎が、宇野弘蔵による徹底した両者の「分離」論と対比して、「直結」論と指摘するのは、的確と言ってよい）。

③ 帰結——そうした結合の「最後の言葉」というべきものが、「人格復権としての自由人の連合」＝「共有にもとづく個体的所有の再建」というクリアな形での、コミュニズム像の提起である。

全体を一言で言えば、普遍的人間解放論としての『資本論』探究となろう。たしかに平田の提起は「理念」的であったが、これを冷戦体制解体後の二十一世紀において見れば、いまや「現実に存在するコミュニズム」として論じることができるであろう。その試みは現に諸方面から提起されており、今後、これをめぐる開かれた討論が大いに期待される。

〔付記〕この解題は、第Ⅰ節の本文部分を山田鋭夫、第Ⅰ節「参考」と第Ⅱ節の双方にわたって第一、二章分を山田、同じく第三、六章分を後藤康夫、同じく第四、五章分を平野泰朗、第Ⅲ節を平野（ただし第Ⅲ節A中の読売新聞書評と杉原四郎書評は後藤）、第Ⅳ節を後藤が執筆担当し、全体を相互に整理・統合して作成された。

『社会形成の経験と概念』解題

岩波書店、一九八〇年二月、ix＋四七七頁

I　経験と社会――本書の主題

社会とは何か、市民社会を論じてきた平田が根源的な問いを発する。この問いは日本の社会のありかたに対する深い疑念から発している。「高度経済成長」から「安定成長」を経て「経済大国」にのしあがった日本は、一九七〇年代以降、欧米諸国が世界同時不況に陥るなかで輸出主導型成長を通してその国際的な評価を一段と高めた（この国際的評価は「貿易摩擦」に対する欧米の不満の感情とセットになっている）。だが、まさにこの時期に、平田は日本社会における社会思想の極度の衰弱を読み取る。そしてその根底にこの国における〈社会闘争の不在〉を感じとる。

本書所収の論文が初めて公表された時期は、一九七六年三月～一九七九年九月である。だが、本書執筆に向けた思索が醸成されたのは、それよりもかなり早い一九七三～一九七四年におけるフランス滞在においてである。このパリ滞在からの帰国後に日本社会について抱いた印象を、平田は本書の「あとがき」で「強い籠城意識」、「ある種のナショナリズム」（四七三頁）と表現し、その背後に日本社会における「社会認識の衰弱あるいは対象

的批判的な自己認識の総体的な衰退」（四七三頁）を察知する。

なぜか。平田はこのフランス滞在中にパリ在住の日本人哲学者森有正に出会う。森とのこの交流を通して本書全体を規定する思考の原型がかたちづくられる。本書の序章「力としての知を求めて——森有正における経験の弁証法」で、その思索の歩みが語られる。平田が森との対話を通して学んだこと、それは、社会とはひとの感覚を根源に置き、感覚を通してものに触れ、ものを享受する経験の能力のうえに成り立つ、ということであった。この感覚と経験に支えられた法と道徳を始原として社会が生成する。

本書では、この社会の生成の過程にさかのぼって、日本とヨーロッパの比較社会史的考察とマルクスの思想および社会主義の思想の再検証が試みられる。

一九六〇年代における平田の市民社会論は、西欧の市民社会思想の視座から外来の輸入思想としての日本のマルクス主義の陥穽を指摘することに力点が置かれた。だが、本書では、西欧の市民社会思想がひとびとの日常の感覚と経験から発してその感覚と経験を自己認識する格闘を経て練り上げられた思索の所産であることが強調される。そして、そのような日常経験の自己認識の学という視座から、日本の社会における経験の自己検証の不在が批判的に対象化される。社会主義を論ずる以前に、そもそも社会とは何かが問い直されるのはそのためである。日本の天皇制がヨーロッパの君主制と異なり、普遍的なものを定義する立法権にもとづかない法を欠落させた「専制主義としての無政府主義」（二一〇頁）であると結論づけられるのも、そのゆえである。

ここでは、日欧文明の比較文化史的考察、マルクスの基礎概念の発生史的考察、マルクス思想の現代的再生、社会主義の現代的位相が論じられる。

A「現代日本の比較社会史的一考察――諸文明の弁証法を模索しつつ」

一九七〇年代における日欧貿易戦争は、日本の「勤労と自由競争」を原理とする「貿易依存型世界主義的産業国家」（五三頁）を浮かび上がらせると同時に、この国家体制の背後に日本社会に固有な文化的特質が横たわっていることを語り出す。所得による実質的な不平等が小さい（「一億総中産階級」）にもかかわらず、対面する相手を上下関係に振り分け相手に応じて敬語を使い分ける日本の文化（形式的な不平等の決定的な規定性）は、経済次元における平等な市民関係が人格的不平等の関係によって深部で媒介されていることを物語る。この文化的特質が、勤労至上主義と自由競争のグローバリズムを推進する日本に固有なタイプの資本主義を生み出す。

B「変革の弁証法の蘇生――現代に蘇るマルクス」

二十世紀末に生きる現実の経験から出発してその経験を概念化するために、マルクスの思索の営みがどのようにこの現実に呼び出されるか。マルクスは十九世紀に資本が社会を支配しつつある時代に向き合い、その社会の経験から出発し、重商主義や古典派の経済学説と格闘しつつ資本の概念を練り上げた。この練り上げの思索は二十世紀末の高度産業資本主義における社会認識にどうよみがえるのか。マルクスは、株式会社を私的所有の枠内での私的所有の揚棄として、科学技術革命を労働過程の科学過程化および社会化として、資本の生産力を勤労者の集合力の物化された形態として、植民地主義を資本主義がみずからの前提としてたえず創出し続ける様式として、それぞれ洞察した。この洞察こそ、情報化、グローバル化、多国籍企業化が急進展する二十世紀末の社会の経験を概念化する手がかりとして呼び出されるべきだ。

C「批判的自己了解の学としての経済学――日常語としての『剰余価値』とその概念」

ヨーロッパでは剰余価値という言葉が自明な日常語（「増加価値」「価値の自己増殖の運動」）であり、その自明性を批判的に問い直すことによって「不払い労働の無償領有」というマルクスに固有な剰余価値の概念が生産された。剰余価値はマルクスの「造語」ではなく日常意識と不可分であり、かつ日常意識を批判的にとらえかえす媒介概念である。そして増加価値としての剰余価値は、資本の直接生産過程においてだけではなく、資本の流通＝再生産過程、資本の再生産の総過程の運動において把握されねばならない。

D「自己管理型社会主義への人間科学的接近」

当時ミッテラン大統領の社会党政権で経済顧問を務めていたジャック・アタリの著作『情報とエネルギーの人間科学』（原題は「言葉と道具」一九七五年）を紹介しつつ、集権型計画経済と官僚制によって特徴づけられるソ連型社会主義に代わって、自己管理・分権・内展開（使用価値の極大化）を原理とする自主管理型の社会主義像が提示される。高度産業資本主義が情報通信システムに主導された分権型の組織化へと向かう歴史的動向を見据えつつ、この動向をエネルギーと情報の人間科学的概念を媒介とした社会諸類型の転換の過程からとらえかえし、ひとびとの相互交通を抑圧する社会から相互交通を解放する社会への過渡期とする社会＝歴史認識を提示することによって、二十世紀型社会主義の刷新が図られる。

Ⅲ　第二部「社会闘争の経験と概念」

一九七〇年代のフランス左翼は、一九六八年の五月革命（または五月危機）の原因とその影響を総括することを手掛かりに、資本主義的な高度産業社会を民主的、経済的、政治的、文化的に変革するという歴史的な実験に取り組んだ。五月革命は、高度資本主義によって支配される現代社会の管理のあり方に対する根本的な「異議申し立て運動」としてフランス全土に広がった、反体制的な大衆運動であった。グルネル協定（最低賃金の三五パーセント増額、労働環境の改善）の提示や総選挙の早期実施の約束（そして、一年後のドゴール大統領退陣）などによって収束したこの運動は、現代社会において「管理」の問題が決定的に重要であることを明らかにした。またそれは、労働者や市民や公共サービスの利用者が、企業や工場、公共機関や各種の団体の決定と運営に参加する能力と欲求を備えていることを明らかにした。フランスの社会党（ＰＳ）と共産党（ＰＣＦ）は、総選挙や大統領選挙における共同綱領の作成や左翼連合の形成とその失敗の経験を通じて、ソ連邦や東欧とは違ったタイプの社会主義像や社会主義的民主主義のあり方を模索し、古い概念を放棄して新しい概念を提唱するようになる。「プロレタリア独裁」概念の放棄と「自己管理社会主義」がそれである。

第二部の三つの章、Ⅰ「プロレタリア独裁概念の放棄」、Ⅱ「連合の敗北と自己変革」、Ⅲ「自己管理と複数主義の社会主義」は、フランス左翼の自己革新の過程における注目すべき出来事や討論や論文を平田が解析して社会主義とマルクス主義の再生にかかわる論点を提示した、一九七六年七月から一九七九年九月にかけて執筆された論文から構成されている。第二部は、平田が「概念による経験のオリエンテーションと経験による概念の再定義」との緊張関係のただ中に身を置いて、フランス左翼の歴史的実験をリアルタイムで追跡した記録でもある。なお、一九八一年五月の大統領選挙におけるミッテランの勝利と左翼連合政権による自主管理社会主義の施策（国有化法案、非集権化法）については、「フランスにおける自主管理資本主義の進展」（平田清明『新しい歴史形成への模索』新地書房、一九八二年）で分析されている。

Ａ「プロレタリア独裁概念の放棄」は、一九七六年のフランス共産党第二二回大会でプロレタリア独裁概念を放棄するに至るプロセスとその歴史的意味を分析した章である。プロレタリア独裁とは、資本主義から社会主義への過渡期における国家権力（政治権力）の本質を表す概念であり、「政治上の過渡期」（『ゴータ綱領批判』）としてマルクスとエンゲルスによって初めて用いられ、そして、レーニン（『国家と革命』、『プロレタリア革命と背教者カウツキー』）によってマルクス主義と共産主義運動の最重要な原則として位置づけられた。レーニンやコミンテルンが、後進国ロシアの革命（一九一七年）から生まれたソヴィエト型国家をプロレタリア独裁の具体的形態として規定してからは、西欧では、プロレタリア独裁は自由や民主主義の抑圧と暴力を伴うという疑義が根強く提起されてきた。

フランス共産党は、資本主義と民主主義が発展したフランスの社会と国家を民主的に変革する先進国革命の実験に取り組むことを通じて——具体的には、六八年の激動を総括した「シャンピニー宣言」（一九六八年十二月）や「共同綱領」（一九七二年）、「七四年大統領選挙の総括」、「第二一回大会準備文書」（一九七五年）、第二二回大会での議論（一九七六年）を通じて——「過渡期の権力」の遂行すべき機能とその形態に関する理論的考察を豊富化し、最終的に、過渡期政治権力をプロレタリア独裁として表現することを放棄する決定をした。

平田の「シャンピニー宣言」や「共同綱領」の分析は、プロレタリア独裁概念を放棄に導いた理論的な論拠として管理の決定的な重要性を明らかにした。「管理の問題こそが、社会の経済的形成・規制原理たる所有と社会の政治的形成・規制原理たる政治権力との間にあって、両者を現実に媒介するものであり、それら両者の内容を規定するものである」（一九二頁）。このような、所有と政治権力を媒介するとともに両者の内容を規定する管理の問題への労働者・市民の参加こそ、政治権力の非集権化（政治的民主主義）と国有化された産業の民主的管理を可能にするものである。

B「連合の敗北と自己変革」は、一九七八年三月の総選挙で左翼連合が敗北した後で行われた、共産党と社会党のそれぞれにおける理論的・思想的な改革の動きを追跡して重要な論点を浮き彫りにした章である。大きな論点は、①民主主義的中央集権制の組織原則、②国家論、③現代の権力論の三点である。

第一の共産党の組織原則である民主主義的中央集権制は、理論的には「集中」の契機と「民主」の契機との緊張において機能すると想定されているが、実際の運用においては、少数意見を異端＝分派として排除し、大衆に近い基礎細胞レベルの多様な意見が中級機関、上級機関、党幹部に吸い上げられるにつれて一元化される垂直的な党意思形成の仕組みになっている。平田は、党員歴史家エレンシュタインによる、細胞レベルで民主的に自説を述べる党員の意見を公開し水平的な討論を制度化しようという提案（党一般紙における「公開討論欄」の常設）を、民主集中制を是正する「水平的交通」の新提案として注目する。プロレタリア独裁の放棄は、党に民主集中制原則の再検討を促しているのである。

第二は、哲学者アルチュセールが指摘する、共産党が理論的拠り所にしている国家独占資本主義論における国家論の欠如という問題である。国家独占資本主義論は、マルクスが「政治学批判」として展開する構想を持ちながらも達成できなかった国家論の欠如を克服するのではなく、そのうえに安住して構築されている。アルチュセールは、現代の文脈における「政治学批判」の構築を意図して、「イデオロギー装置」としての国家という概念を提起する。彼は、現代の国家を「イデオロギー装置」として理解することにより、教育・文化・情報・宗教などのイデオロギー的諸形態が国家と有機的な関係を構成することで階級支配に対する諸階級の同意を獲得する機能を果たしている、という事態について解明しようとする。

第三は、フランス社会党内の少数派のマルクス主義集団ＣＥＲＥＳの指導者シャルティエによる現代の権力構造の分析である。彼によれば、現代の資本主義は、十九世紀とは異なって、巨大科学技術の導入に伴う総体としての経済過程の「操作化」を通じて、生産過程のみならず、流通＝分配過程や教育過程においても、さらに医療などの労働力の修復過程においても、「企業権力」を普遍的に成立させている。テレビ・ラジオ放送局や新聞社、郵便・鉄道などの交通機関、大学などの教育研究機関、病院などの医療機関では、被抑圧者の立場にある勤労者が諸機関のユーザーである視聴者・読者・旅客・学生・児童・患者・老人を企業権力の操作対象にしてしまうという、「被抑圧者による抑圧の肩代わり」(三二七頁)が進行しているが、国家権力はこのような企業権力総体の法的保障として存在している。つまり、現代の全体権力は、国家権力(公的権力)だけでなく、諸種の企業権力によっても構成されているのである。このように現代の権力を一枚岩ではなく複雑に分節した多様な実存形態において理解することは、企業を含む諸機関の勤労者が非集権化を通じて経済過程のコントロールや諸機関の意思決定に参加する道を切り開くことの重要性を示している。

Ｃ「自己管理と複数主義の社会主義」では、フランスの共産党が、社会党との左翼連合を作る経験を通じて「自己管理社会主義」を採用し、社会主義の理念を再定義したことの理論的、歴史的な意味が解明される。そして、共産党内における中央集権的民主主義の組織原則を是正しようとする「複数主義」の動向が、期待をこめて描写されている。

共産党は第二三回党大会(一九七九年五月九〜十三日)の準備文書において、自己管理社会主義の受容を公式に確認した。六八年五月の運動から生まれた「自己管理」という言葉を嫌って「民主的管理」という用語を使ってきたこの党が自己管理社会主義を受容した背景には、科学技術の新しい開発とその産業的応用に基づいて、生産諸部門間や生産諸単位間を含む社会的相互依存関係が密接になっていること、生産活動がますます知的装備を必要とするようになり、労働がますます知的作業となっていること、労働者のうちに管理運営に関する「新しい欲望と能力とが形成されている」(四一七頁)こと、等々に関する理論的認識の深まりがある。このような認識に基づいて共産党は、「生産諸手段の私的所有を公的社会的所有に転換させるだけでは十分ではない」、「労働者が企業において権力を獲得する必要がある」ということを認め、社会党がすでに主張していた自己管理社会主義を受容するに至った。労働者たちの新しい欲求と能力として示された「自己管理」について、平田は、「資本＝物象のもとでの社会的相互依存関係を、『自由な生産者たちの連合』(マルクス)として人格的に再組織することである」(四一七頁)、と理論的に捉え直している。

自己管理資本主義の受容と並行して、共産党内では「複数主義」についての議論が進展している。まず、党内にすでに複数主義が存在することを経験的に確認することができる。フランスの勤労者のうちに革命的潮流や無政府的潮流、社会民主主義的潮流、キリスト教的改革潮流の四大潮流が存在するのを反映して、党内にも革命的潮流が多いとはいえ四つの潮流が存在している。複数主義の承認は、理論的には、複数主義が民主主義と同じように党内に存在する諸矛盾の表現形態として機能することによって、諸矛盾の過程的な解決を媒介する形態として機能することを認識することであり、反対意見の圧殺と民主主義の欠落を再生産する伝統的な民主主義的中央集権制の組織原則からの脱出路として複数主義を理解することである。平田は、「複数主義とは、〃多数〃の意義と内容を問いなおす思想と行動の様式であり、多数派と少数派との転換可能性を、少なくとも党組織形態論として視野のうちに保有し続ける方法論的模索である」(四三三頁)と、理解する。

しかし、党の指導部は党内の複数主義論を受け入れることを拒否している。フランス共産党は、左翼連合の経験を通じて自己変革することで獲得した新しい社会主義理念（自己管理社会主義）と、民主主義を欠落させた組織原則（民主主義的中央集権制）との間の矛盾を、今後も苦渋しながら生き続けるだろう、と平田はこの党の将来を厳しく診断する。

Ⅳ　本書の反響

最後に、本書がどのように受け止められたかについて述べる。本書は、ソ連・東欧の否定的経験を踏まえ、民主主義が高度に発展した西欧の社会主義運動の経験をも総括しながら、先進国革命をいかに構想するか、という一九八〇年前後の文脈において熱心に読まれた。今村仁司の書評（『エコノミスト』一九八〇年五月二十七日）は、平田のフランス滞在の「経験」が『市民社会と社会主義』から一歩前進した現代社会主義論を生みだしたことを指摘する。宮島喬の書評（『日本読書新聞』一九八〇年五月十九日）は、本書が、先進国では、革命とはたんなる政治革命ではなく、経済的・政治的・イデオロギー的・社会的闘争を通じて実現されるべき「総体的な変革の問題」であることを明らかにしたことを強調する。大津真作の書評（『週刊読書人』一九八〇年五月十九日）は本書を、経済学者のパリ体験の証言として読んでいる。中村達也も、一九八〇年前半を総括した時評「社会主義像、防衛論議の混迷」（『エコノミスト』一九八〇年八月十九日）のなかで、本書を「学説史家による現代ヨーロッパ社会主義論」として位置づけている。

参考　本書の構成と初出

序章　力としての知を求めて（原題「哲学と社会を生きる」家永三郎・小牧治編『哲学と日本社会』弘文堂、一九七八年、所収）

第一部　社会認識の経験と概念

I　現代日本の比較社会史的一考察――諸文明の弁証法を模索しつつ（原題「日欧貿易戦争における経済と文化」『経済評論』一九七七年七月号）

II　変革の弁証法の蘇生――現代に蘇るマルクス（原題「現代に蘇るマルクス」『経済セミナー』一九七八年六月号）

III　批判的自己了解の学としての経済学――日常語としての「剰余価値」とその概念（原題「剰余価値概念の再検討」『経済セミナー』一九七六年三月号）

IV　自己管理型社会主義への人間科学的接近（原題「自主管理型社会主義への人間科学」『経済評論』一九七八年六月号）

第二部　社会闘争の経験と概念

I　プロレタリア独裁概念の放棄（原題「フランス人民連合の自己認識」『世界』一九七六年七月号）

〔付論〕放棄決定後のプロレタリア独裁（初出『朝日ジャーナル』一九七六年七月九日号）

II　連合の敗北と自己変革（原題「フランス左翼の苦悩と模索」『朝日ジャーナル』一九七八年七月十四日号、原題「フランス左翼の自己革新」『エコノミスト』一九七八年七月二十五日号〜九月二十六日号、七回連載）

III　自己管理と複数主義の社会主義

一　ユーロコミュニズムとレーニン主義（初出『経済評論』一九七八年十月号）

二　複数主義の富（初出『経済評論』一九七九年二月号）
三　ユーロコミュニズムの探求（原題「自己管理と複数主義」『世界』一九七九年五月号）
四　ユーロソシアリズムの模索（原題「分岐点に立つユーロソシアリズム」『経済評論』一九七九年九月号、「フランス社会党の試練」『月刊総評』一九七九年九月号）

〔付記〕本論の執筆は、Ⅰ、Ⅱを斉藤日出治が、Ⅲ、Ⅳを若森章孝が担当した。

日本評論社、1　一九八〇年七月刊、一〇＋二二四＋三頁、2　一九八一年二月刊、一五＋二六四＋三頁、
3　一九八二年五月刊、二二＋三二三＋四頁、4　一九八三年三月刊、二五＋三三五＋五二頁

『コンメンタール「資本」』（全四冊）解題

Ⅰ　本書の背景と特徴

『コンメンタール「資本」』1～4は、『経済セミナー』（以下『経セミ』と記す）に一九七九年四月から一九八三年三月にかけて四八回にわたって連載された「コンメンタール『資本』論」を四巻本で刊行したものである。各巻の刊行年月と頁数は表題部に記したとおりであり、最終巻の最後には五二頁にわたって索引・文献目録が収められ、こうして本書は通し頁で総計一二〇四頁に及ぶ大作となっている。今日、マルクスの『資本論』（以下『資本』と記す）を、われわれは、エンゲルスの編集によって三部構成で読むことができるが、『1』では『資本』第一部前半部分（商品・貨幣論）、『2』では第一部後半部分（剰余価値・蓄積論）、『3』では第二部（循環・回転・表式論）、『4』では第三部（利潤・地代・収入論）が、それぞれ対象となっている。四年間にわたる『経済セミナー』への連載は、京都大学での経済原論の講義をベースに、二回の休載（一九七九年七月および一九八二年九月）を例外として、切れ目なくおこなわれ、四百字にして五〇～七〇枚、多いときには九〇枚近くにも上る「講

義」が、毎月書き続けられた。

『コンメンタール』が執筆された時期は、フランス大統領選挙でF・ミッテランが選出される一方で（一九八一年五月）、他方では、ポーランド自主管理労組「連帯」代表L・ワレサの軟禁（一九八一年十二月）等、一九八〇年代末の社会主義体制崩壊へと繋がる激動の時代であった。平田は、ユーロソシアリズムを中心に多数の時論的論説を発表するとともに、多くの対談・講演・書評・翻訳を精力的におこなっており、その対象は、「宗教と政治」「河上肇」から高等学校教科書『現代社会』執筆も含む、広範囲にわたるものであった。同じ時期に刊行された著作としては、『社会形成の経験と概念』（一九八〇年）、『新しい歴史形成への模索』（一九八二年）、および『経済学批判への方法叙説』（一九八二年）があげられる。さらにまた、この時期は、平田の名古屋大学から京都大学への転任（一九七八年）、京都大学評議員（一九八〇年）・経済学部長・研究科長（一九八二年）への就任と重なっており、生活拠点の移動と大学の行政職、そして右の夥しい時論的・理論的諸論稿の執筆と並行して、『資本』の精読による『コンメンタール』が、毎月執筆されたのであった。まさに超人的と言うべき、そして、多産な時節であった。

平田の『資本』研究は、戦争直後から一九五〇年代にかけての地代論研究を嚆矢とし、『経済科学の創造』（一九六五年）の出版を経て、『市民社会と社会主義』（一九六九年）および『経済学と歴史認識』（一九七一年）において最初のピークを迎える。その後、一九七三〜七四年にかけてのパリでの在外研究の後、平田の研究は、経済学的諸範疇の厳密化を社会形成の現実的運動の中で模索するという学問姿勢を、より意識的に表明するものになっていく。フランス左翼についての時論的な論文が続々と発表されるとともに、経験と概念、あるいは、日常語と範疇という自己に課した問題枠組みの下、マルクスのテキストへの内在がさらに徹底的におこなわれ、多くの論文が執筆された。後に、『社会形成の経験と概念』にまとめられる「剰余価値概念の再検討」(一九七六年)や「現代に甦るマルクス」(一九七八年)、『経済学批判への方法叙説』にまとめられる「個体的所有概念との出会い――労働と所有のディアレクティーク――覚書」(一九七五～七六年)、「発生史的方法とは何か」(一九七八年)、「マルクスにおける生産諸力の概念について――生産諸力の弁証法」(一九七八～七九年)、「経済学のプランと方法――M・リュベールの所説によせて」(一九八〇年)を記しておこう。その他に、マルクス研究として、「地平設定のために・市民社会の経済学批判――所有論としての『資本論』体系」(一九七〇年)、「マルクス主義の生成と構造」(一九七九年)があり、これらが理論的基礎となって、本書を支えている。

『資本』全三部を、一人の経済学者が単独で「注釈書」として書き上げたという点で、本書は画期的である。もちろん『資本』については多くの研究書があり入門書もあるが、原典に密着し全三部をカバーした注釈書は、戦前におけるローゼンベルク『資本論注解』を例外として、皆無である。本書は、マルクス『資本』の通読・解釈を講義形式で綴った「モノグラフィーでもあるような注釈書」であり、『資本』をたんに祖述したものでもなければ、平田の既存の『資本』研究書の単なるダイジェスト版でさえない。現行版『資本』の頁数と単純に較べてみても、第五講(物象化論)、第十講(労賃論)、第十二講(原蓄論)、第十九～二十二講(回転論)、第二十六～二十八講(利潤論)の諸部分により大きな叙述分量が割り当てられており、そこに、われわれは、平田の『資本』に対する〝読み〟の姿勢を、見ることができる。

「注釈書」としての本書の特徴は、以下の二点である。まず第一に、物象化論という視座の下に『資本』を読み切った、という点である。物象化論とは、「質料的生産諸関係とその歴史的社会的な〔形態〕規定性との直接的癒着」を、社会的諸形態の歴史的形態運動を追跡する中で、「フェティシスム(物神性)」とともに理論的に解体しようとする方法的姿勢、と定義できる。平田は、一九七一年に、「『資本論』の基礎視座として、私は疎外＝および物象化ということを強調したいと思います」（「資本論研究の新地平」『別冊経済評論』第五号、一九七一年五月）と発言しているが、『市民社会と社会主義』で模索されていたこの視座が、本書では本格的に展開されることになる。

第二に、フランス語版『資本』およびM・リュベール編集版『資本』を併読し、叙述に多数取り込んだ、という点である。平田のフランス語版『資本』との出会いはザスーリッチ宛の手紙の翻訳時（一九四九年）に遡り、『経済学と歴史認識』ではその意義が『経済学批判要綱』と並べて強調されていたが、本書では、さらに、リュベール版『資本』が、常に座右に置かれた。複数のテキスト併用は、ドイツ語初版との対照をもあわせ、現行エンゲルス版テキストを相対化（ときには批判）することによって、『資本』の新たな読みの可能性を随所に開示している。諸版併読の厳密なテキスト・クリティーク、これが本書の第二の特徴である。

参考　単行本と初出『経セミ』との比較

第一〜第四講は、初出『経セミ』と単行本とで「講」の番号が一致しているが、第五講は、初出『経セミ』の第五講と第六講とからなる。以降、『経セミ』の複数の講が単行本で単一の講に集約されることも出始め（ときに逆もあり）、両者間に講番号のズレが生じている。最終的に、『経セミ』の四十六の講が単行本では三十二の講に集約される。講番号の違いを分冊ごとに整理すれば、次のとおりである（詳細は、本書所収の「著作目録」該当頁を参照）。

第1分冊――『経セミ』第五・六講→第五講。同第七講→第六講。同第八・九講→第七講。

第2分冊――同第十講→第八講。同第十一・十二講→第九講。同第十三・十四講→第十講。同第十五・十六・

十七講→第十一講。同第十八・十九講→第十二講。

第3分冊――同第二十講→第十三講。同第二十一講→第十四・十五講。同第二十二講→第十六講。同第二十三講→第十七・十八講。同第二十四講→第十九講。同第二十五講→第二十・二十一講。同第二十六講→第二十一・二十二講。同第二十七講→第二十三・二十四講。同第二十八講→第二十四講。同第二十九講→第二十四講。同第三十講→第二十五講。

第4分冊――同第三十一講→第二十六講。同第三十二講→第二十六講。同第三十三・三十四・三十五講→第二十七講。同第三十七・三十八講→第二十八講。同第三十九・四十講→第二十九講。同第四十一・四十二講→第三十講。同第四十三・四十四講→第三十一講。同第四十五・四十六講・完→第三十二講。

II 『コンメンタール「資本」』1の概要

以下、各分冊の解題に入るが、平田の読みの独自性に力点をおくため、論述に精粗の差がでることを寛恕願いたい。

『コンメンタール「資本」』1は、次の七つの「講」からなる。

第一講　課題と方法――「序言」「後書き」に即して

第二講　未完の書『資本』の輪郭

第三講　商品論の基本構成

第四講　価値形態の展開
第五講　商品物神と交換過程
第六講　貨幣または商品流通
第七講　「貨幣としての貨幣」および「貨幣の資本への転化」

A　『資本』の課題・方法・構成

第一講と第二講は、『資本』の課題と方法ならびに未完の書としての『資本』の輪郭を論じ、全体への導入をなしている。

『資本』は第一部のみがマルクス自身によって刊行され、第二部と第三部はマルクスの遺した草稿をエンゲルスが編集して公刊された。第一部は機会あるごとに改訂されたが、本書全体としては未完の書である。第一部は、ドイツ語版第一～四版とフランス語版・イギリス語版があり、それらに付された七種の「序言」や「後書き」の意義、とくにマルクスの「理論的な課題表明」と「方法的な準則提示」が論じられる。

本書の基礎範疇と基本命題がまず論じられる。「私がこの著作で研究しなければならぬのは、資本家的生産様式ならびに、これに照応する生産＝および交通諸関係である」(ドイツ語第一版序言)。平田は、「生産様式 Produktionsweise」と「生産＝および交通諸関係 Produktions- und Verkehrsverhältnisse」をマルクスが考案した語であるとして、その内容を解説している(一一～一三頁、以下、本文の頁数のみを記す)。生産、交通、領有＝消費の諸過程が、分節されつつ連節しており、生産様式が交通様式、領有＝消費様式を規定していること、また経済的な社会構造を実在的な土台として、法律的および政治的上部構造、ならびに社会的意識諸形態が対応していること、そうした唯物論的把握の基礎として経済学が論じられる。

基本命題が「近代社会の経済的運動法則の暴露」であるという点には留意が必要である。ここに「暴露するenthüllen＝dévoiler」とは、たんに隠された社会的動態を定式化することだけではなく、「資本＝物象に疎外＝外化した勤労諸個人の種族的力能の、社会的にして自然的な開花の必然」（一四頁）を含意する、とされる。

ついで平田は、「資本把握の弁証法的方法」を論ずる。『要綱』で提示された方法論は、「分析」＝「下向」の方法と、「上向」＝「観念的再生産」の方法とを対比し、後者の正当性を主張する。だが、平田によれば、「探究における成功こそが生命ある叙述の成功を保障する」。それゆえ、「探究の手続き」と「叙述の手続き」との区別は「形式的な」ものでしかなく、実質的には相互に重なり合う（一七頁）。ブルジョア社会という歴史的個体の形成根拠を問う「発生論的方法が、上向法のより深い彫琢として展開している」（一六頁）*。

＊関連するテーマとして、『経済学批判への方法叙説』第Ⅰ章は、①上向法と発生史的方法との関連と区別、②発生史的方法と物象化論との内的関連、について詳述している。

第二講では、「資本の日常的概念とその批判的自己了解」および「近代的魔術からの解放」を二つのテーマにして、『資本』の全体構成と輪郭が論じられる。

なぜ本書のタイトルは『資本論』ではなく『資本』か。資本の日常的概念、増加（剰余）価値をうむ価値としての〝資本なるもの《ダスカピタール》〟の批判的自己了解が問題だからだと平田はいう。Mehrwert＝plus-value とは、「何らの質料的な変換を蒙ることなしに、ある物（財または収入）の価値が増加すること」を意味する。そうした日常的原意を伴いながら、しかもなお、理論的抽象においては労働力の再生産価値をこえる「剰余価値」として把握されるべきものだという。こうした増加価値と剰余価値との区別と関連が、『資本』の基本テーマをなす。

ここから『資本』全三部の概要を平田は描く。第一部は、剰余価値がなぜいかにして生産されるかを理論的に解明する。他方、第三部は全面的に増加価値論だとされる。増加価値が具体的に「利潤（率）」「商業利潤」「利子」「地代」の諸形態において検討される。つまり第三部は「増加価値の分配論」だと平田はいう。

では、第二部はどうか。マルクスは、（『資本』第一巻の刊行を待つばかりの）一八六七年八月のエンゲルス宛て手紙のなかで、「私の書物の最良のもの」として、「①労働の二重性」と並んで、「②利潤・利子・地代などの諸種の特殊的諸形態から独立しておこなわれる剰余価値の取り扱い（剰余価値の一般的形態）」に論及し、それは「第二巻で明らかになるであろう」と指摘した。剰余価値の一般的形態が第一巻＝第一部で解明されたこと、言うまでもない。平田はさらに、マルクスのいう「第二巻で明らかになる」剰余価値の一般的形態とは、要するに社会的総資本の産出する剰余価値総体であると捉えている。つまりここで「第二巻」とは、たんに第二部だけではなく、第三部をも包摂するものであること、したがって「剰余価値の一般的形態と特殊的諸形態とが『第二巻』総体の解明すべき課題」（三五頁）なのだという。*

＊『社会形成の経験と概念』一二六〜一三三頁をも参照。

平田は、第二講の第二節を「近代的魔術からの解放」と題した。「近代的魔術」とは何か。それは、「質料的生産諸関係とその歴史的社会的な〔形態〕規定性との直接的癒着」をさし、その解体こそ批判的社会科学の課題をなすという。それは直接には、資本物神の解体をめざす。だが、人為の所産でないものにさえ価格がつくことこそ根元的だとマルクスは考えた。現代のフランス社会党の綱領的宣言（『社会プロジェ』）をひきながら、平田は、「資本物神の最深形態であり、その普遍的形態である、商品物神の批判的自己認識」こそもっとも根元的な課題をなすと宣言する（四〇頁）。

B　商品論

『資本』冒頭章の「第一章　商品」は、①商品存在の二重性、②労働の二重性、③価値形態、④商品物神という四節で構成されている。第三講「商品論の基本構成」は、このうち、商品存在の二重性と労働の二重性について論ずる。

商品は、人間のなんらかの欲望を満たす使用価値であると同時に、他の財を獲得＝支配する力をもつ交換価値である。使用価値は、自然的諸属性の総体からなり、人間の身体的欲望を満たすと同様に、精神的欲求をも満たす。マルクスは「心の食欲」としての情報欲望を満たす商品の使用価値に特別に留意していたと平田はいう（五一頁）。他方、使用価値がすぐれて自然的な存在であるのに対して、交換価値は、純粋に社会的な存在であるという点で、両者はまったく異なる。しかもなお、自然的な物＝質料である使用価値が価値の担い手として存在する。価値の大いさは、その生産に社会的に必要な労働時間によって規定される。

商品が使用価値であると同時に価値であるということにもとづき、労働もまた、具体的有用的労働であると同時に抽象的人間的労働である。すなわち、「特殊な、目的を規定された形態での、人間的労働力の支出」＝「具体的有用的労働」という属性において、「労働は使用価値を生産する」。他方、「生理学的意味での人間的労働力の支出」＝「同等な人間的労働または抽象的人間的労働」という属性において、「労働は商品価値を形成する」。

このように、「マルクスは近代的個人の二重人格性を、商品の二重性において表示された労働の二重性によって根拠づけた」と平田はいう。

「商品論の全叙述は商品の物神的性格の批判的解明に焦点があてられている」というのが、平田の読み方である。第四講「価値形態の展開」はそのための基礎的作業をなす。

『資本』第一部初版（一八六七年）本文での価値形態論は、弁証法的論述がまさり、そのためマルクスは、論旨の平易化のために「学校教師風」の説明を「附録」としてつけることを余儀なくされた。この結果、初版には本文と附録の双方で形態論が展開されている。これが第二版（一八七三年）になると、本文のテキストが削除され、附録の記述が本文の位置におかれることとなる。だが、マルクスは、「この弁証法の鋭く展開された初版本文の記述を愛惜していたようであ」り、平田はマルクスの理論的素志を鮮明にすべく、――現行版の叙述とともに――「忘れられた初版本文の記述」を今日に甦らせた（六八〜六九頁）。

価値形態論では、「貨幣という社会的形態の生成の論理的根拠たる始源が問われる」（七一頁）と平田はいう。そのようなものとしての「貨幣形態の発生論（史）Genesis」（九一頁）が解明される。貨幣を形成しえてこそ、すべての労働生産物が商品でありうる、逆にいえば、商品としての労働生産物の存在は、それ自体のうちに貨幣形成の必然性を潜勢的にふくんでいる。この意味において商品世界の存在は、じつは貨幣形態の不断の論理的生成の過程なのだという。これが第一編第一章の主題だとされる。二つの基本論点が摘出される。

第一は、価値表現の第Ⅰ形態（二〇エルレのリンネル＝一枚の上着）が「あらゆる価値形態の全秘密を潜めている」という点だ。価値表現の両極性として相対的価値形態と等価形態とが区別され、等価形態の独自性としてその「〔人間〕種族的性格」が力説される。種族的なものを代表する機能を、等価形態は次の三点においてはたす。①等価形態たる商品の使用価値（上着）がリンネルの価値を表現する。したがって、この商品の使用価値が価値そのものであるとみえてくる。これこそ商品の物神性である。②等価たる商品の使用価値を生産する具体的労働が、そのあるがままの姿で、抽象的人間的労働の現象形態となり、その体現そのものとなる。等価たる上着を縫う裁縫労働はここにおいてあたかも価値を縫う労働そのものとなり、この意味での裁縫労働への等置によってのみリンネルを織る労働もまた価値を生産するものとなる。この顚倒＝混同。これは前項の形態的顚倒の内面的姿態である。③等価たる商品を生産する私的労働が、その対立物たる「直接に社会的な形態をとった労働」＝社会的労働の発現形態となっている。

第二は、貨幣生成の発生史である。初版の価値形態論は、貨幣の生成による商品世界の成立という逆説がいかにして成立するかを追立証する。貨幣の「即自」から、「対自」をへての、「即自・対自」への弁証法的展開は、それ自体が、等価の個別→特殊→普遍の展開である（九二頁）。第Ⅲ形態において等価は、ふたたび（第Ⅰ形態と同じく）単一性を獲得することによって、「普遍的等価」となる。ここに「普遍」とは、一者にして総体の代表者たるものであり、その一身において総体＝世界の成立を弁証するものである。一商品の共同排除により諸商品は価値として相互に関連しあう。その意味では、「第Ⅲ形態はもはや、第Ⅰおよび第Ⅱ形態と同じ意味では逆の連関をふくまない」（八六頁）。平田は初版の論理を簡潔に図示している（九一頁の図11）。

商品世界の論理的生成は、商品所有者の意識と行動において肉体化＝現実化して「交換過程」を展開する。そしてこのことによって、貨幣生成を現実化する。これが第一編第二章「交換過程」論の主題である（第五講）。価値形態論は、貨幣の生成による商品世界の成立という逆説がいかにして成立するかを論じたとすれば、交換過程論は、貨幣の生成による商品世界の成立という逆説がなぜに成立するかを論ずる、という（九八頁）。商品物神が商品生産者＝所有者に骨肉化し、その人格を内側から規定するということ、したがって人格としての彼の社会的行為（交換過程）を根底的に規定することが論じられる。

「私的労働の二重の社会的性格」は一個同一の統一的社会性の二契機として再定置されなければならない、と平田はいう。商品を生産する労働は直接には私的労働だが、しかしそれは、使用価値生産労働として社会的な労働であると同時に、価値生産労働としても社会的な労働でなければならない。この両者間で、その社会性の意味内容は異なる。私的労働は一方で、一定種類の有用的労働として、一定種類の社会的欲望を満たさなければならない。したがってまた総労働の一分肢として、自己を実証しなければならない。他方、それぞれの特殊な有用的私的労働が、多種類の有用的私的労働と交換可能であり、したがってまた後者と同等な意義を有する。商品世界は、生産体制としては、「私的労働の社会的編成としての社会的分業のシステム」である。そして、裏の関連としては、「多面的欲望」の体系である。この両者を媒介するものとして交換関係があると論じられる。

要するに、諸商品相互の現実的連関とは、商品所有者の介在を捨象した商品世界ではありえない。商品世界の全矛盾が客観的に展開されうるためには、労働と欲望という人格的契機においてそれが主体化されなければならない。以下の交換過程の矛盾が運動する過程としての「全面的持ち手変換」の介在によって、「社会的分業の過程的連関としての生産過程と、一面的欲望の多層的重畳としての消費過程とを、それぞれ独自の過程たらしめる」（一二二頁、一三九頁）。平田は、次の三論点に即して、「交換過程の矛盾」について詳解している。矛盾Ⅰ――「使用価値としての実現」と「価値としての実現」、「価値としての実現」と「使用価値の確証」。矛盾Ⅱ――商品所有者にとっての「個体的過程」と「普遍的な社会的過程」との矛盾。矛盾Ⅲ――「特殊的等価としての妥当」と「普遍的等価としての妥当」。

最後に、人格的依存関係との対比で、物象的依存関係としての商品世界が顧みられる。歴史理論としての商品論というこうした問いとの関連で、「共同の生産手段をもって労働し、その多くの個体的諸労働力を自覚的に（=「協議されたプランに従って」）一つの社会的労働力として支出するような自由人の連合」（一一六頁）としてのコミュニズム規定が提出される。

C　貨幣論

第六講「貨幣または商品流通」は、『資本』第一部第一篇「商品と貨幣」の第三章「貨幣」の価値尺度・流通手段・蓄蔵貨幣の三規定のうち最後の蓄蔵貨幣を切り離し、前二者のみを対象とする。ついで、第七講「『貨幣としての貨幣』および『貨幣の資本への転化』」は、蓄蔵貨幣論と第一部第二篇「貨幣の資本への転化」（転化論）とを統合的に論ずる。蓄蔵貨幣論と転化論とを統合的に取り扱う点に本講の独自性がある。*

*「蓄蔵貨幣と支払手段というふたつの機能が貨幣に帰属するとき、貨幣が資本に転化する条件のひとつが整う」（熊野純彦『マルクス　資本論の哲学』岩波書店、二〇一七年、五七頁）という指摘は重要である。

第六講では、まずは、すべての商品価値を質的に比較されうる同名の大いさとして表示するという「価値尺度」が論じられる。内容的には、①観念的な価値尺度（計算貨幣）としての機能、②具体的な価格の度量基準としての機能が、説明される。「価値の尺度と価格の度量標準とは一個同一の貨幣の相異なる二機能である」（一五二頁）。

ついで、社会的労働の質料変換としての交換過程（社会的生産有機体の特殊歴史的形態）が論じられる。そこでは、商品は「命がけの飛躍」を余儀なくされつつ、商品流通はたえず貨幣を「発汗」する。商品流通は「四つの極と三人の登場人物」の舞台として描かれ、そこでの三人称の不可避性こそ、市民社会の形態的特質をなすと特筆される。*さらに、「貨幣の通流」をめぐる問題（貨幣の流通速度＝貨幣の回転など）が論じられ、貨幣数量説が批判される。

*ここに平田は、我-汝関係をこえた「三人称としての我」の成立という森有正の議論を読み込んでいる（一六五頁）。

つづく第七講では、「『貨幣としての貨幣』および『貨幣の資本への転化』」が同時に論じられる。「資本への転化」をもふくめて「貨幣としての貨幣」の解明がなされる。そうすることで、「転化」の意味内容がより鮮明になるという。たんなる貨幣蓄蔵者が熱狂的で非合理的な価値増殖追求者であるのに対して、資本家は「合理的な貨幣蓄蔵者」だからである。

「貨幣としての貨幣」では、「貨幣が『貨幣の概念に適合する』ようになっていく所以」が解明され、固有の意味での貨幣の諸機能が三点検出されている。①貨幣蓄蔵（「貨幣の化石」としての貨幣蓄蔵）、②支払い手段（「掛け売り」の関係、債権者と債務者との関係で購買者の側からは「将来の貨幣の代表者」となる）、③世界貨幣。いまや貨幣は「流通の従僕から主人に転換している」。

「貨幣の資本への転化」論では、三つの主題の開示を通して、第三主題である独特な商品・労働力の発見に至る。①商品の姿態変換 $W-G-W$ のうちには $G-W-G'$ が見出される。② $G-W-G'$ に独特な矛盾、すなわち〃増加価値は流通から発生しえないが、しかもなお、流通部面で発生しなければならぬ〃という矛盾が検出される。③その矛盾の解決は、「その使用価値そのものが価値の源泉であるという独自な性状を有する商品」、すなわち「その現実的消費そのものが労働の対象化であり、したがってまた価値創造であるような商品の発見」、これでしかない。こうして貨幣は資本に転化する。

Ⅲ　『コンメンタール「資本」』2の概要

『コンメンタール「資本」』2は、『資本』第一部の剰余価値論と資本蓄積論について論じ、次の五つの「講」からなる。

第八講　絶対的剰余価値の生産
第九講　相対的剰余価値の生産
第十講　剰余（増加）価値と労賃
第十一講　資本の蓄積過程
第十二講　資本の本源的蓄積

A　剰余価値論

以下では、第八講と第九講ならびに第十一講と第十二講をセットにして概説し、独特な媒介的位置にある第十講についての平田の読みにとくに注目しよう。

第八講「絶対的剰余価値の生産」と第九講「相対的剰余価値の生産」は、資本の労働支配の論理的深化として読まれてよい。労働力の価値の再生産に必要な労働時間をこえる労働日の絶対的延長にもとづく剰余価値の生産が絶対的剰余価値の生産と呼ばれるのに対して、同一労働日中の必要労働時間の相対的減少にもとづく剰余価値の生産が相対的剰余価値の生産と呼ばれる。前者は、資本の労働支配に生産力的な実質が欠けているため、資本への労働の「形態的包摂 formelle Subsumtion」と呼ばれるのに対して、生産力的基礎をともなう資本の労働支配は「労働の実質的包摂 reale Subsumtion der Arbeit」と呼ばれる（二六一～二六二頁）。

第八講では、まずは、労働過程と価値増殖過程との関連、資本家的生産過程の基礎範疇（不変資本と可変資本、剰余価値率、剰余生産物）が説明される。労働過程論では、「労働過程の三契機（人間-労働、労働対象、労働手段）が解説されるが、労働については、自らの目的を実現する目的意識的活動でありつつも「人間的受苦の過程」であること、また労働手段については、「なにが作られるかではなく、いかにして、いかなる労働手段をもって作られるかが、経済的諸時代を区別する」（一三二頁）という点などが着目される。

ついで、標準労働日をめぐる資本‐労働間の闘争（「市民法のうえでの階級闘争」）が理論的歴史的に考察される。資本支配下の労働者は「労働時間の人格化」であり、資本家と労働者は形式的には同等の権利間で労働時間の盗奪をめぐって争うが、労働日の延長による剰余価値の生産という労働搾取、資本の支配性が端的に語られている。労働日の延長の強制法から労働日制限の強制法（工場立法）への反転には、「公然または非公然の市民戦争 civil war」（二五二頁）が孕まれていることが論じられる。

第九講では、労働の生産力の増大→生活諸手段価値の低下→労働力価値の低下→必要労働時間の減少→剰余労働時間の増大という経路での相対的剰余価値の生産が論じられるが（二六一頁）、そこには、個別的価値と社会的価値をめぐる資本間競争（「競争の強制法則」）が介在する。資本間競争にかんする特別剰余価値の追求（「力能を高められた価値」論）と資本‐労働関係をめぐる相対的剰余価値の形成との関連が論じられる。

ついで、相対的剰余価値の特殊的生産諸方法として、「労働過程の技術的諸条件とその社会的編成の変革」つまりは「生産様式の変革」（二七三頁）が論じられる。「協業」、「分業とマニュファクチュア」、「機械制大工業」の展開が詳述され、「社会的生産諸過程の質的編成と量的比例性」（二八九頁）を求めるマニュファクチュアと「大工業が機械体系において客体的な生産有機体を有する」（二九五頁）機械制大工業とが対比される。とくに後者では、「生産過程の精神的力能は、労働にたいする資本の権力に転化する」として、「科学・技術の、資本の権力への転化」（二九八頁、力点引用者）が注目される一方、諸種の社会的機能を交互に果しうる「全面的に発達した個人」（三一〇頁）が潜勢力として形成される、と論じられる。

B　労賃論

第十講「剰余（増加）価値と労賃」では、「『資本』形成史上の重要な一齣」（三二八頁）、すなわち、現行版の第五編「絶対的および相対的剰余価値の生産」と第六編「労賃」が、ドイツ語初版では同一「章」（＝編）のなかで論じられていることの意味が、問われている。

平田はここで論じられるべき二つの主題についていう。まず第一に、剰余価値の批判的考察は、「剰余価値率と利潤率（増加価値率）とがどのような内的関連にあるか、を示唆するものでなければならない」。第二に、「分配＝領有範疇であるはずの労賃が、いかなる意味で生産過程篇に登場せねばならぬのか、そして生産範疇としての労賃はいかなる形態において存在し機能するのか」が問われる。本講が「剰余（増加）価値と労賃」と題されるように、問題とすべきは、「同一『章』中で論じられるべき二つの主題の連関はどこにあるかということである」（三二四頁）。

マルクスはまず、絶対的剰余価値の生産と相対的剰余価値の生産との統一的理解を求めて、①労働日の長さ、②労働の標準的強度、③「労働の生産力」（生産諸条件の発達度に応じた生産物の供給度合い）のうち、いずれか一つが可変で、他の二つが不変という三つのケースについて論じたうえで、それぞれが同時に変動するケースについて論ずる。とくに二つの主要な事例（①生産力の減退と労働日の延長との同時展開、②労働の強度と生産力とが増加すると同時に労働日が短縮される過程）を論じている。こうして最後に、剰余価値率を表示する諸種の範式、とくに古典派経済学の範式と批判的経済学の範式とが対比される。

そのうえで生産範疇としての労賃が論じられる。「労賃形態は、資本家的生産様式の全運動なかんずくその生産＝蓄積過程を、成立させる基礎範疇である。その意味において、それは基礎的な生産範疇である」（三五二頁）。

労賃は、その支払い方法の形態的差異によって、基本的に時間賃金と個数賃金とに大別される。時間賃金においては、「一労働時間の価格という新しい社会的度量単位がうまれる」(三五四頁)。他方、個数賃金は、資本への労働者への内面的な服従すなわち合意を調達する形態である。平田は、個数賃金の独自性として、三点を摘記している(三五七〜三六〇頁)。①労働の質と強度がこの賃金形態によって客観的に統制される。②監督労働を不用化し、労働者自身による自己規制の道をひらく。「労働者個人の相互的にして自主的な競争をして、彼らを内面的に監視することが可能となる」(三五八頁)。③個数賃金はブルジョア的な時間制度の「主要な支柱」をなす。*平田の次の記述は労賃論の結節的地位を示唆する。「労賃篇は、剰余価値論の一環として、しかもその最終環として、呈示されることによって、剰余価値論総体とともに資本蓄積論(第七篇)の原論理 Ur-logos を形成している」(三一四頁)。

*「諸国民的賃金率と価値法則」の項は「価値法則のモディフィケイション」に論及しており重要である。

C　資本蓄積論

第十一講「資本の蓄積過程」と第十二講「資本の本源的蓄積」は、剰余価値の資本への(再)転化としての蓄積をめぐる基本問題を論ずる。

第十一講「資本の蓄積過程」は、①単純再生産、②資本の蓄積――剰余価値の資本への(再)転化、③資本家的蓄積の一般法則、の三つの節からなる。

資本は剰余価値を生産するが、その剰余価値が資本に転化することによって前提たる資本を再生産する。資本蓄積論は、①投下資本価値の剰余価値による置き換えに孕まれる全問題が扱われる。すなわち、自己資本たる資産が他人資本＝負債たる資産に自己転変する（自己労働による所有の他人労働による所有への転変）。②「資本の再生産過程の一契機」としての労働者の個人的消費が含まれる。したがって、たんに物象たる資本の再生産としてのみならず、社会関係としての資本の再生産（資本関係の再生産）が論じられる。

第二節の「資本の蓄積」では何が論じられるか。①資本の蓄積過程が「商品生産の所有法則の資本家的領有法則への転回」という社会形成の原理の質的転回であると論じられる。客体的な労働条件と主体的な労働力との分離」が全過程の基礎であることが、第二循環のはじめにおいて十全にあらわになる（本源的蓄積論へ）。本源的価値は、もはや自己労働の所産にもとづく価値ではなく、他人の不払い労働にもとづく価値（他人労働による他人労働の領有権）にすりかわる。②資本家の蓄積衝動と享楽衝動との葛藤こそが資本家の行動の原動力をなすと論じられる。

第三節「資本家的蓄積の一般法則」は、資本の蓄積が「労働者階級の運命」にどのような影響をおよぼすかについて考察する。このテーマを論ずるためには、「資本の構成」が「資本の量」とともに基軸的な問題をなす。それゆえ、資本構成が同一の第一位相、資本構成高度化（集積と集中の区別と関連を含む）が第二位相、相対的過剰人口の発生根拠が主題となる第三位相が論じられる。平田はフランス語版『資本』をも利用しつつ、資本蓄積とともに労働需要＝可変資本が相対的に減少すると論じている。「賃金ファンドとして機能する可変資本部分〔労働需要〕は、その比例的大いさの減少に正比例して減少し、その総資本の同時的増大に反比例して減少する」（四三〇頁）。これは、蓄積にともなう、「可変資本の比例的大いさの累進的減少の法則」（四二九頁）と命名される。可変資本の比例的大いさの減少と総資本の増大率との関係をめぐる三つのケースが論じられる（四三〇～四三一頁）。さらに、労働需要面のみならず、労働供給の相対的過剰化についても、「フランス語版において新たに追記された論点」として注目されている（四三三頁）。最後に、相対的過剰人口の実存諸形態の総括図（四三九頁）が示されつつ、「資本家的人口法則」という名の社会的差別の構造が論じられる。

第十二講は、本源的蓄積（原蓄）の神話と秘密が語られたうえで、その論理的契機として、次の五契機が論じられる。①農民からの土地収奪（近代的土地所有）、②被収奪者へのテロル的立法（労働立法の変遷とその階級的内容）、③資本家的借地農の創生（農業革命と価格革命）、④農業革命の工業への反作用（産業資本家のための国内市場の創出）、⑤産業資本家の創生（原蓄諸装置の体系）。

本源的蓄積は、以上五つの位相からなる諸審級として展開する、と集約される。これらは、通例の意味での歴史的記述ではなく、資本の前史を構成する論理的諸モメントだとされる。これらは論理的に相互に前提しあう諸過程であり、また相互に重畳して一個の社会構造を形成する諸過程である（四五一～四五二頁）。

最後に、資本家的蓄積の歴史的傾向が語られる。本源的蓄積を顧みる地平が、たんに歴史的事実としての「前史」の終わりではなく、「資本家的蓄積の歴史的傾向」という「資本蓄積の普遍命題」が語られるとされる。そうした「歴史的傾向」が次の三ステップに分けて解説される。

①原蓄の総括的意義――自己労働に立脚する私的所有の否定

労働と労働の実現条件との分離という観点からみると二つの所有形態が存在しうる。一つは、「社会的集合的所有」としての共同体所有であり、他の一つは、それに対立する私的所有である。西ヨーロッパ史で問題となるのは、このうち「自己労働に基づく私的所有」であり、その経営様式としての「小経営」（独立自営の農民と手工業者）である。この小経営という生産様式は、労働者が自己の労働によって生産手段を所有し、それによって「自己自身の自由な個体性」の発揮と「全エネルギー」の発揮を保障され、かつそれを実現する経営様式である。

②社会性と共同性の疎外としての資本家的生産＝領有様式の進展

第二ステップでは、「労働の社会化」と「生産諸手段の共同的生産手段への転化」が問題となる。一方で、労働が、ますます協業化して社会的結合労働となるとともに、科学の意識的応用の推進によって協同労働としての性格を深めていく。と同時に、もろもろの生産諸手段が、土地の計画的・共同的利用をふくめ、ますます共同的利用可能性を深めていく。他方で、生産諸関係としては、あらゆる利益を横奪し独占する大資本家の数の絶えざる減少が生ずる。生産諸手段の共同性と労働の社会化は、それらの資本家的外皮と調和しえなくなる。〝資本家的私的所有の葬送の鐘が鳴る〟。

③「否定の否定」――「個体的所有の再建」

第一の否定は、私的所有そのものを否定するのではなく、「自己労働を基礎とする個体的な所有」を否定している。したがって否定の否定たる第二の否定は、なによりもまず「私的所有そのものの否定」であり、「自己労働を基礎とする個体的所有の再建」なのである。ただし、そこでの自己労働とは、資本のもとでの資本の総＝集合労働力の一分肢の流動であることを揚棄した、つまりは社会性を自らのうちにとりもどした、自己労働＝人格的労働なのだ、と平田はいう（四八四頁）。

第一部の末尾の近代的植民論は、原蓄の本質を――歴史的過去ならぬ――歴史的現在において啓示するもの（〝原罪は現罪なり〟）として、E・G・ウェークフィールドの「組織的植民」について論ずる。

Ⅳ 『コンメンタール「資本」』3の概要

平田は初めに、第二部「資本の流通過程」が第一部「資本の生産過程」および第三部「資本の現実的生産過程」とどのような関連にあるかを問う。平田はいう。「第二部『流通過程』は、第一部『生産過程』〔と〕、第三部『現実的生産過程』とを媒介する特殊な圏域である。それは、これら三圏の繰り込み構造 connotation のまさしく結節点である。それは、第一部を補完する一総体なのである（すなわち Bd. I＝II）と同時に、それは分配過程たる現実的生産過程の社会的本質をなす客観的一根拠なのである（つまり Bd. II＝III）」（四九二頁、力点平田。なお Bd. は正しくは Buch であろう〔引用者〕）。第二部が「第一部を補完する一総体」であるとともに、「分配過程たる現実的生産過程の社会的本質をなす客観的一根拠」だという特徴づけにあらかじめ留意しておこう。

『資本』第二部は、一八六四年から一八八一年まで二〇年近くにわたり書かれた八つの草稿をエンゲルスが編集したものであり、マルクスが最晩年に至るまで書きつづけたのがこの第二部の草稿であった。また、第一・第三部に比し、第二部はマルクス自身による脚注と先行諸学説への言及がきわめて少なく、したがって彼による先行学説（フィジオクラート）の引証は最大限に留意されねばならない、と特記される（四九三頁）。「この第二部は、もっとも多くマルクスの独創にかかわるものである」（四九二頁、本節Ⅳでは、とくに断らないかぎり力点引用者）という平田の言とあわせ読めば、第二部の評釈には「ケネーとマルクス」というテーマが孕まれていることが窺えよう。

では、第二部の統一的主題は何か。資本とは、「物象」ではなく、「社会」関係であることは第一部で明らかにされた。第二部が新たに解明するのは、資本は関係であるだけでなく、「過程」であること、「過程する価値」であることだ。平田は第二部の統一的主題として次のようにいう。「『過程する資本価値 prozessierender Kapitalwert』の運動としての資本循環過程が同時に社会的再生産過程をなすものであり、個別的諸資本の循環・回転過程が同時に社会的総資本の再生産過程＝構造を形成する、ということ」（四九五頁）の闡明、これこそ第二部の基本テーマなのである。*以下では、紙幅の制約もあり、この基本テーマにかかわる平田の論述に焦点を絞ろう。

＊ケネー経済表は、「総じて、個別諸資本の回転循環が社会的総資本の流通＝再生産の過程をなすものであることを論証したのである」（七一七頁）という平田の言は、第二部の解読においてたえず念頭におかれてよい。

『コンメンタール「資本」』3は、次の一三の「講」からなる。

第十三講　貨幣資本の循環(1)――「過程する資本価値」の分節＝連節的解明
第十四講　貨幣資本の循環(2)――$G \cdots G'$の総循環
第十五講　生産資本の循環
第十六講　商品資本の循環
第十七講　三循環の統一
第十八講　流通時間と流通費
第十九講　回転論の主題と基礎範疇
第二十講　流動資本一般の回転法則
第二十一講　可変資本の回転と年剰余価値率
第二十二講　回転論としての蓄積（＝再生産）論の論点開示――剰余価値の流通と蓄蔵貨幣

第二十三講　再生産表式論の問題措定
第二十四講　単純再生産
第二十五講　蓄積＝および拡大再生産

このうち、第十三〜十八講が資本循環論、第十九〜二十二講が資本回転論、第二十三〜二十五講が「社会的総資本の再生産と流通」（再生産表式）論である。

A　資本循環論

資本循環論のうち、第十三・十四講で「貨幣資本の循環」が、第十五講で「生産資本の循環」が、第十六講で「商品資本の循環」が、それぞれ論じられる。

まず、「資本の姿態変換 Metamorphose と循環 Kreislauf」の語義について一言される。自己増殖する価値としての資本は、幼虫から成虫へと姿態を変える昆虫のメタモルフォーゼに似て、貨幣形態・生産形態・商品形態という機能を異にする三つの姿態をへながら自己形成する。しかもこの姿態変換は、つねに出発点に復帰しつつ同じ運動を繰り返す、つまりは循環する。このような「資本の姿態変換と循環」が『資本』第二部第一編のテーマをなす。

一　貨幣資本の循環

貨幣資本の循環（$G-W\cdots P\cdots W'-G'$）論は、なによりもまず、「産業資本の循環の一般的形態」として論じられる。そこでは、「形態変換および形態形成そのもの」が純粋に論述されている。$G\cdots G'$の各段階、$G-W$、

P、$W'-G'$が順に部分解析される。そのうえで$G\cdots G'$という循環形態が他の二形態$P\cdots P$、$W'\cdots W'$にたいして、どのような差別的特徴を有するかが論じられる。

他の二つの循環形態にたいする$G\cdots G'$の特徴として、次の諸点が特記される。

① $G\cdots G'$は過程の目的としての資本の自己増殖を示す。この点、$P\cdots P$との対照性がきわだつ。そこでは、貨幣そのものが価値増殖力能を有するかのような幻想性がつきまとう。

② 過程の終結を示す$G'(G+g)$が、あらたに過程の出発点をなすとき、この$(G+g)$は、Gよりも大なるG'として、その運動を開始する。つまり、後述の$P\cdots P$や$W'\cdots W'$におけるように、資本価値と剰余価値との流通の分離、すなわち$G-W$と$g-w$との分裂という形態をとらないで運動する。

③ $G\cdots G'$では$G-A$が表示されるが、この過程の不可避な補完たる$G-W_{Km}$（労働者の個人的消費）が表示されない。個人的消費過程については、資本家のそれ（$g-w$）も示されない。$G\cdots G'$では、総じて消費過程のもつ再生産過程としての意味が消失する。

二　生産資本の循環

生産資本の循環は、$P\cdots W'-G'-W\cdots P$という形態をとる。この過程のうち、$W-G-W$は連続する販売と購買とからなる「総流通過程」である。この総流通過程（略称C_K）によって媒介される$P\cdots P$。これは生産の反復つまり再生産である。しかも「価値増殖にかかわる再生産過程」であり、そのようなものとして生産資本の周期的な更新過程である。平田の特徴づけはこうだ。「生産資本循環章は、$P\cdots P$形態論であるまえに、再生産過程論である。それはちょうど貨幣資本循環章が$G\cdots G'$形態論であるまえに過程的資本価値論（いわば資本循環論総論）であるのと同様である」（五四〇頁、力点平田）。

生産資本循環は、播種から播種へという農業のイメージと親和的であり、単純商品流通を内部に擁しており、資本主義的なものを自然的なものに還元する社会観の基礎をなす。

また $P \dots P$ では、資本価値の流通と剰余価値の流通とが分裂し相互に自立化するものとして示される。そこでは、「G' にふくまれる G と g とが、その軌道をひきつづきともにするか、異なる軌道を描くか」（五四一頁）の選択が問われる。再生産過程を特質づける蓄積の根拠と様態を確定しなければならないからだ。単純再生産と拡大再生産を区別する再生産上の実在的根拠を問う必要に迫られるのである。

三　商品資本の循環

ここでは、「実現された資本関係」としての商品資本 W' が循環の出発点をなす。前の二形態では、これから剰余価値を産むべき資本価値として循環が開始されたが、$W' \dots W'$ では、商品形態で増殖されている資本価値をもって循環が開始される。すなわち $W' \dots W'$ では、資本価値の循環のみならず、「剰余価値の循環」をも、自己の運動＝過程とする（五五八頁）。

平田は三循環を統括していう。「過程的資本の総過程のもつ資本制的性格は $G \dots G'$ において典型的に示され、過程的資本の産業資本としての自然主義的性格が $P \dots P$ において特徴的に示されたのと同様に、過程する資本の商品資本としての社会形成的性格がいま $W' \dots W'$ において、理論的に開示されている」（五五六頁）。このようなものとして、循環の三形態に固有な意義がまず注目されねばならない。またいう。「顧みて $G \dots G'$ 章は過程的資本の循環＝流通過程論であり、$P \dots P$ 章は再生産過程論であった。このことをふまえて、いま $W' \dots W'$ 章は流通＝再生産過程論の再生産表式論への発展＝移行を布石するものである」（同右）。

平田は、社会的総資本の構造論的分析のまえに、個別資本の循環（回転）論が必要とされる、と主張する。「個体的産業資本の分析にあたっては、われわれは主として最初の両形態〔$G \cdots G'$と$P \cdots P$〕を基礎とする」（五七六頁）。これに対し、$W' \cdots W'$は、「個別資本の循環運動の分析であることによって、社会的資本の再生産構造把握に転回する」（五七六頁）。こうした関係をもって、「個体的資本の社会的資本への自己開示――再生産表式論へのスプリング・ボードとしての$W' \cdots W'$循環論」と平田はよぶ。これは、「個別的諸資本の循環・回転過程が同時に社会的総資本の再生産過程＝構造を形成する」（四九五頁）という問題である。

それはまた、資本循環視角におけるケネーとマルクスという問題でもある。平田は、現行版『資本』（第二部第五稿）とリュベール版『資本』の第二部第四稿との異同に留意しながら、ケネーが、個別資本分析においては、$G \cdots G'$に対して$P \cdots P$を選択したのであり、この$P \cdots P$を、社会的総資本分析の範式において定礎しようとしたこと、しかもなお、ケネーは、国民経済分析においては、――$P \cdots P$ではなく――$W' \cdots W'$を意識的に選びとったこと、そしてそれらの両者において、$G \cdots G'$（重商主義体系）との対決を理論的に深めていたことを、確認している（五七九〜五八〇頁）。先述したように、ケネー経済表は、「総じて、個別諸資本の回転循環が社会的総資本の流通＝再生産の過程をなすものであることを論証したのである」（七一七頁）。

四　三循環の統一と流通時間（費）

第十七講では、「三循環の統一」が論じられる。

総流通過程をC_Kによって表示すれば、三形態は次のような「新しい姿態」をとる。

Ⅰ　$G-W\cdots P\cdots W'-G'$

Ⅱ　$P\cdots C_K\cdots P$

Ⅲ　$C_K\cdots P(W')$

ⅡではC_Kが二つのPを媒介する。一契機による他の二契機の媒介という点では、形態Ⅱは形態Ⅰに等しい。これに対し形態Ⅲは、そのような一者による他の二者の媒介という形式を示していない。「総流通過程と生産過程との直接的な相互媒介関係」が存在しているのである。こうした相互的媒介としての総流通過程表示の範式こそケネー「経済表」なのだ。

総流通過程が、三循環総体の同時的にして継起的な過程＝構造として展開していることが力説される。また、こうした継起と並行の論理（五八八頁）が、循環論による価値論の再生産過程論としての再措定をよびおこし（五八九頁）、また「再生産過程分析の再生産構造開示への進展」（五九五頁）を展望する、と論じられる。

第十八講「流通費と流通時間」では、資本の循環過程が生産時間と流通時間との統一として考察される。社会的再生産において流通時間のもつ意味が、一方では、労働時間と生産時間との区別と関連のなかで、他方では流通時間と生産時間との対立において考察される。また流通過程における費用が、①価値増殖を欠く純粋な流通費として、②流通過程の形態をとった生産過程である「保管」（保管費）として、③流通過程に入りこんだ生産過程としての「運輸」（運輸費）として、社会的再生産過程においてはたす意義が論じられる。

B　資本回転論

現行版の資本回転論は、マルクスの第二部草稿の第四稿（一八六八年四～五月）と第二稿（一八六八年十二月～七〇年四月）をエンゲルスが編集したものである。平田は、この篇の「事項列挙型の編成」（六一五頁）に不満を表明し、リュベール版『資本』に紹介された第二稿の篇別構成（六一七頁）（これを平田は「回転論の展開に必要な五テーマの連結的な開展」と評する）に依拠して、次のような主題展開を示す。平田は回転論に「意外にともいうべき深さの体系的な意義」を見出し、叙述の「未成熟のうちに宿る理論的脈絡性」を検出している（六一八頁）。

1　回転論と循環論
2　回転論の基礎範疇
　A　投下資本系列——固定資本、流動資本、総回転、回転循環
　B　充用資本系列——労働期間、生産時間、流通時間、回転期間
3　流動資本一般の回転法則
　（回転時間と投下資本（生産規模）との相互規定）
4　可変資本の回転（剰余価値率の本来的期間性）と年剰余価値率
5　回転論としての蓄積（＝再生産）論の論点開示——剰余価値の流通と蓄蔵貨幣

一　回転論の視座

マルクスは、資本の回転を考察するにあたり$G\cdots G'$と$P\cdots P$が準拠できる範式だが、$W'\cdots W'$は利用できないという。そのうえで、「剰余価値形成におよぼす回転の影響が主として注目されるかぎりでは$G\cdots G'$が、生産物形成に及ぼす影響が主として注目されるかぎりでは$P\cdots P$が、堅持されなければならない」（六二四頁）とされる。

二　回転論の基礎範疇

A　投下資本系列——固定資本、流動資本、総回転、回転循環

B　充用資本系列——労働期間、生産時間、流通時間、回転期間

回転論の基礎範疇を投下資本系列と充用資本系列とに分けて論じるのは、平田に独自な点であり、その基礎にはケネー「経済表」の研究がある。

生産資本諸成分の価値の移転＝流通様式のちがいにより、固定資本と流動資本が区別される。すなわち、資本の一回転において価値移転＝流通が漸次的・部分的である生産資本要素が固定資本であり、価値移転＝流通が一挙的・全部的である生産資本要素が流動資本である。労働対象や補助材料が前者に属し、機械・工場などの労働手段は後者に属する。

また、資本の総回転と回転循環という基礎範疇も投下資本の系列に属する。回転様式と回転期間を異にする生産資本諸成分の価値の平均回転が、資本家社会に固有な計算方式たる投下資本の総回転をあたえる。これに対し、本来的労働手段をなす固定資本の耐用期間によって規定され、諸種の固定・流動資本の諸回転を包括する資本の一循環を、投下資本の回転循環という。

回転期間は、労働期間・生産期間・流通期間に分かれる。生産期間がすべて労働期間（価値増殖期間）であるわけではない。半製品形態での資本の実存形態（あるいは労働対象）が、労働過程になくて「自然過程の支配」にゆだねられている期間（農業での休耕期、ワイン醸造での発酵期間、化学工業での化合期間など）、生産期間は労働期間よりも長い。資本はこのような「自然過程の支配」を最終的には揚棄できないとはいえ、自然諸力の作用を人為的に応用する技術の開発をつうじて、この生産過程の人為的短縮を実現しようとする。

流通期間は販売時間と購買時間とからなること、生産在庫と商品在庫とは、回転論に避けがたい範疇であって、回転期間の内的要因をなしていることが、論じられる（図37）。

三　流動資本一般の回転法則

労働期間と生産期間を同一と仮定すると、回転期間は生産＝労働期間と流通期間の二過程からなる。資本は流通時間を廃絶して生産＝労働期間の連続性を確保しようとする。それはどのように行われるか。

資本の回転期間が流通期間を不可避な構成要因とする以上、この流通期間を労働期間として生産的に充塡するための追加資本が必要である。この追加資本の必然は、資本の回転にともなう、貨幣資本の社会的再生産過程からの遊離の根拠となる。

「三つの法則」が検出されている。①資本の回転は、追加資本投入の基礎のうえに生ずる貨幣資本の遊離を、常態的事態とする。②同一回転期間中の労働期間と流通期間との構成に応じた遊離資本の発生の有無、ならびに遊離資本の分量と発生時期が論じられる。③同一回転期間中の二要因のあいだの構成変化ではなく、流通期間が絶対的に短縮ないし延長することに起因する回転期間の変動は、投下資本価値量の一部を過剰にしたり、追加貨幣資本の導入を必然化する。平田は流動資本の回転法則をめぐるマルクスとエンゲルスの「齟齬」に論及しつつ（六五九頁）、マルクスが強調しようとしたことは、労働期間と流通期間との相互依存のなかでの対立性が、いかなる経済的形態を特殊資本家的にとるかという点だという。つまり、「生産の連続性確保の至上命令に規定されて流通時間ゼロの要請を達成せねばならぬ、という対立的自己矛盾」が、産業資本の一義性に収斂することを許さず、遊離された貨幣資本を排出せざるをえない（六六八頁）というダイナミズムを平田は力説した。＊図形表現を多用するこの「講」の平田の解説はきわめて詳細である（六五三～六七〇頁）。

＊こうした読み方を看過するエンゲルスに対して、平田は「回転論におけるエンゲルスの弁証法の欠落」と評している（六六七～六六八頁）。

四　可変資本の回転と年剰余価値率

前項では、流動資本の回転法則が、流動資本中の不変部分と可変部分とのあいだの回転上の差異に注目することなく、一般的に考察された。ここでは、両者の区別に着目し、とくに可変部分の回転に焦点を定めて、資本回転過程が解明される。

可変資本の回転数とは、投下可変資本が、一年間に何回、価値形成＝増殖に充当されるかを示す数である。年間産出剰余価値総量が、投下可変資本量に対して有する比として、年剰余価値率という概念がえられる。一年＝五〇週に生産された剰余価値が、その生産のための充用可変資本額にもとづいて計算されるのではなく、たとえば五週間からなる一回転期間への投下可変資本にもとづいて計算される。つまり、年剰余価値率とは梨の木が年々その実を増殖するのと同じく、投下可変資本が年々自己を増殖させる比率なのである。

年剰余価値率の範式は、投下総資本（固定および流動不変資本ならびに流動可変資本の総体）が一年間にどれだけ自己増加するかを示す（年）利潤率の範式 $p'=\frac{m}{c+v}\times n=\frac{mn}{C}$ の基礎をなすものである。（ちなみに利潤率は利子率と同様に、本来的に年利潤率である。）そして、投下可変資本が、年間にうみだす果実としての剰余価値＝増加価値は、投下総資本が年々の収入としてもたらす果実としての増加価値に等しいのである。平田は次のように総括する。「年剰余価値率概念が資本家的な利潤率概念の批判的な自己了解をすすめる理論的概念である……。また、投下資本にたいする充用資本概念の定立は、投下資本の回転数にかかわるブルジョア的実践概念を批判的に自己了解するための触媒である」（六七七頁、力点平田）。

つぎに、可変的個別資本が社会的に考察される。平田は資本蓄積論で論じた「領有権法の転回」という議論をここに想起していう。「自己維持元本は、第I回転期以降における労働者による可変資本の再生産によって保障されたところの『先取りされた剰余価値』という規定を得ることになる。そして、第II回転期以降、剰余価値は、『過程する資本の周期的果実』として『収入という形態』を受け取る」。要するに、「資本の回転 Umschlag des Kapitals とは、ブルジョア的所有権法の転回 Umschlag にほかならない。このことは、回転期間の長短が生産の規模を、したがってまた投下資本の大いさを決定するということによって、ますます、その物神的性格をふかめる。……蓄積・循環・回転という繰り込み構造 connotation」（六八三頁）が力説される。

五　回転論としての蓄積（＝再生産）論の論点開示――剰余価値の流通と蓄蔵貨幣

副題にいう「剰余価値の流通と蓄蔵貨幣」との関係がここでのポイントである。剰余価値を実現するための貨幣はどこからくるか。「本質的には資本家階級自身が、この剰余価値実現のための貨幣をみずから提供するのであり、そのための貨幣たる金・銀を資本家階級は、国内の金産出業から、また国外の金産出国から商品流通をつうじて獲得する」（六九〇～六九一頁）というのがその解答である。この解答をめぐる二モメントが論じられる。

第一。社会的生産過程の本質的モメントとしての剰余価値の流通という点。「剰余価値を実現するための貨幣は資本家自身によって、彼の個人的消費のために支出される貨幣なのだ」（六九二頁）。いいかえれば、「本源的に投下される個人的消費ファンドたる貨幣 g は、共時的には、同時に存在する資本家用消費手段 W_{Km}〔平田は w としているが、図50によって訂正）の「貨幣等価」である。そして、通時的には、生産される「剰余価値の先取り」である。つまりは「剰余価値が還流するまで、自分の所有する資産で自分が生活しうるということは、資本家たる本性に属する」。資本家維持ファンドが、生産＝および交通諸手段の排他的所有＝独占の権利表現（「社会の将来の年々の生産諸力にたいするたんなる権利名義」）であること、そしてこれこそ剰余価値の流通を始源的に規定するものだということが、力説される。

第二の論点。社会の必要貨幣量（商品価値総量、流通手段・支払手段の通流速度によって決定される）がその摩損分を補塡するための貨幣材料の提供（金生産部門）をめぐる社会的連関が解明される。これを平田は、「個別的産業諸資本の回転は、その社会的集合力の帰結として金生産部門を産出する」（六九七頁）と表現する。貨幣「摩損分の補塡に必要な金生産の必然は、剰余価値の質料的定在たる奢侈品生産の必然と不可分である」。そしてその両者はまた、必需品の生産および生産手段の生産と切り離せない。要するに、「摩損貨幣の補塡＝再生産の必然は、それに直接および間接に関連する諸生産部門での諸種の補塡＝再生産の構造的展開と不可分である」。平田は、金生産部門の社会的関連を、「剰余価値の流通が内包する社会的関連」として捉え直すものとして、「金生産部門が、奢侈品、必需品、生産手段の生産部門とどのような社会的連関を有するか」を図示している（六九九〜七〇〇頁、図54）。

C　再生産表式論

平田は、第三篇が第一・二篇とともに資本流通論だということをまず確認する。ただし、資本流通とは、単純な貨幣流通と異なって、「個別的にして社会的な再生産を媒介する形態論」である。そして三つの篇の関係についていう。「資本循環が、この運動のすぐれて形態的側面であるのにたいして、資本回転は、この形態運動の制約下における実在的な質料変換運動を開示するものである。そのかぎりにおいてすでにそれは、流通＝および再生産過程を表示しようとするものである。第三篇は、この資本運動の過程を、社会体制としての規定的な諸条件において具体的に解明しようとする」（七〇七頁）。この意味で、マルクスは第三篇を「流通＝および再生産過程の実在的諸条件」と題したとされる。

一　第二部第二稿と第八稿との理論的段差

第三篇は、第二稿と第八稿からなる。平田は両者のあいだには「ある種の理論的段差」がみられるという。「すなわち第八稿部分……は、二大部門間の関連を、生産財と消費財、消費財内での必需品と奢侈品、生産財における固定資本の現物補塡部分と貨幣補塡部分、生産財と貨幣財というような質料的連関において、考察する。同じことだが、使用価値的に異なるそれら諸財貨を生産する生産諸部門間における相互的な現物補塡関係と、それを社会的に規定する価値的補塡関係とを内在的に追究しようとしている。これにたいして第二稿部分……は、当年度の二大生産部門においてあらたに生産された価値、すなわち『価値生産物』（$v+m$）が、その産出を可能ならしめる先年度資本価値、すなわち当年度にとっての摩損資本価値（c）とともに、いかなる関連にたつか、という問題の解明を意図している。そこには、現在完了の価値生産物と過去完了の資本価値との関連と区別とが、とりだされている」（七三一頁）。

二　視座1と視座2の区別——「再生産する資本」と「再生産される収入」

再生産論では、「価値概念の新しい地平にいる」とされる。「いまや価値は、人間と自然との質料変換過程における具体的な一定の関連のなかで、諸財貨の社会的配分を規定する力（または権能）としての意義を獲得する……。すなわち、……生産を領有権原の産出過程として変貌させる……。〔いまや〕『資本家的生産』は……領有権原（その経済的形態としての収入諸範疇）を産出するところの過程として、表示される」（七三四頁）。

まず第一に、貨幣の介在を理論的に捨象して、価値諸成分間の相互比率を純粋に検出する必要がある。そしてつぎに、貨幣による媒介をあらためて検討しなければならない。平田は、貨幣流通の捨象のうえでの二部門内外の相互転態を「視座1」、貨幣流通に媒介された部門内外の価値・質料転換を「視座2」として分ける。後者について、①部門Ⅰと部門Ⅱの連関、すなわちⅠ$(v+m)$とⅡcとの相互転態、②部門Ⅱ内部における転態（必需品と奢侈品）、③固定資本の補塡（現物形態での補塡と貨幣形態での補塡）、④金生産部門の独自性という論点ごとに詳解されているが、同時に、「流通＝再生産過程の収入論的展開」にかかわる視座1をも重視する。「資本は、〔生産財〕領有権原としてのそれ自体を再生産する価値であり、収入とは、それによって再生産される消費財領有権原である」（七三四〜七三五頁）。「再生産する資本」と「再生産される収入」といった規定に、第三部の三位一体範式論との連繋がつよく意識された読み方が示されている。

視座1　貨幣流通の捨象のうえでの「三大拠点」が検討される。部門ⅠおよびⅡの両生産物がまとっている規定性と、その現物形態との関連において次の三点が指摘される。

① 部門Ⅱの労働者の労賃vと資本家の剰余価値mは、同じ部門内で産出された消費財の獲得のために支出される。つまりは、消費財部門Ⅱのvとmは、同一部門内で生産物Ⅱと転態される。

② 部門Ⅰの$v+m$も、消費財の獲得に充当される。それに対応しうるものは、部門Ⅱの消費財であり、価

値額からして c 部分である。したがって部門Ⅰの $v+m$ が、部門Ⅱの c と転態される。

③　部門Ⅰ中の c は、同じ生産財部門内で転態される。

平田は視座1と視座2の関連をめぐり、必需品部門Ⅱa、奢侈品部門Ⅱbとしつつ、相互的転態について次の注意をあたえている。①「Ⅱcの固定資本の現物補填部分と貨幣補填部分との関連、およびその部門Ⅰへの反作用」、ならびに②「貨幣生産部門の独自性ならびに他産業部門との連関」という主題が、表式論において「きわめて重大な意義」を有するにもかかわらず、「しかし、この二論点にたいして、前掲のⅠ$(v+m)$対Ⅱc、およびⅡa対Ⅱb、さらに部門Ⅰへの反作用は、おのずから異なる基底的意義を表式論において確保している」（七四二頁）。なぜか。Ⅰ$(v+m)$とⅡcとの転態は「決定的な転轍点」（七五五頁）をなすからであり、それが、資本家的生産様式の再生産の過程＝構造を成立させる条件＝法則であると同時に、「資本と収入という主題」をも開示するものであるからだという。この論点は平田の読みの独自性を解くカギをなしている。

三　貨幣流通に媒介された相互的転態――視座2

ここでは、次の四点の重要性が着目されている。

a　部門Ⅰと部門Ⅱの連関　すなわちⅠ$(v+m)$とⅡcとの転態

まずは、両部門間の相互転態がどのように貨幣流通によって媒介されるかが論じられる。一方では、Ⅰv対$\frac{1}{2}$Ⅱcにおいて、資本家Ⅰによる労働力購買→労働者Ⅰによる部門Ⅱからの消費財Kmの購入→資本家Ⅱによる部門Ⅰからの生産財Pmの購入、によって、資本家Ⅰへ貨幣が還流する。他方では、Ⅰm対$\frac{1}{2}$Ⅱcでは、「先取りされた剰余価値」としての貨幣が資本家Ⅰに還流する。これに対し、Ⅱcの側からは、自己資本価値実現のための貨幣が支出され資本家IIのもとに還流する。平田は部門間の相互転態がどのように貨幣流通により媒介されるかの総体像を図示している（図67）。そこには、可変資本の回転を媒介する貨幣機能、剰余価値の流通を媒介する貨幣機能、補塡資本価値の自己実現を媒介する貨幣機能という諸機能がみいだされる。

b　部門II内部における転態——必需品と奢侈品

「階級的人格としての資本家の定在＝再定在と、商品として売られるべき労働力すなわち階級としての賃労働者の定在＝再定在。つまり階級関係の再生産。これが部門II内部流通の主要問題なのである」（七五〇頁）。*

*この過程に含まれる労働者による労賃部分の買い戻しについて、平田は「この買い戻しという表式論的テーゼを最初に発見したのはケネーであった」（『創造』三四五〜三五四頁）ことを力説する。

部門Iとの相互転態によって、部門IIは生産のための客体的要件を備える。したがって、階級関係の再生産は「社会的な資本家的生産の再生産として現実化する」。「相互的転態という過程＝構造はたんに流通過程ではない、流通＝および再生産過程である……これがじつは、部門II内部転態の結語なのである」（七五一頁）。

消費財生産部門において必需品生産と奢侈品生産とへの分裂が不可避である以上、それら二つの細部門の必要とする生産財は異なる。したがって、それら二種類の消費財産出用生産手段が部門Iで適応的に産出されておらねばならない。平田はこうした点を考慮して、「部門IIの内部分裂を反映した部門Iと部門IIの相互転態」を解析している（七五六〜七六〇頁）。

c　固定資本——現物形態での補塡と貨幣形態での補塡

「部門IIの内部編成が、部門Iと部門IIとのあいだの相互的連関を規定する」という点をめぐっては、さらに「もう一つ、部門IIにおける『再生産する資本』の『再生産期間』＝寿命の問題」（七六〇頁）がある。これは固定資本の補塡の問題、すなわち「固定資本の貨幣形態での補塡の必然と現物形態での補塡の必然という問題」（七六一頁）である。「Ⅰの側での追加的貨幣支出は、同時に、売れ残りの生産財（価値として同額）の販売不能の累積とともにある」ことが特記される（七六二頁）（図76）。

d　金生産部門における独自性

平田は、マルクスにおける金生産部門への着眼点の限定についていう。「マルクスは、金生産部門（Ⅰg）のc、v、mと他の諸部門との関連ではなく、ただv部分とどのような関連を有するかということのみを論述する。つまり、ⅠvとⅡcとの関連の一問題として、これを論究する」（七七〇頁）。なぜか。「このような守備範囲の限定は、それによって、もっとも単純な姿での社会的な蓄蔵貨幣形成が、表示されうるからである」（同右）。そのようなものとしてのⅠgvとⅡcとの相互転態関係をマルクスは論じたのであり、平田はこれを図81として示した。

四　流通＝再生産過程の収入論的展開——視座1の展開

「社会的補塡資本」と「社会的収入」（「再生産する資本」と「再生産される収入」）とにかんする「社会的考察様式」が、そこで批判的に開示されなければならない主要論点だとされる（七七二頁）。

年総生産物の諸階級・諸部門への分配・帰属関係においては、資本とは生産諸手段に対する領有権原それ自体を再生産する価値であり、収入とはこの資本により再生産される消費財領有権原である。再生産表式の解析は、社会的価値・質料変換の資本家的構造を描きだすことにおいて、そうした生産物領有権原としての資本と収入との関連を開示する。しかも、それは同時に、再生産過程を消費財領有権原の産出過程としてのみみなす「社会的考察様式」＝「三位一体範式」が不可避に発生する根拠をも明らかにする。後者は、「『再生産する資本』と『再生産される収入』というブルジョア的表象」（七八四頁、力点平田）にほかならない。「ここには可変資本と労賃との混同による資本概念と収入概念との混同＝錯視がある」と平田はいう（同右、力点平田）。

五　蓄積＝および拡大再生産

蓄積＝拡大再生産が可能となる条件の一つは、剰余価値の貨幣形態での蓄積が、この積立貨幣の追加不変資本要素への転化額と、年々社会的に一致することである（Ⅰm中の一方的販売額と一方的購買額との均衡）。二つには、ⅠKaとⅠKbとの均衡は、部門Ⅰにおける素材構成の変化を不可欠とする。部門Ⅰが生産拡大を開始するためには、Ⅰmの質料的定在は、部門Ⅱ用Pmのみならず部門Ⅰ用Pmからも構成されていなければならない。「部門Ⅰにおける価値生産物Ⅰ$(v+m)$の素材構成が、Ⅱc用だけでなくⅠc用をふくまねばならない」（七九〇頁）、つまりはⅠ$(v+m)>$Ⅱc。さらには、部門Ⅱでの蓄積も考慮に入れれば、「単純再生産の場において、拡大再生産＝蓄積のための組み替えが、不可避になる」（七九五頁）。

そのように「Ⅱでの蓄積がⅠでのそれによって規定される」（七九九頁）諸要素の機能的組み替えを出発点として、ⅡcとⅠ$\left(v+\frac{1}{2}m\right)$との大小関係を基準に、拡大再生産の連年表式の三ケースが論じられる（八〇〇〜八一二頁）。

Ⅴ　『コンメンタール「資本」』4の概要

『コンメンタール「資本」』4は、「総過程の諸姿容」と題され「草稿性の強いテキスト」である第三部（第一篇〜第七篇）を対象とする。各篇にはほぼ同等の叙述分量が与えられており、それゆえ、第二篇（「利潤の平均利潤への転化」）と第三篇（「利潤率の傾向的低落の法則」）にウェイトが置かれた叙述になっている。利潤・利子・地代が、マルクスが言う「分配＝および生産諸関係」という独自な位相において、すなわち、「蓄積＝再生産の過程＝および構造」を特殊に「媒介」し「反作用」する「転化」形態において、解読される。また、「社会的諸階級が総体としてその収入の取得をあらそう」「階級闘争」が「政治的国家の支配機構をくりぬきつつ」展開していくことが叙述される。

第二十六講「剰余価値の利潤への転化」（第一篇）では、「費用価格」「利潤」「利潤率」という基礎的な諸範疇が、単なる「価値実体」への還元や「流通形態」としての独自化としてでなく、われわれが「価値価格 Wertpreis」という問題に直面させられていることに注意を喚起しつつ、「利潤」を「関係的概念」として、「利潤率」を「過程的連関の組織者」として展開し、そして、「商品の費用価格が、ともすると商品の内在的価値 valeur intrinsèque としてあらわれる」ことに光が当てられる。そして、『2』で述べられた、利潤率の日常的な算式である $p' = m' \cdot \frac{v}{(c+v)}$ における、すでに対象化された労働時間量を示す分母の v と、「総労働のたんなる指標」としての価値である分子の v との区別が再論され、「分配関係としての生産関係を検出すること」、実体と形態の直接的統一を理論的に再構築し「生産当事者たちの通常的意識にあらわれる諸形態にむかって一歩ずつちかづく」ことが、語られる。

第二十七講「利潤の平均利潤への転化」（第二篇）では、「費用価格」「生産価格」「市場価値」の諸概念が、『資本論』研究史上の一大論争点である「転形問題」をも視野に入れつつ、費用価格（特殊性）の平均利潤（一般性）への転化に伴う「緊張関係」、生産価格という価格形態の本質的な「名目性」、「結果」である「市場価値」

が「原因」となる「価値法則」の転倒的生成、という二つの「区別と関連」の審級に沿って解明されていく。そして、「市場競争」もしくは「市場生産価格」を不可欠の範疇とする国民経済学を批判して、「市場」という名の「競争」が、個別資本の「個体的起動力」が相互に作用し「総体としてのある統一的具体を形成する場」、「階級的自己意識」の形態、であることが剔出される。

第二十八講「一般的利潤率の傾向的低落——資本家的蓄積＝総過程の歴史的傾向」（第三篇）では、「資本家的生産の進展」に伴う社会的総資本の一般的利潤率低落の傾向が議論される。「傾向 Tendenz」の語義が示すように、マルクスにとって問題であったのは、「内的な原理性」だけでなく「なぜ低落がより急速でないのか」、すなわち、蓄積過程の「敵対的性格」を示すことであり、資本家的生産様式が独自な「制限」をみいだしつつ、「蓄積衝動」を「多血症 Plethora」として展開し、「資本の集中」の極限的形態である「恐慌」において社会的な生産へと急転する要因が顕著に現れ出てくること、が読み取られていく。

第二十九講「商人資本の自立化」（第四篇）では、「small profits and quick returns」という外面的で無概念的な「商人の活動範式」に還元させられがちながら、「商人資本」をマルクスが、産業資本の運動の中でブルジョア社会が「多層的な構造として再生産」され、産業資本の「自立化」した「転化形態」、「流通する資本の特殊的自立化」、として考察していたこと、また、「商人資本の回転」概念を欠落させたローゼンベルグの、「流通費」の「二重記帳」をめぐる解釈への批判、循環・回転の視座からするマルクスの「独自な歴史認識」叙述への注目の必要が語られる。

第三十講「利子うみ資本——利子と企業者利得とへの利潤の分裂」（第五篇）は、『資本』中の最大篇であり、また最も未整理な記述をもつ篇である。貸借という「法律的形態」が「行為者の共同意思の発現」として措定され、資本が物（物権）そのものとして現れ、「過程する貨幣価値」としての資本の運動の「最終完成形態」である「利子うみ資本」の下で「自動的物神 automatisches Fetisch」が成立していること、「擬制（架空）資本 fiktives Kapital」と呼ばれる信用・銀行資本の下で、「利子」範疇の出現による「企業者利得」という新しい世俗の概念が、産業資本家と貨幣資本家という「二種類の資本家」が、そして「社会＝会社資本 Gesellschaftskapital」として規定される「株式会社」が、生成展開してくること、しかし、プロテスタント的なクレジット・システム（信用主義）はカトリック的なモネタール・システム（重金主義）と「メダルの裏表」であり、このような信用業の発展・「貨幣資本の蓄積」は、資本所有の潜勢的揚棄ではあるけれども現実的揚棄に直線的に至るものではないこと、が述べられる。

第三十一講「超過利潤の地代への転化」（第六篇）では、人類の「永久的所有」たるべき土地が「特定の私的個人に独占されていること」（「土地所有」）からもたらされる差額地代・絶対地代・土地価格が検討される。地代諸範疇が、「第三部第一＝第二篇」（利潤・生産価格・市場価値論）の「高次展開」として摑まれ、「利子うみ資本の姿態において完成した資本物神」を補完する「土地物神」が批判される。また、「虚偽の社会的価値」をめぐる地代論論争について、狭く〝源泉〟問題としてではなく、当該箇所に記されているアソシアシオン（＝社会）論をも視野に入れて、「物神性論視座」から解明されるべきであった、と回顧される。労働地代・生産物地代・貨幣地代・過渡的形態（分益経営・分割地所有）についてのマルクスの発生（論）的叙述展開の意義が確認され、「土地価格」が「私的土地所有の最後の言葉」であることに、注意が喚起される。

第三十二講「収入とその源泉」（第七篇）は、『資本』最終篇であり、資本－利潤、土地－地代、労働－労賃という三位一体範式において、いまや資本が「剰余価値＝利潤の生産者」になっており「資本の概念が旋回した」

こと、労働過程が物神創造過程に変質していること、しかし、「物象の人格化」と「人格の物象化」の「相互規定」の中で「範式」を「生活原理」とする現実社会を生きる諸個人が現れてきており、したがって、諸個人が社会的に発展し自由時間を実現するための「労働時間短縮の命題」が「根本的テーゼ」たる積極的な内容をもつこと、つまり、「自由の王国は依然として必然の王国のなかにある」こと、が述べられる。そして、収入源泉を現実的価値源泉とあやまつ古典経済学に対して、「分配＝および生産諸関係 Distributions- und Productionsverhältnisse」というマルクスの概念を改めて対置し、資本家的生産様式が、物象化の自己揚棄と「連合した諸個人」の社会的再組織をそれ自体の発展のうちに推進する「二相の自己揚棄過程」であること、が指摘される。勤労者の「主体的な階級形成」という「緋文字を黙示しつつ、『資本』はその叙述を中絶した」、こう述べて、平田は『コンメンタール』を結んでいる。

「あとがき」で平田は、マルクスが「その著作を未完のままにしておいたことの意味をかみしめざるをえない」、と言っている。「古典とはつねに、それを古典たらしめる後代の、批判的自己意識の実験的表現ではなかろうか」という基本スタンスで臨んだ平田が、『資本』を読み終えたとき、なお読み尽くし切れていないこの古典への、率直な実感の表明であっただろう。

Ⅵ　反響

『コンメンタール「資本」』の執筆中および執筆後に、いくつかの書評が寄せられた。内田弘（『エコノミスト』

一九八一年十二月八日)、山本哲三(『週刊読書人』一九八三年六月六日)、伊藤誠(『朝日ジャーナル』一九八三年七月八日)、安井修二(『経済研究』第三五巻第二号、一九八四年二月)、が代表的なものである。

内田は『1』『2』刊行の時点での評である。内田は「平田批判経済学」を、マルクス研究・経済学史研究・社会思想史研究・社会主義研究の四つの要素からなるものと整序したうえで、前二者に属する「理論的アプローチ」と後二者に属する「歴史的アプローチ」との交点に平田の『資本』解読を位置づけている。理論的アプローチでは、実物経済・使用価値の面を重視するイギリス古典経済学に対し、資本を流通=形態からつかむフランス古典経済学の特徴を前面に出すのが平田の独自性だと整理し、本書が「資本の形態変化の面にそった論理の流れ」を押さえる点で成功していると評価する。ただし、「自然時間」を人工的に短縮して利潤獲得に好都合な「資本時間」に転化し、一見豊かな消費生活が資本の論理に浸潤されている点に内田は現代の危機をみる。平田のアクチュアルな消費者運動への関心が、その原理的解明を支える論理を『資本』のなかに発掘する作業として活かされることを内田は期待する。

山本は、市民社会派待望の理論書として本書を捉える。だが、方法論にかなりの不協和音が交っているという。①『資本』は開かれた体系なのか、閉ざされた体系なのか。②「〈資本〉総体の物神性論的性格が指摘されながら、どうして同時に「理論的階級意識」の形成が説かれうるのか。学知的立場と当事者の立場の無区別。③『資本』は、価値法則の全面的支配を説いているのか、その限界を説いているのか。とくに平田は〈虚偽の社会的価値〉の源泉を実在視したところにいわゆる生産説、流通説に共通の過ちがあったとし、「物神性論視座の欠落」こそ決定的であったと総括する。しかし山本に言わせれば、地代化される超過利潤を「土地物神の価値創造性」によるものと性格づけても問題は解決しない。「問題の鍵は、農業超過利潤の特殊な性格、すなわちそれが、工業でのそれと異なり、自由競争が阻害されることから生ずる生産力的ないわば実体的な根拠を有さないものであるという点にこそあった」からであり、平田にあっては、「第三巻の競争論的意義が軽視されてしま」うという点が問題視されている。総じて山本は、「労働力商品化が価値論の展開に占める決定的な意義の軽視」を批判しつつ、しかし第二部部分には「従来の水準を抜く鋭い理論が展開されている」と評している。

伊藤は、数ある注解書と対比した本書の独自性を、「開かれた未完の書『資本』との対話を現代に再生させようとする企て」と評する。宇野学派が未完の『資本』に彫琢を加え、完結した原理論の体系に仕上げることにより、現代世界の考察基準を設定しようとしているのとは逆に、平田は『資本』を未完の開かれた体系のままに尊重し、そこから現代に通ずる社会＝歴史認識を学ぼうとするとみる。伊藤は、価値論や恐慌論レベルでの平田の理論的未解明を指摘する一方、差額地代の源泉問題をめぐり、平田が旧説を改訂し、農業部門のみにその源泉は限定されえない全機構的問題とみなしながら、そこにさらに物神性視座を加えて理解しようとしている点が、問題の所在と解決の意義をわかりにくくしていると評する。他方で、伊藤は平田におけるフランス語版『資本』の駆使をはじめ『資本』の草稿研究を評価し、また図解の多用などの「若い世代に説得力の大きい有力な手法」に着目しており、「物神性意識の批判的解明」における宇野学派との「相互補完性ないし協力関係」への期待を語っている。

安井は、本書が「著者の一貫した思想で『資本』を読むという姿勢が貫かれている」という点、また、本書が「いわゆる市民社会論の原論たる地位を占めるかもしれない」という可能性において評価する。平田の一貫した思想として「物象化の批判的自己了解」がまずは要約される。安井は、分析者の立場に立ったものと、経済世界の当事者の立場に立ったものとを区別し、「物象化の批判的自己了解」という視点からは、実践を通じて合理化されていく経済当事者のおりなす関係を切り捨てることにならないかと危惧する。安井は、始源の商品論と終結の収入論を論評している。前者では、平田のばあい、商品論全体が商品物神性論を基軸として編成され、価値形態論そのものがすでに物神性批判論となっていることの問題性が指摘され、また収入論では、経済的三位一体範式の批判が表式分析を不可欠とすることから、第三部が「第二部のための準備草稿」となっているという論点への興味が示されている。

平田は、『経セミ』連載終了直前に、山之内靖・廣松渉との鼎談「〔討論〕マルクスは何を提起したのか」(別冊『経セミ』一九八三年二月)をおこない、また終了直後に、論説「私のなかのマルクス」(『思想』一九八三年三月)を書いている。前者では、「受苦的存在」としての人間という視点の復権、近代思想に対する「ゲシュタルト・チェンジ」としての物象化論、『資本』が未完であることの意味、領有権法の転回論の中で物象化論を語ることの意義と困難など、マルクス思想の射程、現代認識と古典研究との緊張関係の必要性が、討論された。

〔付記〕この解題は、第Ⅰ節と第Ⅴ節を佐藤滋正、第Ⅰ節「参考」と第Ⅱ・Ⅲ・Ⅳ節を安孫子誠男、第Ⅵ節を安孫子・佐藤が、それぞれ担当した。

新地書房、一九八二年九月刊、ix＋三二九頁

『新しい歴史形成への模索』解題

I　主題と概観

私たちにとって、「歴史」とは何か、「歴史形成」とは何か、という根源的な問いを発する本書は、二年前に刊行された『社会形成の経験と概念』と同じように、当時の日本社会のあり方に対する平田の危機意識に根ざしている。フランスやポーランドにおける新しい社会主義を求める動きとは対照的に、欧米諸国が競争力を失う中で輸出主導型成長体制の確立によって世界の経済大国になった一九八〇年代の日本では、社会に対する批判的認識が極度に衰弱し、社会闘争は不在であった。人びとは社会の現実を、「あたかも鉄の法則であるかのような歴史的必然なるもの」（v頁）として受け入れている。平田は本書を通して「歴史における政治的社会的選択」の意味を問うことで、「歴史形成」という失われた概念を取り戻すことを意図している。本書は、一九八〇年前後に執筆された現代ヨーロッパにおける自己管理社会主義の進展を分析した諸論稿と一九七〇年のマルクスのロシア論を解明した論稿から構成されているが、「歴史形成」という失われた概念を取り戻し、現代における選択可能性の理論を探求する、という本書の主旋律によって、これら二系列の論考を統一的に理解することができると思わ

れる。
本書は主に、一九七〇年代から八〇年代初頭にかけて新聞や雑誌の求めに応じて書かれた文章と書評からなる。それらの問題関心の中心にあるのは、現代社会主義の実態と自主管理という理念との関係、ということになるだろう。特に話題の中心となるのは、ポーランドとフランスの現状分析である。ポーランドでは一九八〇年に自主管理労働組合「連帯」が結成されて民主化要求が高まる中、一九八一年末には全土に戒厳令が布告された。他方、フランスでは、一九八一年の大統領選挙で社会党のミッテランが当選し、社会党と共産党の連立政権が誕生した。平田が注目したのは、ポーランドにおける「連帯」誕生の意義であり、フランスにおける自主管理型社会主義の可能性である。

他方、時事的話題を離れ、晩年のマルクスの「ザスーリチ宛手紙の草稿」に立ち戻って、マルクスの共同体の解体と存続に関する世界史認識を再検討したのが、第三章の「必然と選択のディアレクティーク」である。この重要な論文については、最後に別に述べる。

平田はポーランドの「連帯」を「政治的国家からの〈自律〉を本質とする市民団体」と説明し、それを「社会主義における市民社会の生誕と発展という世界史的意義を担うもの」（四九頁）と位置づけた。それに対して、「連帯」を非合法化した戒厳令布告に関しては、「およそ〈社会主義〉なるものは、一個の軍事ファシズム体制にほかならぬことを、国の内外に確信させるに至るだろう」（六五頁）と厳しく批判している。ここからわかるのは、『市民社会と社会主義』の問題意識が十数年にわたって継続していることである。

他方、フランスに関しては、平田は左翼連立政権下での非集権化法と主要銀行の国有化法の成立に注目し、「自主管理的社会主義の実現」と「国民的連帯の増進」に基づく「人間の顔をした社会主義フランス」（一〇九頁）

の可能性に期待を表明し、「東欧の国家社会主義とも北欧の社会民主主義とも異なる〈第三類型の社会主義〉がいま政治的権力として成立」（一二四頁）したことを高く評価した。ただし、一九八四年には共産党が連立政権から離脱し、一九八六年には議会選挙で社会党が大敗して保守派内閣の成立にいたる。

ちなみに、「自主管理」の原語「autogestion」について、平田は「自己管理と邦訳する方がhétérogestion（他者管理）への対立概念であることを明示するうえで適切」だとしたうえで、「オートジェスチオンは本来、コミュニストによって提起されるべきものであった。しかしそれが反コミュニズムのテーゼとして提唱されるという事態の出現を許したことが、いま自己批判されねばならないのである」（一六三頁）と述べている。

書評の全体を貫く問題意識も同様だが、論点は二つある。一つは、フランスの構造主義的マルクス主義に物象化論が欠落していることへの批判であり、もう一つは、ソ連型社会主義とは異なる自主管理社会主義の展望である。平田は5の書評（後掲の「参考 本書の構成と初出」参照）の中で、「自主管理」とは「物象化＝疎外の否定」（三〇九頁）だと述べているが、これは平田社会主義論における人間主体の意味を理解するための重要な論点だと思われる。

II　とくに第三章について

第三章の「必然と選択のディアレクティーク」は、当初公表を控えられやがて関係者の記憶から忘れられ、執筆から四〇年後の一九二四年に初めて公表された、ロシアの女性革命家ヴェラ・ザスーリチに宛てたマルクスの一八八一年三月八日付けの手紙とその四つの草稿を解析した論文で、『経済学批判要綱』やフランス語版『資本論』の研究と並んで平田の独自的なマルクス理解の柱となっている重要な研究である。研究者として歩み始めたばかりの一九五〇年直前にザスーリチ宛ての手紙を読んで「わが目を疑うほどの衝撃をおぼえた」（一八四頁）平田は、マルクスがこの手紙の中で、『資本論』とその本源的蓄積論の適用範囲を西ヨーロッパに限定してロシアをその適用の外に置いたこと、そして、オリジナルな資料に基づく特殊研究の成果を基に、ロシアの共同体が滅亡の運命にあるのではなく「社会再生の拠点」（二〇一頁）であるという確信を表明したことを、『資本論』と唯物史観の基本にかかわる問題として考察する。

第一の『資本論』の適用を西ヨーロッパに限定するという主張は、ロシアにおける共同体の解体・資本主義化の必然論と共同体の解放・再生論との論争、および、『資本論』を世界のあらゆる国に妥当する「歴史的必然の理論」（一九六頁）として読むことの是非に関するザスーリチの質問へのマルクスの回答として提起された。マルクスはこの質問に対しフランス語版『資本論』の一節を引用して、『資本論』の適用は、自己労働に基づく私的所有の資本家的私的所有への転化を経過した西ヨーロッパに限定され、ロシアの共同体論争のどちらの主張にも論拠を提供するものではない、と答え、『資本論』は非ヨーロッパ地域にも妥当する普遍的な歴史的必然の理論ではないと主張する。

第二の「社会再生の拠点」として共同体を把握するという主張は、ザスーリチに送られなかった手紙の草稿（第一、第二、第三草稿）で詳しく説明されている。マルクスは、耕地の共同所有と、その個人的利用および成果の私的領有との「固有の二重性」（二三一頁）を有する農耕共同体が、西ヨーロッパのように解体過程（耕地の私的所有への転化）を経過するのか、ロシアのように生命力のある共同体として存続するのかは「歴史的環境」（二三八頁）に依存する、と述べる。とりわけマルクスは、西欧資本主義と同時並存関係にある十九世紀末ロシアの場合、共同体は伝統的な集合的要素と近代的生産の物質的条件を結びつけることで「社会再生の拠点」になりうる、ということを論証しようとしている。

平田によれば、これらの主張は、「西欧文明史への批判的内在を通じての世界人類史への探求」（二八五頁）という、フランス語版『資本論』刊行以降のマルクスが意識的に取り組んだ未完のテーマの到達点を示すものである。第一の主張は、西欧文明史と世界人類史との区別と関連という論点を提起するものであり、『資本論』をすべての国に貫徹する「歴史的必然」の理論として理解する読み方（先進西ヨーロッパの先例は後進国の自然法則として妥当するという理解）に反省を迫るものである。また、第二の主張は、共同体の存続と消滅に関する世界史認識を提起するだけでなく、最晩年のマルクスがロシア共同体の再生と西ヨーロッパ社会の革命的再生を同時に展望する世界史像を構想していたことを示すものである。

Ⅲ 反響

最後に、本書がどのように受け止められたかについて述べる。足立真理子の書評（『季刊クライシス』社会評論社、第一四号、一九八三年）は、唯物史観を「一元論的必然史観に閉じ込めることの拒否」を、平田の「新たな歴史形成」への入り口として理解し、本書第三章の最晩年のマルクスのロシア論に見られる世界史認識の分析を「マルクスの歴史認識の方法を読みとる」ものとして評価する。本書は、全体として読まれるよりも、マルクスのザスーリチ宛ての手紙とその草稿を分析した第三章を中心に読まれてきたようである。例えば、田中真晴・小島修一は、マルクスのザスーリチ宛ての手紙に関する膨大な文献の論点を整理した「経済思想史におけるロシア論」

（『経済学史学会年報』第一九号、一九八一年）において、本書第三章の初出である「歴史的必然と歴史的選択」（一九七一年）を取り上げ、平田のザスーリチ宛ての手紙・草稿の分析が当時としては最も包括的なものであったことを評価したうえで、『市民社会と社会主義』における共同体―市民社会―社会主義という歴史認識と、市民社会＝資本主義を飛び越えた共同体―社会主義という歴史認識とが平田においていかに整合するのか、という問いを提起している。近年では、林薫平が、「共同体史を現代にどう生かすか」（『商学論集』第八五巻第四号、二〇一七年）において、本書第三章の農耕共同体分析に肯定的に言及している。

参考　本書の構成と初出

本書の構成と初出を示しておく。

一　社会主義の翳りのなかで

1　社会主義――混迷のうちの模索（初出『信濃毎日新聞』一九七九年十二月二十六日）
2　模索と動揺の八〇年代（『京都新聞』一九八〇年一月八日）
3　中越戦争と社会主義（『朝日ジャーナル』一九七九年六月八日）
4　フランスの新しい実験（『毎日新聞』一九八一年五月二十五日夕刊）
5　さらばロスチャイルド（『経済セミナー』一九八一年一月）
6　社会主義の苦悩と新生――ポーランドとフランス（『毎日新聞』一九八二年二月二日夕刊）
7　フランス左翼政権の明暗（共同通信配信『中国新聞』一九八二年二月二十三日、ほか）

二　社会主義と自主管理

Ⅰ　ポーランドの再生と挫折

1　一九八〇年夏――いまポーランドで起こっていること（『週刊読書人』一九八一年七月二十日）

2　一九八一年冬――自主管理共和国と軍事政権（『エコノミスト』一九八二年一月五日）

Ⅱ　フランスにおける自主管理社会主義の進展

1　マルクス主義なき社会主義（『エコノミスト』一九七八年九月二十六日）

2　新しいフランス革命――いまフランスで始まっていること（『エコノミスト』一九八一年八月二十五日）

3　国有化とフランス憲法（『経済評論』一九八二年四月）

Ⅲ　個体的所有と自主管理

1　個体的所有の再建にむかって――マルクス思想の核心（原題「個体的所有の再建に向かって――マルクス思想の核心」、杉原四郎・尾上久雄・置塩信雄編『経済像の歴史と現代〈経済学基礎セミナー〉3』有斐閣選書、一九七〇年）

2　自主管理社会主義の三潮流――自主管理思想の社会主義諸党への浸透（フランスの場合）（原題「自主管理社会主義の三潮流――自己管理思想の社会主義諸党への浸透」、伊東光晴・森恒夫編『現代資本主義――その理論と現状』日本評論社、一九八〇年、第二章）

三　必然と選択のディアレクティーク

Ⅳ　歴史における必然と選択――マルクスをこえるマルクス（原題「歴史的必然と歴史的選択（上・中・下）」、『展望』第一五四号、第一五五号、第一五六号、一九七〇年十月、十一月、十二月）

四　現代社会主義の書想

1　E［エティエンヌ］・バリバール『プロレタリア独裁とはなにか』［加藤晴久訳、新評論、一九七八年］（『朝日ジャーナル』一九七八年六月二日）

2　N［ニコス］・プーランツァス『資本主義国家の構造』［『資本主義国家の構造I――政治権力と社会階級』田口富久治・山岸紘一訳、未来社、一九七八年］（『日本読書新聞』一九七八年九月十一日）

3　E［エティエンヌ］・バリバール『史的唯物論研究』［今村仁司訳、新評論、一九七九年］（『エコノミスト』一九七九年六月十九日）

4　L［ルイ］・アルチュセール『共産党のなかでこれ以上続いてはならないこと』［加藤晴久訳、新評論、一九七九年］／G［ジェラール］・モリナとY［イヴ］・ヴァルガス『革命か改良か』［山辺雅彦訳、新評論、一九七九年］（『日本読書新聞』一九七九年六月二十五日）

5　I［イヴォン］・ブールデとA［アラン］・ギレルム『自主管理とは何か？』［海原峻・宇佐美玲里訳、五月社、一九七九年］（『社会運動』第七号、社会運動研究センター、一九八〇年十月）

6　R［ルドルフ］・バーロ『社会主義の新たな展望』［永井清彦・村山高康訳、岩波書店、一九八〇年］（『日本読書新聞』一九八一年一月五・八日合併号）

7　C［キャロル］・グールド『「経済学批判要綱」における個人と共同体』［平野英一・三階徹訳、合同出版、一九八〇年］（『朝日ジャーナル』一九八一年一月二十三日）

8　Z［ズデネク］・ムリナーシ『夜寒――プラハの春の悲劇』［相沢久・三浦健次訳、新地書房、一九八〇年］（『週刊読書人』一九八一年二月九日）

9　フランス社会党編『社会主義プロジェクト』〔大津真作訳、合同出版、一九八二年〕（『朝日ジャーナル』一九八二年六月十八日）

〔付記〕本論の執筆は、Ⅰを植村邦彦が、ⅡとⅢを若森章孝が担当した。

『経済学批判への方法叙説』解題

岩波書店、一九八二年十月刊、xiv＋四八九＋七頁

I　成立の背景と経緯

平田は本書刊行に先立つ数年前に構想をこう述べていた。「『経済学批判体系への方法叙説』。これが私の十年来のテーマである。特にフランス留学期以降のそれなのである。（改行）「経済学批判」への「方法叙説」は、言うまでもなく方法論としての方法論ではありえない。「叙説（ディスクール）」は具体的に経験的な経済的現実とその思想像と関わることなしに、それを記述のうちに組み込むことなしに、一歩も展開されえない。古典の文献的または文義的解釈はそれに必要な予備的作業に他ならない。だから私は、途方もない事実＝「世界という書物」の前に立たされているわけである。『資本』の未完成原稿が執筆された時期とは明らかに生産諸力の構造に質的な変化がおこり、同じく社会的生産諸関係での段階的な変化が成立しており、しかもこの全世界史的変化のうちでの〈西欧ならぬ東洋〉の我が母国の社会的命運の解明が日々課題として私の前に立ち現れる。諸文明の弁証法としての『社会科学における西欧と日本』という主題が、かの『方法叙説』にはどうしてもついてくる」（平田「世界という書物の前で……」『エコノミスト』（毎日新聞社）五六巻二七号「私の研究テーマ」欄、一九七八年七月四日、傍点は原

文)。

本書は、本文部分四八九ページの大著として、岩波書店から一九八二年十月二十一日に刊行された。平田によれば、この本は「一九七〇年代とくに七三~七四年の在外研修期以来、私をとらえてきた問題意識を対自化すべく執筆した諸論稿を、一書に編んだものであ」(「あとがき」四八五頁)り、「自己自身の個人史を時代のなかに生きたマルクスにとっての、理論的階級意識の所在と、その論理的な範疇展開の屈折とを、内面的に探求し、追体験する」(同右)ものである。平田はさらに本書刊行について「現代における社会形成の経験と概念に遭遇する理論的媒体」(同右)と著書名『社会形成の経験と概念』(岩波書店、一九八〇年)を普通語に置きかえ、「私自身の研究生活における基礎的問題関心を再措定」(同右)するものだとした。

参考　各章と初出との比較

本書各章と初出標題および初出稿とのおもな異同は次のようである。

第Ⅰ章　物象化論的「資本」範疇の批判的再措定にむかって

1　発生史的方法とは何か

2　相対的剰余価値の概念に関する覚え書――物象化論的「資本」範疇の批判的再措定にむかって

(初出) 1「発生史的方法とは何か」『経済セミナー』第二八五号、一九七八年十月号、四八~五五頁

2「相対的剰余価値の概念に関する覚え書――物象化論的「資本」範疇の批判的再措定に向かって」『経済研究』(一橋大学)第三一巻第二号、一九八〇年四月、九七~一〇六頁

(異同)「発生史的方法とは何か」。『資本論』を『資本』にしているほか、改行箇所と文章表現に多くの異同が

ある。また、「日常的生活原理」を「ブルジョア的生活原理」(七頁)に言い換え、本書収録にあたって二箇所の追加(①「彼らの……この功績の高さによるのであった。」(八頁)、②「(以上の二つのことを……了解をえたいところである。)」(九頁))がある。

「相対的剰余価値の概念に関する覚え書」。サブタイトルの末尾「向かって」を「むかって」にしているほか、改行箇所と文章表現に多くの変更がある。術語に関連しては、「私的資本の社会的支配のもとで遂行される」(二一頁)、「現代におけるマルクス主義の内在的批判としてそれはまちがいなく理論的意義を有しつづけるだろう」(二三頁)、「不変資本と可変資本という対立的二範疇」(二六頁)、「生産諸手段に対象化された「死んだ労働」は「生きた労働」を吸収する」(三二頁)、「この成立を批判的に論証しようとしてマルクスは、かの有名な「力能を高められた労働」規定を含む記述を書きのこした」(三五頁)などが加筆・修正されている。原著にあった「Ⅳ 相対的剰余価値と絶対的剰余価値」の見出しと叙述内容を省略している三項目は削除されている。

第Ⅱ章 生産諸力の弁証法——社会的生産力の顕勢と潜勢

(初出)「マルクスにおける生産諸力の概念について——社会的生産力の弁証法」(一)(二)(三)『経済論叢』(京都大学)第一二二巻第五・六号、一九七八年十一・十二月、第一二三巻第一・二号、一九七九年一・二月、第一二三巻第三号、一九七九年三月

(異同)改行箇所と文章表現の修正のほかに大きな異同はない。

第Ⅲ章 経済学批判への方法的模索

1 『経済学批判要綱』における「過程する資本」の概念展開

2 経済学のプランと方法——M・リュベールの所説によせて

（初出）１（本書のために書きおろした後に英文でも公表）Conceptual Evolution of "Capital in Process" in "Foundations of the Critique of Political Economy", *The Kyoto University Economic Review*, Vol. LI, No. 1-2, April-October, 1981.

２「経済学のプランと方法――M・リュベールの所説によせて」（上）（下）『経済論叢』（京都大学）第一二六巻第三・四号、一九八〇年九・十月、第一二六巻第五・六号、一九八〇年十一・十二月

（異同）「『経済学批判要綱』における「過程する資本」の概念展開」。書きおろしのため後に公表された英文との異同は省略。

「経済学のプランと方法」。強調符の有無、改行箇所の変更と表現上の修正のほか以下に顕著な修正がある。「歴史的現実を超えて妥当する〝体系〟の範疇表」（一七一頁）、「というシェーマの内的近接性に注目されたい」（一七二頁）、「Intermezzo」の小見出しで展開される箇所（一八四〜一八六頁）は原著（下）の冒頭に配置、「批判的に対自化するところの、方法的概念である」（一八八頁）、「信用組織の転倒的普遍性と株式会社の転倒的社会性とが全世界に拡延し、世界恐慌として爆発する資本家的生産様式の全矛盾の展開は、新しい歴史的形態の受容を促進する…」（一九九頁）、「〈エピローグ〉」（二〇三頁）、「同じく六二年六〜七月絶対地代の理論的解決。」（二〇四頁）、「その異常なまでの問題感覚のたかぶりのなかで、かつてリュベールから贈られた「プランと方法」が、一つの方向設定を私にあたえてくれているようであった」（二〇五頁）などが加筆・修正されている。

第Ⅳ章　個体的所有概念との出会い――労働と所有のディアレクティーク

（初出）「個体的所有概念との出会い――労働と所有のディアレクティーク――覚え書」（上）（中）（中の続）（下）『思想』一九七五年十一月号、十二月号、一九七六年一月号、二月号

（異同）原著の『資本論』を『資本』にしているほか強調符の有無、改行箇所の異同と表現上の修正がある。（上）の目次と本文に不一致が二箇所ある。（中）本書二五二頁四行の括弧書きが挿入され、「虚偽意識」が「ブルジョア的虚偽意識」（二七六頁）に変えられている。（中の続）原著九六頁上段の要約部分十数行が削除されている。（下）原著にあった二つの小見出し（「解放思想の問題史的共時性」と「歴史の証言の意味」）が本書所収時に省略され、原著二二九頁下段一四行目から二三三頁上段まで大幅に削除され、「付記」で触れられているジャック・アタリの著作への参照が追加されている。

第V章　物象化と三位一体範式——「自由の王国」と「必然の王国」

（初出）「物象化と三位一体範式」（一）（二）（三）（四）（五）『思想』一九七二年三月号、四月号、五月号、六月号、七月号

（異同）原著の『資本論』が『資本』に統一されている。原著にはないサブタイトル「「自由の王国」と「必然の王国」」が追加されたほか強調符の有無、改行箇所の変更と表現上の修正がある。（一）原著三頁下段七行目～一九行目の叙述が簡単化され（本書三二九頁の冒頭に二行）、原著三六三頁上段三行目～六行目と原著三七三頁上段二〇行目から二行が削除され、本書三五八頁三行目～四行目に追加挿入がある。（二）原著六〇二頁下段の注が本書では本文に組み込まれ、原著六〇四頁上段一五行目～二〇行目と原著六一二頁下段八行目～九行目が削除されている。原著の「現実的姿態変換過程」（六〇九頁下段以降）中の「現実的」は「実在的」に修正されている（三八八頁以降）。（四）原著の「発生史的方法」（一二五頁）が「発生論（史）的方法」（四二九頁）に修正されている。（五）原著にある論文目次（二五頁上段）、原著注（三三頁下段にあった別稿および加古祐二郎への言及）、末尾の「付記」（四九頁下段六行）が削除され、原著二七頁下段四行目～九行目は本書注の末尾の三行（四四六頁）

に追加挿入されている。

II　論旨の特徴

平田は、本書の対象を『経済学批判要綱』と『資本』（ドイツ語版およびリュベール編フランス語版）におき、発生史的方法、物象化論、社会的生産力、「過程する資本」、個体的所有、「三位一体範式」論などのように「古典の文献的または文義的解釈」（既引用）を試みている。

A　第I章　物象化論的「資本」範疇の批判的再措定にむかって

1　「発生史的方法とは何か」では、『資本』が『要綱』で示した「上向法」の延長にあるのではなく、「近代ブルジョア社会という特殊な「類」の理論的「発生」を、「追立証」する記述」（一六頁）とし、「三位一体範式」論を「諸物象の人格化と生産諸関係の物象化」（一四頁）・「物象化論の体系的展開」（同）と捉える。

2　「相対的剰余価値の概念に関する覚え書——物象化論的「資本」範疇の批判的再措定に向かって」では、「不変資本と可変資本という対立的二範疇」（二七頁）に着目して「死んだ労働」の価値移譲と「生きた労働」の価値形成を問題にしている。マルクスが発見した「労働の二重性」と関連させてはいないものの、剰余価値概念摘出の理論的含意を追究した平田らしい分析である。

B　第II章　生産諸力の弁証法——社会的生産力の顕勢と潜勢

資本の文明化作用のもとに人間力の破壊と自然力の破壊があいともに進むが、その制御は、自然の内なる人間の、自然と手をたずさえた自己回復によってのみ、可能である。平田は、人間と自然との間の物質代謝そのものを、「社会的生産の規制的法則」として体系的に再建すること、しかも人間的欲求の充足にふさわしい形態において体系的に再建すること、を展望している。通例のマルクス主義が忘却していると平田が指摘するのは、「自然に対する人間の主体的関係行為の意義を強調するあまり、……自然そのものの二重化（人間的自然と自然的人間とへの分化）を無視するのは、それ自体がブルジョア的な態度である、とマルクスが批判していたことである」（四五頁）。平田は、K・コシーク、A・シュミット、花崎皋平らの「一九六〇年代以降におけるマルクス主義的研究の新地平」が発掘した、「能産的自然《ナトゥーラ・ナトゥーランス》」と「所産的自然《ナトゥーラ・ナトゥラータ》」という「スピノザ的自然史概念の人間史への転換」（五一～五三頁）の必要性を力説した。本章の後段は、「生産諸関係と生産諸力」「集合的労働者の概念」「潜勢としてのコミュニズム」がおもなテーマをなす。「連合した生産者」（七一頁）に「全過程を貫徹する統一概念＝運動主体」（同）をあたえ、かつプルードン的集合力理論を克服した「諸人格の社会」＝「社会的個人」を対置している。

C　第Ⅲ章　経済学批判への方法的模索

1 「『経済学批判要綱』における「過程する資本」の概念展開」では、『要綱』で確定された「過程する資本」を『資本論』全三巻の準備草稿にいたる一貫した理論把握とし、直接的生産過程と流通過程との関連、流通過程での独自的範疇展開、過程する資本の社会的連関を追究している。第一課題においては資本循環論と資本回転論の視点を組み込み「資本一般＝普遍性としての資本」（一二八頁）を、第二課題においては「連続的過程としての再生産過程」・「社会的再生産過程＝構造」（一三〇頁）としての再把握を、第三課題においては「単一の資本と多数の資本とを単なる外的関係としてではなく、資本の内的本質」（一四八頁）を、それぞれ分析している。

2「経済学のプランと方法――M・リュベールの諸説によせて」では、リュベールの「経済学のプランと方法」を、「プラン論争につきまとう文献的トリビアリズムと理論的ドグマティズムに反省を迫る」（二〇一頁）という高い評価のもとに紹介している。

D　第Ⅳ章　個体的所有概念との出会い――労働と所有のディアレクティーク

本章は、一九七三～七四年の平田のパリ大学講義を聴講した学生から、個体的所有の再建として社会主義を標榜するH・マルクーゼと平田の思想との異同を問われたことに端を発する。労働過程の科学的過程への転化とともに「労働による価値規定」の妥当性が失われるという『要綱』中の一文をめぐって議論は展開される。平田は、マルクーゼには自然必然性と社会必然性とが明別されていない、と批判する。技術過程としての生産過程の発展が自然必然性を克服することが、そのまま社会的必然性を克服していくことであり、このことが可能的な自由の現実的な自由としての発現の過程である、とマルクーゼは語っていることになる。

独自な「時間主権」論ともいうべき平田の主張に学史的根拠をあたえているのも本章の特徴である。すなわち、①「労働過程の科学的過程への転化」、②「社会的個体の発展」、③「時間規定の対立的措定」というテーマの解明をつうじて、機械制大工業の発展とともに進む「労働過程の科学的過程化」（自然力による人間力の置き換え、および自然科学の意識的応用による経験的熟練の置き換え）により、社会の自由処分可能時間が創出されるが、しかしそれは現実態においては剰余労働時間として資本（家）に領有されること、だがまた社会の潜勢態としては、自由処分可能時間が資本制社会揚棄の積極的契機となりうる、と論じている。

『経済学と歴史認識』で論じられた資本蓄積＝循環の視角から個体的所有の再建として、「労働と所有の同一性」の回復＝再建が力説されている（二九一頁）。平田は、「個体的所有の再建としての社会的所有の実現という命題」が、『要綱』と『資本』に通底することを指摘したうえで、『資本』には「協同連合的生産様式」という用語が多用されることを問題にする。マルクスが株式企業と協同組合工場とを「資本家的生産様式から協同連合的生産様式への過渡形態」とみなし、前者が対立の「消極的揚棄」であるのに対して後者が「積極的揚棄」であるとみなしたのは、この範例において、客体的アソシアシオンの「自由なアソシアシオン」への「普遍的転化」が促進されると判断したからにほかならない（三〇四頁）。

本章の末尾にあるリュベールとの対話には、平田年来のテーマが二点、語り出されている。第一。リュベール版『資本』には、「ケネー博士は……この第二形態（P…P）を重商主義に対して対立させた。我々はこの第二形態を第三形態（W′…W′）のもとで（ふたたび）示すであろう」という第二部第四稿の一文が含まれている。このマルクスの文章は、「リュベールによって始めて、文献史的埋没のなかから救い出された」と平田はいう（三一六頁）。この文章は一見するところ、「W′…W′はケネー『経済表』の基礎を成しているものであって、彼がG…G′に対して、この形態W′…W′を選んで、P…Pを選ばなかった、ということは偉大で正確な腕前を示す」という現行版『資本』（第二部第五稿）の文章と対立するかにみえる（三一六～七頁）。だが、個別資本循環視角（ひろく社会認識の視座）として、ケネーは重商主義に対してP…P視角を対置する一方、社会的総資本の循環（再生産構造）の分析視角としては、P…P視角ではなくW′…W′視角を選んだと読めば、二つの文章は整合的である。両者間の理論的関連を論ずる平田『経済科学の創造』（三一二～五頁）は、あたかもリュベールによって発掘されたこの一文を予想していたかのようである。

第二は、個体的所有の概念をめぐる対話である。『資本』第一部末の個体的所有の用語例は他のいかなる箇所にも登場しないというリュベールの断定にたいし、平田は『フランスの内乱』中の一文、「パリ・コミューンは個体的所有を一つの真理にすることを欲した」という文章を示す。その際のリュベールの反応が興味深い。類まれなる文献史家における名辞の忘却と意識下への潜伏、その再生の驚きが、同氏における爽やかな〝敗北感〟として静かに描写される。

本書は、なぜ『経済学批判への方法叙説』と題されているのか。デカルトの『方法叙説』が念頭におかれているのは明らかだろう。デカルトは、哲学を書物の中から解放して「世間」という大きな書物のなかで根元的に思索した。「方法叙説」とは狭いアカデミズムを去って「世間」という大きな書物に身を投じた宣言の書である。同書には、リュベールとの対談後、〝自分はアムスには行くまい〟〝社会の証言、歴史の証言を聞こう〟と平田が決意するくだりがある。従来の文献史的マルクス研究(「物象化と三位一体範式」はその範例)に身を投じるのではなく、――それを放棄するわけではないが――「『世間』という大きな書物を生きるということの意味」(三二二頁)を問おうとするのである。本章「四　社会的個体の自己証言」で紹介されるリップの自主管理闘争をめぐる当事者間の討論のように(二四五~二五三頁)、個体的所有の「概念の証人」との出会いが重視されるのである。

E　第Ⅴ章　物象化と三位一体範式――「自由の王国」と「必然の王国」

リュベールの文献史的考証をもとに、エンゲルスによる『資本論』第三部第四八章「三位一体範式」編集問題を詳細に比較検討し、最終パラグラフの「自由の王国」「必然の王国」の「歴史理論的記述の解析」(四四一頁)

を完成させようとした意欲作である。「反響と意義」で触れるように、前提となっていたリュベールの草稿再現が研究の現段階からみれば正確ではなかったとはいえ、平田の問題提起「物象化の歴史理論としての三位一体範式論が、どのような意味で自由と必然の問題を展開しているか」（三三二頁）の探求の意味は色褪せていない。

III　反響と意義

本書への書評としては、内田弘（『週刊読書人』第一四六七号、一九八三年一月三十一日）、奥山忠信（『日本読書新聞』第二一九三号、一九八三年二月七日）、宮崎犀一（『エコノミスト』第六一巻第九号、一九八三年三月八日）、岸本重陳（『経済研究』（一橋大学）第三四巻第四号、一九八三年十月）が確認できる。

内田は、「氏のマルクス研究への問題的関心は、資本主義のオペレーショナルな機能分析よりは、むしろマルクスの学問の要素となった源泉をさぐる作業を、資本の物象化の構造分析と並行して行おうとする点にあろう」と特徴づけ、「氏のマルクス追思惟を読んでゆく読者は、マルクスのなかにたたみこまれた西欧精神史の深みと資本の物象化構造の深み、この二重の深みに案内され、一種の文学的感動を覚える」としている。そのうえで、『経済学批判要綱』と『資本論』を対象にしており、「一八六一〜六三年草稿」を扱っていないために発生史的方法と対象にズレがある、リュベールに依拠した「三位一体範式」のエンゲルス編集案批判にはすでに異論がある、と纏めている。

奥山は、「本格的な理論書」・「単なる解釈学とは趣き（ママ）を異にした著者独特のマルクス解読」と評価しながらも、「『要綱』や『資本論』と現状との間の深刻な溝が埋められていない」・「原典と現実との間の距離が近すぎる」と、平田理論における原論と現状認識との「方法的媒介項」の欠落を指摘する。また、発生論的方法と物象化論とをつなぐ試みには期待をよせつつも、物象化論をマルクス理論の軸に据えることにたいしては、「資本主義社会の機構・運動法則の解明とどのように関連するのか」・「ブルジョア社会の下での意識の倒錯性を批判することが、そもそも現在どのような意味をもつのか」と懐疑的である。

宮崎は、「研究の基底と射程はきわめて深遠、成果の魅力と圧力はけだし強烈であり、実に平田氏の独自に壮大な世界をよく現出しえている」とし、①潜勢と顕勢の弁証法は協業の特殊形態に即しても展開すべきである、②「意識」の「ベグライフェン」（概念化）が一層望ましい、③疎外＝物象化論を論じるのであればマルクスの初期著作への論及を必要とする、と「望蜀の期待」を述べた。

岸本は、「発生史的叙述」というマルクスの方法を、「相対的剰余価値と特別剰余価値、資本の生産力と労働の生産力、『要綱』における「過程する資本」の概念、プラン問題、「社会的個体」と時間の弁証法、三位一体範式などの論点をとって検証していく」と読む。そのうえで「マルクスの説明の枠内に踏みとどまって」おり、たとえば「（転倒性の解析が）なぜこれほどにまで晦渋なものにならなければならないかが、ほんとうに得心できない」としている。

平田は、プラン問題、個体的所有論および「三位一体範式」論という本書の主題をなす理論展開にリュベールの著作を参照している。「マルクス文献の苦渋に満ちた調査・研究」（一六三頁）・「長いアムスでの苦渋に満ちた文献発掘作業」（三一八頁）・「文献史家としての努力」（三三一頁）に携わったリュベールを高く評価し、リュベールの「文献史的研究」（三三〇頁）・「文献史的問題性」（三三一頁）を共有している。なかでも、平田は、「V 物象化と三位一体範式——「自由の王国」と「必然の王国」」では、リュベール編集フランス語版『資本論』に依拠して、エンゲルス編集の現行版の問題性を指摘し、「三位一体的範式」から物象化論と「自由の王国」・「必然の王国」を展開した。

問題はこうである。マルクスの草稿をもとにしたエンゲルスの編集は正しかったのか。リュベールはこの問題にもっとも早く気づきフランス語版『資本論』を独自に編集・刊行した。日本でも草稿の実地調査にもとづいて、田中菊次（同編著『経済原論』青木書店、一九八〇年）、大谷禎之介（「『資本論』第三部第一稿について」『経済志林』第五〇巻第二号、一九八二年）もエンゲルス編集（およびリュベール編集）の問題を指摘していた。リュベール（＝平田）の「三位一体」論の再構成は、その後急速に進んだ草稿の調査・研究によって、「リュベール版は所詮リュベールの版以上のものではない。この過誤と恣意とに満ちた知見にもとづいて復元されるマルクス草稿なるものは文字どおり「似て非なるもの」となるほかない」（大野節夫「『資本論』第三部「三位一体的定式」草稿とリュベール版」『資本論体系』第三巻付録「月報」第三号、有斐閣、一九八四年十月）との批判もあらわれた。

その後、エンゲルス版第四八章に該当する草稿部分が新MEGAで編集・公刊された（II/4.2, Akademie Verlag, 1993）。新MEGAでは、①エンゲルスが「ここから第四八章が始まる」と注記した段落から「三位一体的定式」論を開始し、②エンゲルスが付記した段落「｛草稿ではここで一枚の二つ折り用紙が欠けている｝」と、この段落直後の「差額地代は」の間に第四八章冒頭の「断片」「I」「II」を置き、③「断片」「III」を当初の記載箇所である地代論の四四五頁に置いた。この編集は草稿の執筆順序を反映させたものであり、草稿の「三位一体的定式」論の冒頭では「断片」「III」は「ここに属する」と指示されていることから内容を重視した研究者からは異論が出されている（宮川彰『再生産論の基礎構造』八朔社、一九九三年および同「第七篇　諸収入とそれらの源泉」『経済』一九九七年六月号、大村泉『新MEGAと《資本論》の成立』八朔社、一九九八年および同「『資本論』成立史研究の新段階」『経済学史研究』第三六号、一九九八年、が詳しい)。

〔付記〕この解題は、赤間道夫が第I節、第II節A・C・E、第III節を、安孫子誠男が第II節B・Dを分担・作成し、それぞれの原稿をもとに調整・統合されたものである。

『異文化とのインターフェイス』解題

世界書院、一九八七年六月刊、iv＋一六四＋二頁

I　成立の背景と経緯

本書は一九八七年六月、『自由時間へのプレリュード』とともに同時出版された。このとき平田清明は六十四歳。一九八六年三月に京都大学を定年退職し、神奈川大学の教授であった頃の著作であるが、本書に収録された文章の多くは一九八四〜八六年に書かれている。それは平田が京都大学の経済学部長の責から離れたのち、一九八四年四月〜八五年九月、パリ第七大学および第三大学の客員教授として招聘されていた時期とほぼ重なる。

それゆえ本書は、タイトルが示すとおり、異文化との交流、とりわけフランスでの経験や思索がおのずと中心的なテーマとなっている。しかも一九八〇年代というのは、日本経済がいわゆる「経済大国」「輸出大国」として西欧人の刮目の的となった時代であり、平田も否応なくそのような日本の経済学者としてフランス人と応接し、また自己認識を迫られた。その記録の一端が本書である。

同時に出版された『自由時間へのプレリュード』が、フランス滞在中における余暇時間での交流や旅行をめぐる文章を中心に編まれているのに対して、姉妹書の本書は余暇時間ならぬ業務時間のなかでの経験や所感が主要

な内容となっている。すなわち、大学での講義、学会、シンポジウム、講演会といった場でのそれらである（なお、フランスからの帰途、中国のハルピンで行った集中講義の記録も併載されている）。

これらを通して最終的に、平田は「あとがき」でこう記している。「想えば幕末と明治の開国以来、百有余年を経て私たちは、国際交流の新しい地平に立っている。一方交通ではなく相互交流としての異文化理解の途上に立っている。双方の側からの通訳可能事の探究が、異質性の相互了解とともに必要とされている。異文化とのインターフェイスにおいてこそ、自国文化の対象的な自己認識もまた可能になるのではなかろうか。」

参考　各章と初出との比較

本書各章と初出時の文章との関係や異同について以下に記しておく。なお、本書収録に際して、全章にわたって文章表現上の細かな修正はなされているが、全体としての文意を変えるほどの変更はなく、大幅な削除や追加もない。

序論　国際化社会と異文化の相互理解

（初出）同題、『神奈川大学評論』創刊号、一九八七年二月。

第1章　視線の戯れ

（初出）「セーヌに我が眼を疑う」『図書』第四二七号、一九八五年三月。なお、本書巻末の初出一覧では「パリに我が眼を疑う」と記されているが、これは誤記。

第2章　産業化と情報化のなかで

（初出）「産業化と情報化のなかで――パリ大学での講義を通じて」『世界』第四六九号、一九八四年十二月。

第3章　宗教と教育
（初出）「宗教と教育――『私学の自由』をめぐるフランスでの教育問題」『潮』第三〇八号、一九八四年十二月。
第4章　体制と経済
（初出）「ブルターニュへの旅――日仏経済シンポジウムに参加して」『潮』第三一五号、一九八五年七月。
第5章　中国の旅
（初出）「中国の旅――にんげん紀行」『中外日報』一九八六年一月一日。なお、本書巻末の初出一覧では発行日が「一九八六年一月十八日」と記されているが、これは誤記。
第6章　帰国の驚き
（初出）「〝繁栄の孤島〟に帰ってみれば」『潮』第三二五号、一九八六年五月。なお、本書巻末の初出一覧では発行年月が「一九八六年九月」と記されているが、これは誤記。

Ⅱ　論旨の要約

本書は滞仏中に見聞したこと、感じたこと、思索したことを思想史的あるいは理論的に反芻し、比較文明論としての問題提起を課題としているようであり、学術的あるいは経済学的紀行文学とも言える。その都度書かれたものでありつつ、同時に長年の著者の思索が滞在記に重ねられ、経験を通した発見や驚きもまた記述されている。その対象としているのは、第一義的にはこの書物の読者であるが、同時に著者自身に向けて語りかけているように読める。

序論「国際化社会と異文化の相互理解」は、本書所収の第一章から第六章の執筆の後に発表されたものである。一九八四年から一九八五年にかけての一年半のフランス滞在中の様々の出来事をふりかえりつつ叙述し、そこから平田が整理する日仏比較の三つの論点、「資本主義社会の性格」「産業国家としての特徴」「国際国家と核をめぐって」を提示している。三つめの「核をめぐって」は本書ではほとんど取り上げられていない。これらは本書全体の要約ともなっており、読者へのイントロダクションとしての位置を占める。

第1章「視線の戯れ」は、渡仏の準備をする過程での一九七四~七五年のフランス滞在を振り返る。さらに緑内障による失明の危機とセーヌの流れはどちらに向かっているかという錯覚と錯視の経験を重ねて、対象的自己認識過程での感覚器官の不調がもたらす自己の揺らぎを考察した文章である。

第2章「産業化と情報化のなかで」は、パリ第七大学での連続講義での産業のエレクトロニクス化と日本の文化的伝統の相克というフランス人からの問いかけにどのように答えるのかという思索から、文章が起こされている。日本の抱える産業発展と社会的課題の整合性の問題を説明する一方、それへの対比としてフランスの伝統としての階層化された教育システムが社会的階層を再生産し固定化する装置となっていることを指摘する。その上で一九八四年の五月ごろに五回行った講義のうちの三回分の要旨が述べられている。第一回目が産業化と情報化、第二回目が労働力の社会的管理、第三回目が社会的合意と題されており、日本を経済における法人資本主義と政治における協調主義（コーポラティズム）と特徴付け、労働力再生産過程としての社会のあり方を問い直し、フランスの社会経済との比較を図っている。

第3章「宗教と教育」は、フランスにおける教育制度改革をめぐる論争を踏まえて、公教育の宗教からの独立というフランス近代における根本原則がどう扱われようとしているのかを見ようとした時論である。ここで目を引くのは、平田は自分の不思議さからことが始まると記し、自らの問い、自らへの疑問が物事の認識の出発点であると強調しているくだりである。フランスという言葉も文化も異なる国に長期滞在することが生み出す自分自身への問いとむきあっていたのだろう。

第4章「体制と経済」は、フランス北西部ブルターニュ地方への講演旅行の旅を記したもの。仙台市と姉妹都市協定を結ぶレンヌ市で開かれた日本週間の企画としての経済シンポジウムに招聘された講演記録を収める。ここでは法人資本主義をさらにフランス語化した協同的資本主義を日本の特質とし、私的資本主義フランスと対比してフランス人聴衆への理解を求めようとしている。この日本的資本主義が成功する要因として、技術革新を支える組織革新と高付加価値産業化を説き、地元紙に日本からのメッセージとして日仏協調が提起されたと記している。

平田は講演の後、大西洋岸の港町サン・マロとモン・サン・ミシェルに寄っている。その歴史遺産を見ながら立てられる問いは、ブルターニュという辺境の地に国際経済の企画を進めんとする地元の試みに直面する日本人として個人が問われていると受け止め、その経験を洋の東西にかかる驚きとして総括している。

第5章「中国の旅」は、一九八五年十月フランスを離れて日本に帰る途中、中国黒竜江省および北京への招待講演の旅の記録である。平田自身は中国に来るための機会は何度かあったが実現できなかったので、これが初めての中国訪問になったと記している。話は出迎えの豪華さ、歓迎の宴料理そして平田が発見した中国の変容への驚きと続き、紀行文風に述べている。前の章でも示されていた論点を大要とする講演要旨が記され、章末で社会体制の相違を超えた友邦としての内在的批判と比較社会経済の視座に立つ社会科学の創造の必要性を提案して締めくくっている。

第6章「帰国の驚き」では、一九八五年十月半ば、中国での講演行脚を済ませて日本に戻るが、一年半ぶりに経験する日本への驚きを記している。新聞をはじめとする日本のメディアの浅薄さに気づき、その反面、フランスにおける「文盲」の多さを引用する。平田の言う「文盲」とはフランス語を流暢に話すものの読み書きのできない illettrisme（非識字人口）のことを指すが、今日も多く社会的問題であり続けている。これは教育の問題であるが、当然のことながら失業と社会的排除がもたらす困窮が根っこに横たわっている。加えて、平田は教育のあり方として日本の問題点を、平田自身が経験した教科書検定の調査官からの改善意見とそれをめぐるやりとりとして示す。問題は平田が監修した「現代社会」の教科書の中で使用された「帝国主義」という言葉がいけないということで、削除という修正意見がつけられていたという滑稽としか言いようのない話であった。本章には平田が執筆した文部大臣宛の意見書が収録されており資料としての価値も高い。

本章の結論であると同時に本書全体の結論をなす主張として、日本のリベラルなコーポラティズムとして議会制民主主義を補完していたもの（審議会などの合意形成システム）がいつしか、権威主義的なコーポラティズムに変化し議会制民主主義に代位しかねないような気配がすると書いている。この記述は、日常に埋没する中で忘れられてしまうかもしれないのであえて人生の道標として記したとする。帰国後の故国の現場への違和感として表明されてはいるが、故国の状況への異議申立てと読むことができる。

Ⅲ　反響

本書の反響（書評）については多くの場合、同時出版の『自由時間へのプレリュード』とセットでなされているので、同書解題の「III　反響」節を参照されたい。

〔付記〕この解題は、第I、III節を山田鋭夫、第II節を花田昌宣が担当した。

『自由時間へのプレリュード』解題

世界書院、一九八七年六月刊、v＋二七二＋二頁

I　論旨の要約

本書は平田がパリ第七および第三大学で客員教授として滞在した一年半の間の、親しい友人・同僚との交友や、フランスの各地域・ベネルクス三国・中欧・イギリスへの旅行という「異文化」の中での「自己発見」を、ヴァカンス（自由時間）を軸概念にして記した紀行文である。経済学史家・平田が実感し、考察したエッセイ集である。

フランスのヴァカンスは人民戦線政府が一九三六年に二週間の有給年休を法制化したことに始まる。今それは五週間である。しかも、雇用主には従業員に有給休暇を与えそれを取得させる義務がある（有給休暇消化促進法）。フランスの労働時間は週三五時間制である。週四〇時間制さえ定着せず、有給休暇の未消化が普通で、過労死（KAROSHI）が国際語になっている日本とはあまりにも違う。本書では明示的に書かれていないが、人民政府はヴァカンスのための社会インフラ整備を同時に実施した。つまり、高速道路網、安価な長期宿泊施設、ニースなどの避暑地の開発などの公共投資である。それは民間投資を誘発する。自動車タイヤメーカー・ミシュランが

おこなうレストラン等のランキングが定着していったのは、ヴァカンス導入以降である。平田は「あとがき」で「親しい友人や同僚を家庭に招きあう文化スタイル」にふれ、「夏や冬、五月や十一月等々、大小のヴァカンスには友人たちから、その別荘や郷里の生家に招かれて一週間や十日間をともにすごすことも少なくなかった」と書いている。ホテルでの宿泊ではない。だから、「そのような招きへの旅をいくどか重ねていくうちに、旅に出るのが、またパリの寓居に友人を招くのが、私と妻の習慣となった」、と。

交通費やホテルなどの宿泊費が高い日本では、短期の国内旅行でさえしばしば二の足を踏む。フランスのヴァカンスでの宿泊先は家族や友達の家がもっとも多く、次いで別荘、貸し別荘、キャンプなどで、高くつくホテルは少ない。そうでなければ、ヴァカンスが社会慣行として、労働者やサラリーマンだけでなく、中堅幹部（カードル）層や大学教授から町のパン屋、肉屋、魚屋などすべての職業に及んでいる社会は生まれなかった（鈴木宏昌「フランスのバカンスと年次有給休暇」『日本労働研究雑誌』二〇一二年八月号、参照）。

では、本書で平田が訴えたかったことは何か。それは「あとがき」の一文に凝縮されている。「〝自由な時間は忙しい！〟そう知ったとき、この多忙の自由は、実は人が人と、時間が空間と出会うことの緊張感にあふれたものであり、『とき』としては四季の発見であり、『ところ』としてヨーロッパないしフランス各地の地域性の発見であった。そのような空間との出会いを得た時間のうちにおのれの身体が偶因として実存している、と感ずることは、私にとって驚きに近い経験であった」。「自由時間とは、そのような自己認識を促す時間でもあるらしい」。

以下、各章の特徴的な記述をピックアップする。

第1章「初夏のノルマンジー」は同僚の教授の母親の家で過ごした日々。平田は、この地が十八世紀、ノルマンジー農法と呼ばれる農業と牧畜との共同を、食用の麦と飼料用のカラス麦との共生を実現し、その高い農業生産性が人口増加を保証。フランソワ・ケネーがこの地に着目してフランス経済の復興への道を探しえたこと、また、港町ディエップはフランス重商主義の最大拠点の一つで、大船団が象牙海岸に向かい、アフリカ航路全体をほぼ手中に収め、印度洋に殺到、イギリスと旧植民地戦争を繰り返していたことを指摘する。

第2章「夏休みのブルゴーニュ」は精神科医の屋敷で過ごした日々。パリに精神科医が多い。社会的に保護されているからか患者が表に出るが、日本では家族制度に〃守られて〃表に出にくい。脚の悪い人でも平気で外に出られる。杖をついて歩いている妻のために、メトロの運転手が列車を発車させないで待ってくれ、〃奥さん、待ってます（ジュ・ヴ・ザタン・マダム）〃と言って乗せてくれた。この時から変わった。妻は積極的に杖をつき、しかも今ではそれが不要になりつつある、と。交友の数日。「それは、彼らにとって、ヴァカンスという自由時間」であり、私にとっては「生涯はじめて味わう外国での自由時間」であった。森有正を思いつつ、「経験が、ことばを、そして概念を定義する。フランスで苦闘して死んだ哲学者の知人が残していったことばを、私は嚙みしめ」たと書く。

第3章「冬休みのパリ」はパリ第三および第七大学の授業担当の話から始まる。親しくしている先生がたの講義やゼミに出席させてもらうことにした。経済学原論、経済発展論、労働経済学がそれである。驚いた。日本では普通はありえない。平田夫妻が新居を求める記述。人を招待できる利便性と設備で選んだ。「当地で自宅に招き招かれるとは、食事の楽しみを共にしつつ、互いに心を許しあうということの確認を意味している」。妻はフランスの家庭料理の作り方や招待のしかたに大分なれ、お菓子も焼き方がうまくなった。ブドウ酒とチーズは私の係りだ。フランスでの「新しい貧困と中流意識」の激増に触れ、「メトロ内の物乞いはパリでは日常のことであり、その背後に失業・移民・麻薬等々の不幸がある」と記す。

第4章「早春の南フランス」はマルセーユ、ニース、モナコ、エクス、そして、リヨンの旅。驚くべきはフランス人のつきあい方。エクスで会ったフランス人夫妻（夫は建築家で妻は画家）はパリ第七大学で勉強している日本人医師Sの紹介。未知のまま電話したところ招待されたという。「日本では、この種のおつきあいは殆どありえない。少なくとも私には、これまでなかったし、今後もないだろう」と記している。Sがこの夫妻と知り合ったのは一人で歩いていたら向こうから話しかけてきたことだという。夫妻が日本に興味があったとはいえ、日本ではありえないことである。

第5章「ベネルクスの初夏」は五月の記念日の休暇が水曜日に重なり講義が数回、連続して休講になり、まるで小ヴァカンスのようになったのを利用しての旅行。ルクセンブルグ、オランダ、ベルギーのベネルクス三国。「近世以来、血なまぐさい国際紛争の吹きあれた地域」の今をみる。

第6章「遥かなるピレネー」は病気療養のため友人の別荘で過ごした日々。驚いたのは「ルトルテ（仕事から引退した者）がヴァカンスに行く」こと。「年間五週間の有給休暇は、老いも若きも、共通の権利」。いやそれ以上に「不抜の慣行」。「自由時間、それを私は今年、療養の一刻として享受している」と。アンドール公国にも旅行している。

第7章「中欧の秋」はフランスの旅行専門店の車での旅。トリアーはマルクスの生地。だが、ドイツ駐留フランス軍部隊の基地。ミュンヘン、ザルツブルク、ウィーン。ブダペスト。「ハンガリーでの静かな自由化路線は、たしかに成功を収めていると感得することができる」。そして「むやみに寺院の多い町」プラハ、チェコスロバキア。

第8章「イギリスの旅」は帰国直前の一週間の旅行。資本主義の母国の惨状。「かつての大英帝国の首都ロンドンのはずなのだが、眼前にあるものは、再開発の遅れた中流国家の首都である」。リヴァプール、マンチェスター、シェフィールド。ノッチンガムの工場地帯を見ようと駅に行くと、「改札口に警官が配備されている」。「レンガ造りの廃墟」。激しい抵抗、階級闘争。そして、サッチャー政権によるストライキの制圧。「かつての農村工業地帯を訪ね、ケンブリッジに泊まって息をぬいた」。

II　成立の背景と初出論稿

本書は『異文化へのインターフェイス』とともに、一九八七年六月に同時出版された。出版前後の平田の状況については『異文化へのインターフェイス』解題の「I　成立の背景と経緯」を参照されたい。本書の本論を成す全八章の初出は、「エピローグ　いつ帰って来ますか」を除き、すべて京都に旧くからある新聞社の『中外日報』に「人間紀行」と題する一連の紀行文として掲載された。

初出時のタイトルからの変更や一部の追加について、『中外日報』への掲載の日付とともに、以下に「参考」として記す。なお本書の各章のタイトルは「I　論旨の要約」を参照してほしい。

参考　各章と初出との比較

第1章　（初出）「夏の歓びの日々――フランスの象徴ノルマンジー」（上・下）を改題。一九八四年九月三日、五日。

第2章　（初出）「ブルゴーニュの旅――夏の歓びの日々第二部」（上・下）を改題。一九八四年十月一日、五日。
第3章　原題（上・下）と同じ。一九八五年二月一日、四日。
第4章　原題（上・下）と同じ。一九八五年四月五日、十日。
第5章（初出）「ベネルクスの夏」（上・下）を改題。一九八五年八月七日、九日。
第6章（初出）「遥かなるピレネーで想う」（上・下）を改題。一九八五年十月十六日、十一月一日（なお、本書巻末の初出一覧では後者の日付が「十月十八日」と記されているが、これは誤記）。
第7章　原題と同じ。一九八六年二月三日。
第8章　原題と同じ。一九八六年三月三日。初出にはない「パリに帰って」が末尾に追加された。
エピローグ　原題と同じ。ただし、初出には「教師としての帰結 問われる思い」の副題が付いている。『信濃毎日新聞』一九八五年十一月二十日。

Ⅲ　反響

『自由時間へのプレリュード』と『異文化とのインターフェイス』をセットにした「書評」が二つ出された。ひとつは、「経済大国への新鮮なメッセージ」（『週刊朝日』一九八七年七月三十一日号、評者は中村達也氏）と題されたもので、当時の日本が「豊かさ」と消費社会のにぎわいの中で、経験をわがものとする構えが弱まっている中、平田がフランスという異文化に真摯に向き合い、日本社会では未成熟な自由時間の享受が、どのようなものとしてありうるかを、これらの作品は問いかけたと評している。いまひとつの『書評』（『神奈川大学評論』第三号、一九八八年二月、（評者は松崎透氏）は、両書が世界の中の日本を再認識するための豊富な材料を提供してくれると評し、評者としてとくに日仏経済問題の背後にどのような文化的な問題が潜んでいるかに絞って論じる。評者は、日本は経済的に豊かだが、労働条件や住宅条件は貧しく文化創造を先送りしてきたのに対して、フランスは貿易赤字や高失業率に悩むが、労働時間を短縮、国民全体が余暇を享受しそれがフランス文化の不可欠な要素となっていると指摘し、はたして物質的繁栄と文化的な成熟を両立させる道はあるだろうか、と問うている。

〔付記〕本稿は、Ⅰを伊藤正純が、ⅡとⅢを千賀重義が、執筆分担した。

『市民社会とレギュラシオン』解題

岩波書店、一九九三年九月刊、xi＋三六一＋一五頁

I　市民社会とレギュラシオン

平田清明自身によって刊行された生前最後の単著書である。一九八九年から一九九〇年代初頭にかけて、ヨーロッパ大陸に巨大な地政学的変動が生じた。社会主義世界体制の崩壊、ポスト冷戦時代の幕開け、ヨーロッパにおける地域統合の急進展、グローバリゼーションの急加速、この世界史的な転換期に臨んで、この地政学的大変動を読み解くための方法概念として平田が手がかりとしたのが〈市民社会とレギュラシオン〉という二つの概念であった。

A　マルクスの市民社会概念の再審

本書では、この方法概念の検討が、第三部「現代における市民社会と国家」の第1章「市民社会概念におけるヘーゲル・マルクス・グラムシ」を中心にしておこなわれる。市民社会は古代ギリシャ・ローマから近代に通底する西欧社会の原理であり、平田の学問研究の生涯にわたる超テーマである。これに対して、レギュラシオン理

論は一九七〇年代なかばにフランスに誕生した経済学説である。第二次大戦後の先進資本主義の成長と危機を読み解くことによって十九世紀とは異質な二十世紀資本主義を究明したこのレギュラシオンの概念を、平田はいわゆる経済の次元を超えて近代世界における国家と市民社会との関係を読み解く方法概念として再定位しようとする。このレギュラシオン概念の独自な再措定を通して市民社会概念のさらなる深化が図られる。

まずヘーゲル、マルクスの市民社会概念が再検討される。ヘーゲル、マルクスは私的欲望と私的労働が社会的分業を通して編成される経済社会の構成原理を市民社会として定義しただけでなく、この経済社会における私的な利害対立や階級対立の諸関係がみずからを調整するために生み出した部分社会の総体(同業組合、協同組合、労働組合、経営者団体など)、そしてこの部分社会が政治的な全体社会(立法府、行政省庁、司法裁判所、各種審議会、軍事・警察機構など)として組織され最終的に国家として総括される諸過程をも市民社会として把握した。

したがって、平田にとって、市民社会は、経済的土台つまり物質的生産諸関係に還元されるものでも、政治的上部構造に還元されるものでもなく、その両者に架橋して両者の相互作用を組織する総過程的媒介をなすものであった。私的所有にもとづく商品・貨幣・資本の運動は、私的諸利害の対立、階級闘争を通して私的諸集団を超える部分社会を創出する。と同時に、市民的交通を保証する市民法を原理として諸種の政治社会(地方自治体、各種省庁、審議会、委員会、司法・行政・立法の諸機関)を組織する。そしてその頂点に超絶的実体としての国家がそびえたつ。市民社会とは、経済取引の運動、その運動が産出する部分諸社会、および政治諸社会が国家へといたる過程の総体をふくみこむものである。

B　グラムシの市民社会概念

この資本主義の経済社会から、市民社会と政治社会の相互作用を経て、国家へといたる社会の総姿態形成のなりたちを二十世紀において展開したのがアントニオ・グラムシである。グラムシは商品・貨幣関係と階級関係によって組織される市民社会が政治社会から国家へと総括される過程をヘゲモニー（道徳的・知的指導性）の概念によって把握しようとした。この過程には、統治者が被統治者の合意を調達する政治が作用する。だがこの過程は同時に、被統治者がみずからの社会集団的意志を構築し、統治者に代わる新しい倫理的‐政治的な形態を創造する過程をも内包する。この集団意思形成をめぐる社会闘争をグラムシは「陣地戦」と呼んだ。

土台と上部構造を、あるいは経済社会と政治社会を、貫く社会の総過程的媒介としての市民社会とは、諸利害集団が妥協や協調を通して政治的・倫理的集団へとみずからを組織する知的道徳的リーダーシップをめぐる社会闘争が展開される闘技場にほかならない。グラムシは国家の発生源をこの闘技場に見いだす。

市場と国家、経済と政治、土台と上部構造は、もはや二元的に分離された要素ではなく、諸集団・諸階級が社会闘争を通して市民社会および政治社会を組織する諸過程における相互作用の視座から、措定され直される。

C　ヘゲモニーからレギュラシオンへ

平田によれば、フランスのレギュラシオン学派が提示したレギュラシオン概念とは、このグラムシのヘゲモニーの概念を深化させ、土台と上部構造の関係を、両者を制御調整する過程的構造において把握するものにほかならない。レギュラシオンとは、資本蓄積過程における技術革新・賃金決定・産業構造編成をめぐる経済的調整、労働力の再生産のための社会基盤整備（公衆衛生・教育・運輸など）をめぐる社会的調整から、政治的諸分派間の政策をめぐる政治的調整、文化・イデオロギーをめぐる社会秩序形成の調整、さらには警察・軍隊・公共秩序に関する国家的調整など、経済的・政治的・社会的な秩序形成の総合的な制御調整であり、生産・流通・分配の再生産＝蓄積の過程的構造の管理であると同時に、政治社会と市民社会の過程的構造の管理を総体としてふくみこむものである。この過程的構造の管理の複合的・重層的な運動が結果として市民社会と国家の二元的な関係を生産する。

こうして平田は、マルクスの市民社会論を経済的土台の理論とみなし、グラムシのヘゲモニー論を政治的上部構造の理論とみなす二元論的解釈をしりぞけて、土台と上部構造に架橋しこの両者に作用する過程的媒介としての市民社会の概念を練り上げる。（本書第三部第1章の市民社会論は、平田の没後に編集刊行された『市民社会思想の古典と現代』第5章「市民社会とヘゲモニー」（初出、「市民社会とヘゲモニー」『商経論叢』神奈川大学経済学会、第二四巻第二号、一九八九年）でも再論される。）

D　社会空間としての市民社会

第三部第3章「現代資本主義の社会・国家・言説」では、このヘーゲル・マルクス・グラムシの古典的な市民社会概念を現代に蘇生させた市民社会論として、イギリス政治学者のボブ・ジェソップ、フランス・レギュラシオン派のアラン・リピエッツが取り上げられ、経済を基底に置く土台‐上部構造の唯物論的図式に代わって、経済‐政治‐言説の三次元が水平的に相互に絡み合う多次元的・多因果連関的な社会経済構造の動態的認識が提示される。

そして、この現代市民社会の多次元的・多因果連関的認識は、社会空間として結実する。この三次元の社会経済構造の動態的運動は、社会的文化的共同空間（地域社会、福祉施設、学校、民俗資料館、道路・公園・上下水道などの都市インフラ、メディア、研究所、地方自治体）、経済的（政治的）公共空間（株式会社、商業銀行、協同組合、職能団体、商工会議所、労働組合、非営利組織）、国家的公共空間（議会、裁判所、政府諸官庁、審議会）、という複合的・重層的な社会空間を生産する。この社会空間の形成は、利害諸集団がみずからを政治的・社会的集団として組織する政治過程がもたらす結果にほかならない。そこでは空間形成をめぐる社会闘争が展開される。この社会空間がワークシェアリングなど市民の社会的権利を保証する空間として組織されたとき、そこに時間主権がうちたてられ、社会成員が時間の主人公となる空間が生成する。時間主権は空間主権とともに生成するのだ。

II　世界空間の変容――社会主義の崩壊と欧州統合の進展

この市民社会とレギュラシオンの独自な方法概念に依拠して、社会主義の崩壊と欧州統合の進展の世界史的意味を論究したのが、第一部「国民国家・エスニシティ・地域統合」である。この第一部は、序「世紀末における世界空間の変容」、第1章「国民国家の変容――地域統合とエスニシティ」、第2章「ヨーロッパ市民権に依拠する地域連合の推進」、第3章「社会主義と資本主義のエピステモロジー」からなる。

この時期に、社会主義の崩壊および欧州連合の成立について語った論者は数知れない。しかし、この両者を市民社会論の視座からその世界史的同時性としての歴史的・理論的意義を論じた著作は希有である。平田の独自性は、一方における社会主義国家の死滅と、他方におけるトランスナショナルな政治形態（欧州連合）の出現という、一見すると正反対にみえる動きのなかに、国家を超える市民社会という同じ「世界空間の変容」を読み取ったことにある。ソ連邦の崩壊は、党=国家体制による社会の統治の破綻であり、「国家社会の瓦解」であり、国家の死滅である。代わって噴出するのは、ソ連邦・東欧の全域にまたがる宗教・言語・民族・文化を異にする多様なエスニシティの自律化と国家を超えた「インターステイト・コミュニティ」の出現である。「コミュニズム的専制」を打倒した東欧市民革命は、生活に根ざした民衆の脱国家的で地域的な多様な諸欲求の発現としてとらえられる。

他方、西側の欧州統合が東欧を巻き込むかたちで進展したのも、同じように国家を超える社会の出現を原動力としている。そこには、国民国家の枠に収まり切らない多様な宗教、文化、生活様式がその権利を求めてわき上がる。これまで帝国主義の覇権によってそれらの多様な社会形成の欲望が国家に一元化されてきた近代世界が、こうして大きく動揺を来たす。社会主義国家の死滅と同じ「世界空間の変容」が、西欧地域を超えて、アフリカ東海岸、中東諸地域、旧ロシア東南部などをまきこんだユーラシア大陸全域の巨大な地殻変動を引き起こしている。平田はこの動きを「トランス・ナショナルなシビル・ソサイアティ」(一七頁)と呼んだ。欧州連合とは、このような国家を超える社会の諸欲求が政治的形態をとったものであり、「トランス・ナショナルな新政治形態の具現化」(六四頁)にほかならない。

Ⅲ　市民社会の脱国家化と国家の権威主義化

A　欧州統合と国民国家

だが平田は同時に、国家を超える社会の動態的進展に対して国民国家が権威主義的に介入する動きも見逃さない。第一部では、欧州統合の承認過程に際して、その承認をめぐる政治社会と市民社会との分裂・抗争に焦点が当てられる。欧州連合による主権国家の侵害を察知したフランスの政治社会は、憲法評議会を通して欧州連合を違憲審査にかける。他方、フランスの市民社会は、国民国家を超えた欧州地域との社会的文化的アイデンティティを共有することによって、その政治的表現を欧州統合に求めようとする。政治社会と市民社会の矛盾・対抗関係が深化するなかで、国家の権威主義化が進展する。

B　N・プーランザスの国家論

欧州統合の進展のなかで国家が権威主義化する動態を市民社会概念の刷新によって掘り下げようとしたのが、第三部第2章「現代資本主義国家の特徴と自己矛盾――プーランザスにおける市民社会と権威主義国家」である。

プーランザスは、市民社会から分離した国家が市民社会における社会諸階級の特殊的諸利害の「政治的構造化」のもたらした帰結だ、ということをグラムシから学ぶ。この政治的構造化を通して市民社会が原子的に分解され、諸個人の抽象化と形式化が進み、その対極に国家が普遍的利益を代表する超越的実体として市民社会の上部に君臨するようになる。グラムシがヘゲモニーの概念を市民社会の政治的構造化として読み解いたのに対して、レギュラシオン学派はこの政治的構造化を土台と上部構造を制御調整する過程的構造においてとらえようとする。それはヘゲモニー分派の政治的諸利害の制御調整であると同時に、資本蓄積過程における技術革新、生産性向上、産業計画の制御調整、さらには公衆衛生、教育、交通運輸といった労働力の再生産にかかわる制御調整の過程をもふくみこむ。プーランザスは、最終著作『資本の国家』（一九八〇年）で資本の蓄積＝再生産過程を制御調整する「総経済的レギュラシオンのプロセス」を概観し、国家をこのプロセスにおいて概念把握する。

資本蓄積＝再生産過程への国家の経済的調整と諸分派の利害対立の政治的調整の深化は、しかしながら、資本主義国家の自己矛盾を引き起こす。国家による経済への介入の深化は、経済への国家の全面的な依存を拡大することになるからである。「国家の拡大強化のなかでの衰退と脆弱化」（二九七頁）の進展、これこそ現代の権威主義国家が抱える内部矛盾にほかならない。

平田は、プーランザスに拠りつつ、議会の衰退と行政府の肥大化、法による統治の危機、政権党の国家化と国家政党の出現など、現代の権威主義国家の諸特徴を列挙し、資本の蓄積過程への国家の依存が国家の正統性の危機をしだいにあらわにすることを洞察する。そしてこのプーランザスの国家認識のうちに、経済学のレギュラシオン理論を超える市民社会の「総過程的＝政治的媒介」の概念展開を読み取る。

Ⅳ　日本資本主義へのレギュラシオン・アプローチ

第二部「レギュラシオン・アプローチの射程」は、レギュラシオン・アプローチが日本経済の独自な圏域の分析にどのような知的射程をもちうるかを、「市民社会とレギュラシオン」という方法概念を軸に、ひとつの試論として提起したものである。以下では、第2章の日本経済分析を中心に紹介し、それに関わる範囲で第1章と第3章を要約する。

平田は第1章「現代資本主義論におけるレギュラシオン・アプローチと他の諸潮流――その併行と交錯の軌跡」において、世紀末資本主義をめぐって展開された組織資本主義論とネオ・コーポラティズム論を取り上げ、これらとレギュラシオン・アプローチとの交流や相違等を詳細に分析し、現代日本経済への分析に活かそうとしている。

他方、第3章「日本経済分析における発想の転換」では、レギュラシオニストのB・コリアがオオノイズムとしてのトヨタ的生産方式に代表されるシステム革命に「循環する資本の運動を貫徹する、流通時間ゼロ、生産時間の労働時間への合致という資本のロゴスの逆転的新編成」を読み取ると同時に、この革命が「巨大な労資関係の緊張と犠牲」を伴いつつ、中核企業—部品供給企業の「取引関係を含む賃労働関係と資本関係のネットワーク」として再編されたことを看取したと評価する。

第3章のII「日本的経営論争への一コメント」では、レギュラシオン理論に依拠した日本的経営をめぐる論争に関して、真に問われるべきものが問われていないと批判し、また問われるべき対象に接近する方法論的欠陥を指摘する。かつてアンリ・ルフェーブルが『都市革命』で指摘したように、今日の資本主義は都市資本主義であり、日本資本主義はその最先端をなす。それゆえレギュラシオン様式・蓄積体制との重層性において「ヘゲモニー・プロジェクトとしてのアーバニズム」の位置づけが重大であり、レギュラシオン理論ではこの点が抜け落ちている、と平田は指摘する。

V　垂直的・水平的企業統合に媒介された賃労働関係

A　賃労働関係の再審

以上の分析を前提に、平田は「日本経済の現実を理論化するうえで必要とされる方法概念と理論構成は何か」

と問いつつ、第二部第2章「現代日本経済へのレギュラシオン・アプローチ（一つの試論）——賃労働関係・取引関係・蓄積体制」で、日本社会が抱える「最大の内的矛盾」とその克服に向けた政治経済学を提起する。

この試論は、ケネー経済表やマルクス再生産表式の次元での日本経済の構造分析ではない。日本の中核的戦略産業である自動車・電子機器産業に焦点を絞り、そこにおける「賃労働関係が取引関係に媒介されることによって思わざる産物 trouvaille としてどのような産業組織と階級諸関係を産出するのかを解明」することにある。

「賃労働関係」は、レギュラシオン・アプローチが労資関係の二十世紀的特質を分析し、「ポスト・フォーディズム」における「賃労働生活者民主主義 démocratie salariale」を探求する上で最も重要な概念のひとつである。とはいえ、平田は「賃労働関係」という概念を日本の産業の現実に直接的に適用することを戒め、マルクスの「生産＝交通様式」という方法概念に依拠しつつ、「賃労働関係」を「垂直的・水平的企業統合に媒介された賃労働関係」という概念に練り上げ、この産業の現実にアプローチする。

B　企業間関係に媒介された日本の賃労働関係

一九八〇年代から九〇年代にかけて、日本は自動車・電子機器の先端産業にとどまらず、多くの産業で情報化による自動化を進めたが、そこでは男性中核労働者の正規部分と高齢者・女性・外国人等の非正規部分の二極分解が人手不足の様相を呈しながら進行した。これを平田は「技術革新にともなう相対的剰余価値生産の基礎上での絶対的剰余価値生産のメカニズムの逆形成」と読み解く。その上で、かの戦略的先端産業においては、中核企業および中小部品サプライヤーの間で技術革新を基軸とする特別剰余価値の生産・領有をめぐって激烈な過当競争が展開し、日本の産業組織の推進力となった、と指摘する。工場法成立以前的な企業の絶対的剰余価値追求の過酷な搾取だけではない。川下（消費市場）から川上（生産現場）への情報ネットワークによる在庫ゼロ、労働なき生産時間ゼロと流通時間ゼロを実現する企業統合、他方で連続的生産と労働者の知識集約的多能工化による労働・生産組織の革新等を基礎とする特別（→相対的）剰余価値の追求である。そして、このような特別剰余価値の追求が企業の構成員をあげて、さらには中核企業を先頭とする中小サプライヤー全体が一体となって取り組むところに、日本的レギュラシオン様式の独自性がある。

企業は、中核労働者と周辺労働者の格差を維持しつつ、独自な社内教育で再訓練し、その職務と地位にふさわしい勤労者として育て上げる。最高水準の技術名や製品名、それを開発した企業名を記した名刺やバッジは、働く者にとってのアイデンティティとして身体化され、その意識や行動をまとめあげる。ここには、人間の労働能力の徹底的開発と労働・生産組織の絶えざる革新という普遍的でポジティブな側面と同時に、日本独自の社会的文化的コードの産業的利用がある。経営者から従業員各層にいたるまでもが、そのような生産資本の積極的担い手として自己を規定していく。

このような「垂直的・水平的企業統合に媒介された賃労働関係」が生み出す階級関係を平田は、賃金の規模別・年齢別格差を参考に分析する。比較的自立度の高い中核企業と中小サプライヤー間の賃金格差を事例に、大卒初任給で年間一〇万円程度だった格差が年齢を重ねるごとに拡大し、三五歳では二〇倍にも広がると指摘する。部品サプライヤー側での猛烈なコストカット努力には仕入れ部品価格据え置きで応じるが、賃上げ要求による部品価格引上げ要請には一切応じないという中核資本の強力な抑圧的指導が働いている、と推測される。

日本の賃金体系は、企業内での教育・訓練で習得した知識や技術力に対する評価だが、その能力は企業内の、あるいは部品サプライヤーと中核メーカー間での共同的知識や技術力である。この集合力が生み出す最先端の

「生産＝交通関係」こそが「特別剰余価値ないし超過利潤を成立させる基礎要因」であると、平田は指摘する。こうして中核メーカーの中核男性労働からサプライヤー企業内の労働にいたるまで、その周辺において、派遣企業やハローワーク等の外部労働市場から調達された女性・高齢者・外国人労働者が配置され、幾重にも階層化された階級関係と格差の構造が構築される。このように生産資本循環が主導する強大な社会的労働の協業力と階級関係を、平田は「生産資本物神のもつ労働の実質的＝内包的包摂のもつ日本型の寛容的抑圧」と言い表す。

Ⅵ　蓄積体制の空間的領域化と市民社会の時間編成

A　資本蓄積の空間的編成

平田はこのような賃労働関係の概念に加えて、さらに、ルフェーブルの空間論を視野に「蓄積体制の空間的領域化」という概念を提起する。「蓄積体制」は、「賃労働関係」と同様に、それ自体としては臭いも味覚もない普遍的概念だが、蓄積体制のロジックを現実化する慣習や規範や諸制度はそこで働く人々の生活臭に満ちている。

自動車産業の中核メーカーと部品サプライヤーとの資本関係は、高速道路網によるロジスティークの領域分散型空間形成や城下町豊田の領域統合型都市景観を形成する。たとえば、この企業城下町では中核企業と下請け企業の間に形成される産業的ハイアラーキーの序列が企業活動を越えた市民生活の隅々に浸透し、生活時間の多くの部分に労働時間の影が影響を及ぼす。このような市民社会の空間と時間はまた、地域の町内会や同業組合や商工会も包摂し、さらには特定政党の支持に向けた暗黙の業務命令として政治社会の形成を推進する。このような「レギュラシオン様式」に媒介されて都市資本主義日本の「蓄積体制」は構築され、あるいは強固に構造化する。

生産資本循環における特別剰余価値の追求。それは、資本の生産と流通の過程における個々の労働がその生産＝交通関係の媒介によって「ポテンシャリティを高められた労働」として機能する成果の価値としての領有である。そこには省エネ・省力化の合言葉に日常化されつつも、労働時間短縮や勤労者の人間的にして普遍的な能力の高度化というポジティブな可能性が潜勢的に進行している。だが、特別剰余価値を追求する生産資本の循環と蓄積過程においては、人間の全存在は労働力の一義性に還元され、労働時間の人格的定在として物象化される。

B　資本蓄積空間のヘゲモニー闘争——時間主権の出現

「過程する資本価値」としての生産資本の展開が織りなすこのような時間的空間的形態は、この日本では企業社会として展開し、さらには「市民社会を企業社会として取り込んだ日本という企業国家」が日々形成される、と平田は指摘する。このネガティブな事実とポジティブな側面とが拮抗する市民社会の空間では、経済での「企業」、政治での「政党」、言説での「文化的社会的運動」の多様な社会的諸集団が生活スタイルや経済成長や発展様式をめぐってヘゲモニー闘争を展開する。それが「現代市民社会」という社会空間である。

この社会空間を変革する「知的・道徳的リーダーシップ」は、現在の日本では企業社会に包摂された労働者の組合よりも、企業社会から自立した労働運動やエコロジカルな消費をめざす生活協同組合運動が、また企業外の地域住民等が、そして男性よりも女性が多く担いつつある。だがその場合でも、「賃労働生活者民主主義」に向けた賃労働関係の変革とそのための日々の生産および生活時間に対する個々人の主権回復が不可欠である。

生産資本の運動が形成する社会空間は、社会的労働時間と社会的自由時間をめぐる闘争に規定される。社会の多様な生活欲求に応じた労働時間と自由時間の分割、ワーク＆ライフ・インテグレーションの確立、つまりたんなる労働力や労働時間の人格的定在ではなく全面的に発達した社会的個人としての自己形成とその制度化をめぐる社会的合意形成は、市民社会のヘゲモニー闘争の最深の課題である。それゆえ、平田は展望する。

「現代市民社会の成員が資本主義社会の勤労者として『時間の主人公』となること、つまり基本的市民権および人権として〝時間主権〟を個体的かつ共同的に樹立することが、ブルジョア社会としての資本主義的社会構成のさなかにあってラディカルな民主主義の発展を実現させるものであり、……市民社会 société civile としての社会の成熟である。」（三四八〜三四九頁）

Ⅶ　本書の反響

本書はつぎのような書評を呼び起こした。

伊藤誠氏（『エコノミスト』一九九三年十一月三十日）は、本書が一九八九年の中国における天安門事件、ベルリンの壁の崩壊、それに続くソ連・東欧の社会主義諸国の解体、欧州統合といった錯綜する激動の出来事を「トランス・ナショナルなシビル・ソサイアティ」の形成という視座から読み解き、さらにこのグローバルな布置のなかに最先端のテクノロジカル・パラダイムを展開する日本資本主義の経済的文化的政治的な構造形成を位置づけようとする試みに注目し、その試みを狭義の経済学を超える「現代世界の政治経済学の創生」と捉えた。

内田弘氏（『東京新聞』一九九三年十月三十一日）は、平田がこのような多様な次元の相互作用と統合力によって危機を制御する現代資本主義の構造形成を視野に、日本的経営における勤労者の企業への過剰な囲い込みと柔軟な生産システムを統一的に捉えたと指摘する。

中村達也氏（『読売新聞』一九九三年十一月一日）は、平田が「市民社会」や「個体的所有」等という「マルクスの失われた範疇」を、たんなる経済学史研究の枠を超えて、現存社会主義の批判的了解と日本の新たな社会形成とのかかわりで提起したことに着目し、この思想的営為が平田の最も重要な「基本的市民権としての時間主権の確立」という概念に生きていると指摘する。

参考　本書の構成と初出

第一部　国民国家・エスニシティ・地域統合
序　世紀末における世界空間の変容（書き下ろし）
第1章　国民国家の変容（初出『神奈川大学評論叢書第一巻』御茶の水書房、一九九一年、所収）
第2章　ヨーロッパ市民権に依拠する地域連携の推進――マーストリヒト条約の展望するもの（初出『エコノミスト』一九九二年七月七日号、十四日号）
第3章　社会主義と資本主義のエピステモロジー（初出、経済理論学会第三八回大会報告、一九九一年）
第二部　レギュラシオン・アプローチの射程
第1章　現代資本主義論におけるレギュラシオン・アプローチと他の諸潮流（初出「現代資本主義論の諸潮流」古沢友吉編『現代資本主義論への道標』三嶺書房、一九九〇年、所収）
第2章　現代日本経済へのレギュラシオン・アプローチ（一つの試論）――賃労働関係・取引関係・蓄積体制（初出『経済貿易研究』神奈川大学経済貿易研究所第一八号、一九九二年）
第3章　日本経済分析における発想の転換（初出「日本経済分析における発想の転換」『経済評論』一九九二

年六月号、「方法的試金石としての日本」季刊『窓』第五号、一九九〇年）

第三部　現代における市民社会と国家

第1章　市民社会概念におけるヘーゲル・マルクス・グラムシ（初出「グラムシの市民社会概念によせて」石堂清倫・いいだもも・片桐薫編『生きているグラムシ』社会評論社、一九八九年、所収）

第2章　現代資本主義国家の特徴と自己矛盾――プーランザスにおける市民社会と権威主義的国家（初出「資本と国家」『経済評論』一九八九年二月号）

第3章　現代資本主義の社会・国家・言説（書き下ろし）

〔付言〕本書を構成する主要な論考の執筆時期は一九八九～九二年だが、「序　世紀末における世界空間の変容」と本書の結となる第三部「第3章　現代資本主義の社会・国家・言説」は、一九九三年の出版に際して書き下ろされた新稿である。

〔付記〕本論は、I、II、IIIを斉藤日出治が、IV、V、VI、VIIを佐々木政憲が担当した。

『市民社会思想の古典と現代』解題

有斐閣、一九九六年十月刊、viii＋三三二＋十六頁

I　遺稿集としての本書刊行の経過

「ルソー、ケネー、マルクスと現代市民社会」という副題をもつ本書は、京都大学の平田の講座を受け継いだ八木紀一郎が、神奈川大学時代の平田の執筆活動を補助していた大町慎浩を共編者として編集した平田の論文集である。その結果、本書は、平田が没する直前に執筆した遺稿に、これまで平田の論文集に収録されていなかった旧稿数篇を加えたものになった。編者は、編集・刊行の目的を「経済を基礎にしながらも、法・政治・社会の領域に広がる先生の市民社会論を、その中核にあるルソー、ケネー、スミス、マルクスの思想史的理解とともに蘇らせることである」（本書三三一頁）と記している。その編集作業の基礎には、編者が平田宅で発見した、一九九四年二月六日付けの平田の著作プランがあった。その章立てを以下に示すが、詳細はこの書の編者解題を参照されたい。

Ⅰ　モンテスキューにおける権力分立論
Ⅱ　ルソーにおける市民社会再構築の法理
Ⅲ　ケネーのリベラリズムと啓蒙的専制
Ⅳ　スミスにおけるシビル・ソサイアティとコマーシャル・ソサイアティ
Ⅴ　ヘーゲルにおける市民社会と国家
Ⅵ　マルクスにおける市民社会の概念
Ⅶ　アソシアシオン論の系譜
Ⅷ　グラムシにおける市民社会と政治社会
Ⅸ　レギュラシオン・アプローチにおける制度化された妥協
Ⅹ　文献目録

この構想の特徴は、⑴平田自身が市民社会思想に関する通史的な著作を構想した点、⑵経済学のみならず社会諸科学の複眼的な観点から市民社会論の解明を目指した点、⑶ルソー、ケネー、スミス、ヘーゲル、マルクス、フランス社会主義から始めてグラムシとレギュラシオンで終わるユニークな構成であることの三点である。

本書のもとになった原稿のうち、このプランにしたがって書き下ろされたのは第1章のルソー論だけである。しかし、編者は発見された遺稿に平田の旧稿を加えて、意図された著作の輪郭を窺える巻にしようとした。本書で公表された他の遺稿は、一九九四年秋の経済学史学会年次大会での報告に関連した第2章のケネー論、および、第3章「付論」の「断章：アダム・スミス問題の再審」である。モンテスキュー、ヘーゲル、フランス社会主義者については、編者は適当な原稿を見つけ出せなかった。なお、二〇〇七年には、第二遺稿集『平田清明　市民社会を生きる』（晃洋書房）が編集刊行されている。

Ⅱ　『市民社会思想の古典と現代』の概要

本書は五つの章とプロローグ、エピローグからなり、末尾に「編者解題　本書の刊行によせて」が付されている。

本書冒頭、「プロローグにかえて　小さな発見に燃えて」として採録された文章は、平田が一九九四年から学長をつとめた鹿児島経済大学（現鹿児島国際大学）の『図書館だより』（第九号、一九九五年二月）に掲載された研究随想である。ここには、長年かかえてきた問題に取り組みながら新しい発見に驚いている学究としての自画像が示されている。

第1章「J・J・ルソーの社会契約論――市民社会（再）形成の法理」は一九九四年二～三月頃に成立した原稿である。ここでは、ルソーが探求したものは、国家という「法共同体」の理論にとどまるものではなく、人々の間に不平等を生み出す「市民の世界（l'ordre civil）」の解剖学であり、政治経済学でもあったと論じられている。アソシアシオンの自発的形成は、商品世界が貨幣を生み出すように、社会契約を内に含んでいる。しかし、自由と平等を不可分なものととらえるルソーにとって、その不文の契約が破られたとみなされるならば、自然的な権利と自由が取り戻され、市民社会の再形成としての社会契約が意識的な課題になる。この章は、市民社会の意味、民主制・貴族制・君主制に関する分析を含む政府形態論、経済面における賃金奴隷制と並行するかのような政治面における代議制の批判など、ルソーを例に市民社会論を包括的に分析した論考となっている。

第2章「ケネー再考――『経済表』とフランス革命」は、ケネー生誕三百周年にちなんで執筆された原稿である。平田は一九九四年六月のヴェルサイユで開催された国際会議に参加することを意図してフランス語の報告原稿（第二遺稿集『平田清明　市民社会を生きる』に訳載）を用意していたが、出席を実現できなかった。しかし、同年十月に武蔵大学で開催された経済学史学会の年次大会では、ケネーをとりあげた「共通論題」の報告者となった。本章では、ケネー「経済表」がフランス革命の二〇年前の時点において、すでに既存社会の特質を抉りだし、この現実そのものが方向づけている未来像を提示したことを解明している。本稿の特筆すべき論点は、『経済表』の意義を、モンテスキュー、ルソー、スミスとの対比で示したことである。とりわけ、ケネーの基礎範疇である「avances」をアダム・スミスがその著書で抹殺したこと、スミスが生産的労働に関する基礎視座を把握しなかった点など、スミスの問題点を問いかけている。他方、ケネーの理論探求には、商業政策批判、英植民地帝国批判、公債政策批判、間接税批判などフランス絶対王政末期における多様な時論的課題を批判する使命が与えられていたこと、またこの学説が、モンテスキューの三権分立論を批判して、政策科学の理念性と実証的計画的性格を併せ持った点を明らかにしている。これはフランス革命の修正主義的理解のなかでケネーらフィジオクラートの統治権力論が再評価されてきたことへの平田の回答でもあろう。

第3章「アダム・スミスと重農主義」は、高島善哉編『スミス国富論講義』第四巻（春秋社、一九五一年）収録の旧稿と、一九九五年一月に執筆されたと推定される未完成の絶筆から成っている。前者は学究として出発したばかりの時期の平田が、ケネー・スミス関係に取り組んだ出発点というべき論考である。平田は、コルベールティスムに対する反動とされがちな重農主義が、国民の富を貨幣から労働生産物とその再生産へ、流通から生産・

再生産へ、保護主義から自由主義へと転換する経済科学の原理を内包していることを示し、これを土地が富の唯一の源泉だとする主張の背後にある、ケネーの再生産と労働の視点から論じ、スミスが労働価値説の観点からそれを如何に継承したかを論証している。また、重農主義を否認したように見えるスミスが、ケネーの「販売され消費され再生産される労働生産物の理論体系」を事実上継承した真相を明らかにしている。絶筆「アダム・スミス問題の再審——スミスに学んで何で悪い」（一九九五年執筆）は、「アダム・スミス問題」の当の提出者であったA・オンケンによって如何に「問題の横滑り」が引き起こされたかを論証しようとした未完の論考である。*

*本稿はプランでは、一 問題の所在、二 アダム・スミス問題以前におけるオンケンのスミス批判、三 問題の横滑り、四 オンケンによるスミス批判——問題以前にあったことA、五 問題以前にあったことB——歴史学派対限界効用学派、六 問題解決後に残された問題、という六節構成になるはずであった。残された草稿は第二節の半ばで中断している。

第4章「マルクス主義の生成と構造」には、一九七〇年代の激しい論争を経たあとの平田が通史として編集した『社会思想史』（青林書院、一九七九年）からとられている。平田はマルクスの社会主義思想の形成を自ら担当執筆した（同書第七章）。平田は、資本主義のもとでの労働疎外を分析しながら、国民経済学の諸範疇の批判的把握につとめたパリ時代のマルクスの社会主義・共産主義の構想のなかに「人間的人格的所有」という概念が既にあったことを強調している。平田によれば、マルクスは、『ドイツ・イデオロギー』などを通じて、フランスの社会主義者の視野をこえた社会的＝歴史的唯物論を形成し、歴史の現実的な土台である生産様式と交通諸形態の認識に到達した。マルクスはさらに一八五〇年代以降の経済学研究を通じて、循環論＝物象化論としての歴史理論を発展させ、そこから「世界史の三段階把握」などの歴史観と「個体的所有の再建」の立論を生みだした。『市民社会と社会主義』（一九六九年）と比して「社会的個人」の現実的形成という視点が強まっているのは、多くの批判に対しての平田の対応でもあろう。

第5章「市民社会とヘゲモニー」は、神奈川大学『商経論叢』第二四巻第二号（一九八九年）の同題論文によるものであり、最後の「エピローグにかえて――市民社会論の現代的読み方」は、『現代の理論』第二四七号（一九八八年三月号）掲載の原題「グラムシ市民社会論の新しい読み方」が初出である。前者では、グラムシの市民社会論を槓杆にして、現代市民社会を把握する新しい潮流として、アルチュセール、バリバール、プーランザス、ミリバンド、ボッビオ、トゥレーヌ、ドゥ・ベルニス、アーリーなどの現代の政治学・哲学・社会学の諸潮流、更にアグリエッタやボワイエ、コリアなどのレギュラシオン学派などの現代社会研究の広範な成果を総括している。後者は、一九八五年のパリ滞在の際のアラン・トゥレーヌとの対話でグラムシの「市民社会」論がカギであることを知り、さらにグラムシのヘゲモニー論を採り入れた「市民社会論」が、理論上の概念である以上に「戦略」でもあることに開眼している。

Ⅲ　本書の反響

本書は平田の著作としては大きな反響を呼んだものではないが、それでも五本の書評が出ている。まず『エコノミスト』（一九九六年十二月二十四日号）と『週刊読書人』（一九九七年一月十日号）で、前者では間宮陽介、後者では清水耕一が紹介をおこなった。間宮は平田の市民社会論が社会主義体制の崩壊後も深化していると評価し、清水は平田のルソー論・ケネー論にアソシエーションとしての市民社会の再形成とそのもとでの国家形態の制度化に向けた理論展開が見られることを指摘した。次に、杉山光信（『書斎の窓』一九九七年四月号）は、一九六〇年代半ばからの平田の歩みをふりかえりながら、最晩年の平田がケネーとスミスの関連を論じたことに注目した。スミスは、ケネーから一国の経済の再生産のなかでの剰余の生産と配分・流通という着想を得ながら、資本把握の不十分さにより、「普遍的富裕」の構造的展開の条件を明確にとらえられなかった。それに対して、平田と長く交流のあった宮崎犀一（『経済学史学会年報』第三五号、一九九七年十一月）は、平田がケネー・スミス関係を方法論的な観点から「ミクロとマクロ」「個人主義とホーリズム」「交換の論理と生産の論理」という対比でとらえていることを指摘している。宮崎によれば、個人と社会の関係についての平田の議論はなお明解さを欠いていて、両者を超える方法論的立場が必要である。また経済学を社会科学に向かって開放しようとする平田が、ケネー・スミス関係については経済理論中心で論じているという不満も表明している。最後に、京都大学後の平田が教鞭をとった神奈川大学の雑誌『神奈川大学評論』第二六号（一九九七年）が本書書評を含む平田に関連した論考数点を掲載していることを付け加えよう。書評を担当したのは深貝保則であったが、内田弘と宮崎犀一による平田論とともに本書の共編者である大町慎浩による追悼文が寄せられている。

総じて残念なことは、平田が本書でその理解をめぐって問いかけようとしたケネー、ルソー、スミスの専門研究者からの本格的な応答がなされなかったことである。

〔付記〕本解題は金谷義弘がⅠ、Ⅱを、八木紀一郎がⅢを分担して作成した原稿をもとに調整・統合されたものである。

『平田清明　市民社会を生きる』解題

晃洋書房、二〇〇七年十一月刊、xi＋二八四＋四頁

Ⅰ　本書の成立事情

本書は故人を偲んでその没後十二年目に刊行された。刊行の趣旨は『平田清明　市民社会を生きる——その経験と思想』と題して出版することで改めて平田市民社会論の意義を振り返り、今後の社会科学の発展のための資とすることにあった。

本書は平田の他の著作と異なる独自性をもつ。ジャンルが広く、論説、評論、大学での講義や講演、学会報告やシンポジウム、教育文書と、多方面にわたっている。内容的にも、河上肇論、マルクス市民社会論、市民社会論とレギュラシオン理論との関連づけ、経済社会の日仏比較、日本経済への提言、大学改革論、歴史認識、環境保全運動、ケネー経済学の再検討等、実に多彩である。その点で本書は単一のテーマを体系的に追求したものではないが、一本の線が通っている。平田は戦後直後に研究と教育の活動を始め、前世紀末の晩年に至るまで、時代状況と思想課題に応じて視角と方法を異にしつつも常に古典と現代の間を往復し、ほぼ一貫して市民社会論を展開し進化させてきた。そして彼はその歩みのなかで個人的な喜びや怒り、心の痛みを体験するが、それを反省

して他者にも受け入れられる経験に深め、学問の基礎とするように努めてきた。本書はその平田の後半生の活動を収めている。

ところでここに収録されたものは草稿や準備ノートである。それらは推敲をへておらず、緻密に論理を追っていないが、その反面、もとの問題意識や論点が率直に出ており、大胆と思える発言もあって、問題提起的である。この点で関連する完成稿や既稿を読むときの参考になる。

II　諸論稿の要約

序「百年の日本人　河上肇」は一九八六年九月九日〜十二日に『読売新聞』に連載された「河上肇（百年の日本人）」の下書き原稿である。平田は一九七八年に京都大学に移って河上が講義していた経済原論を担当し、河上肇文庫に親しく接するようになる。そのことがこの論説を書く一つの契機になっている。

平田は弾圧と戦争の時代に河上と出会ったことを述べながら、ジグザグながら誠実に思想的変遷をする河上が自分の「大先輩」として現れたと語っている。それだけでなく、平田は人格者・河上のマルクス研究から歴史理論を検出する。平田は河上が経済の土台とその上部構造・社会的意識形態との関連を相互浸透的に理解しており、誰もがもつ日常の社会意識を経済の土台に織り込ませていたことに同意し、そのことの「内在的自己了解」が「唯物史観だ」と言い切る。

平田は他にも、河上がある時から比較文明史の見方をとり、日本と異なる「西洋の個人主義は分析主義であるが故に一方で世界主義になり、他方で社会主義に発展する」と捉えたことに注目する。平田自身、マルクスと西欧の近代思想との関連を自己の問題としていた。

第I部「マルクスと現代——ソルボンヌにて」は平田が一九七三年から七四年にかけてフランスのパリ第三大学の客員教授となり、ソルボンヌ校で「マルクス主義研究の現代的問題点」を、また東洋言語文化研究所で「現代日本におけるマルクス主義の諸問題」を講義したものの準備草稿である。平田が異国で自分のマルクス研究がどう受けとめられるかを知ってさらに歴史認識を深めようとしたことが分かる。

その中の「マルクス主義研究の現代的問題点」で平田はまず『市民社会と社会主義』以来展開してきたマルクス歴史理論の主要論点を再確認している。歴史記述と歴史理論との区別及び関連、世界史の二大区分とコミュニズム像の原型提示、『資本論』研究のあるべき方法態度、等。その背後には日本の社会史は階級史観では捉え切れないという思いがあり、明治以降の日本資本主義の底にはアジア的・大和的共同体の生活と思考があると指摘される。それが現在でも日本株式会社と象徴天皇制に保存再編されているとして。

もう一つの「現代日本におけるマルクス主義の諸問題」で平田は日本の社会主義運動を戦前と戦後に分け、学生・政党・労組・知識人のそれぞれについて考察する。特に学生運動の力は実際の社会に対しても個人の内面にあっても弱かったと診断され、その原因が苦い思いとともに察される。では、平田は社会主義を個体的所有の再建と規定したのだが、そのテーゼは現実にはどこにあるか。この講義時では自主管理運動にあると認め、またマルクス用語を使わない市民運動が経験的に実現したと逆説的な評価をしている。

第II部「市民社会とレギュラシオン」には、二つの論考とソ連崩壊を目にした時のメモ書きが収録されている。四百字詰め原稿用紙四枚のメモは、最初は「市民社会と社会主義」という表題になっていたが、「社会主義」が横線で消されて「レギュラシオン」に書き直され、また多くの欄外挿入や横線での抹消などが入り乱れている。

平田の眼前で展開する世界史的激震に対する切迫した問題意識が感じられる。

一九九一年八月十九日、ソ連共産党がゴルバチョフ大統領を軟禁して企てたクーデターが発生。クーデターは戦車の前に立ちはだかった市民の抵抗によってほとんど無血状態で終息し、ソ連は「国家の死滅」というマルクスのテーゼを自ら実証した。平田はこの過程を「コミュニズム的専制」を打倒する市民革命と捉えた。他方、ソ連の瓦解と並行してヨーロッパ連合（EU）が進展していたが、この瓦解と統合の背後に、平田は宗教・言語・文化を異にする多様なエスニシティの対立と国民国家を超えた「インターステイト・コミュニティ」の噴出と「トランスナショナルなシビル・ソサイアティ」の出現という新たな「世界空間の変容」を読み取り、表題を「社会主義」から「レギュラシオン」に書き直した。そこにはグラムシ市民社会論 societa regolata を経由して刷新された平田の市民社会論がある。

「グラムシ研究国際シンポジウム」（一九八七年十一月）はシンポジウムの第五分科会の内容を「ヘゲモニー」「市民社会」「フォーディズム」の三つの概念で総括したものである。平田はグラムシが上部構造の二つの次元として提起した「政治社会」と「市民社会」の関係を市民社会における多様な社会闘争の政治社会に対する影響と政治社会によるその吸収・規制・抑圧、国家の変容過程と捉え、ヘゲモニーが再生産される「闘いの場としての市民社会」という概念を提起する。

「レギュラシオン・アプローチとグラムシ」は、市民運動「フォーラム90s」（一九八九〜一九九八年）での講演原稿で、ポスト・フォーディズム論争で着目されたトヨティズム論争に批判的に介入しつつ、その論争を現代資本主義の普遍的問題に置きなおす試みである。

第Ⅲ部「日仏の比較論」は平田が一九八四年から八五年にかけて二回目のフランス滞在をし、パリ第七大学および第三大学の東洋言語文化研究所で客員教授として講義または講演をしたものの草稿を収める。全部で五つの文書があるが、一括して解題する。

日本は七〇年代の二度の石油ショックを乗り越え、八〇年代には世界経済の機関車国と持ち上げられる。日本的経営のマイナス面をえぐるだけでなく積極面が注目される。フランスでも日本経済に対する関心は高く、平田はそれに応えるべく当時の現代資本主義論から学びながら、日本のパフォーマンスの良さを一応受け止めつつ、フランスと比較したその技術的・社会的原因を論じていく。比較することで、フランスは古典的私的資本主義、日本は法人資本主義または協同的資本主義と性格づけられる。また平田は新たにレギュラシオン理論を使って、日本ではフォード・システム下での少品種大量生産から多品種少量生産の産業構造へ移り、情報産業化が驚異的に進んでいると指摘する。フランスでその情報産業化が情報社会化を促し、資本主義からの脱出を意味するという議論があったが、平田はそれに対して批判的であった。他方で、彼は現在のフランスで産業転換と教育制度の改革がはかられるのを評価している。

平田は国家制度も比較する。フランスの議会制民主主義対日本の一種のコーポラティズムというように。そして構造的には日本を議会と審議会の二重権力的な併存と特徴づける。この国家制度比較論に関連して、平田は日本は伝統的に幕府と宮廷あるいは武力と文化の二元主義であったと見る。そこには日本史に西欧的な歴史発展の区分を直接持ち込むことを戒める彼の慎重な目がある。

第Ⅳ部「日本経済への発言」は一九八七〜九一年の三つの論考からなる。最初の論考「国際化と地域化」は『エコノミスト』(一九八七年十二月二十九日・一九八八年一月五日合併号)に「草の根で進む内なる国際化」として発表された論稿の草稿であり、「市民社会と国家」という平田の一貫したテーマを国際化と地域化の現実の中で考察したものである。IT革命と共に進行する日本の資本主義は、世界情報都市センターとしてのTOKYOを出現させたが、平田はそのTOKYOの背後にある多様な国籍の外国人と日本人が共に暮らす生活都市・東京に着目する。人々は異質な他者との葛藤と対立の緊張関係を伴いつつも、国家を超えた人間としての同権性と共同生活者としての市民の姿を日々経験し、外国人女性の市長が誕生しても不思議ではない状況が進行している。同様の生活空間の変容は日本列島各地域でも展開している。平田は「定住」概念の変革という視点で考察する。高度成長以来の列島改造や四全総等で全国一日交通圏が構築され、東京一極集中の歪な結果を伴いつつも、複数地域での居住と勤務というマルチ・リージョナルな定住空間の成立と異なる諸地域の文化の複合的享受を現実化させた。平田は言う。地域は異文化接触の最前線に立たされることによって、逆に国家としてのナショナルな求心性から解放されつつある、と。

「情報化にともなう日本の経済的・社会的変動」はパリ大学での講義草稿で、「現代日本の政治経済学」は上海建築材料工業学院での講義草稿である。一九七〇年代の石油危機の後、日本経済は省エネ・省力の技術や日本的経営を基礎に再び躍進していた。当時、こうした「日本の成功の秘密」を日本の伝統文化や儒教に求める風潮があった。平田はそれを明確に拒否し、情報化を通じた産業の革新に求める。平田は「情報化」の意味を、マルクスが『経済学批判要綱』において「生産過程の単純な労働過程から科学的過程への転化」と指摘した資本の普遍的傾向性の脈略で考察する。平田は言う。テーラー・フォード主義の画一的大量生産・大量消費が主流をなした黄金の六〇年代には、経済活動の主導因が労働から科学技術に移行したが、現在は刻々と変化する市場の情報を的確に労働と生産の体制に結びつける情報の流れの組織化と多品種少量生産の体制に移行している。この変革過程は労働時間の短縮や流通時間の絶滅を通じて特別（↓相対的）剰余価値の増殖を目指す資本の普遍的傾向の現代版であり、それを世界に先駆けて実現したことが「日本の成功の秘密」の意味である。そして、それを支えた日本の独自な社会的合意形成の様式、つまり企業内教育や提案等の参加制度、株式を相互保有する企業集団の産業戦略、この経済過程を政治社会に吸収する審議会・委員会等の諸制度の重要性を指摘する。これらは議会制民主主義を補完・代位しながらそれを正統化する。そこには議会の衰退と市民社会の国家による吸収というより深刻な危機がある。

平田は日本の資本主義を経済的には私的資本主義の原則にたつ協同的資本主義、政治的には一種のコーポラティズムと表現し、経済活動の土台と政治社会を媒介する市民社会の共同的・公共的空間に多様な諸集団・諸団体の利害対立と緊張がヘゲモニー闘争として展開すると捉える。

第V部「教育行政・社会運動への発言」では平田の市民社会思想の社会的実践が表に出ている。内容的に三つに分かれており、それぞれ代表的なものを取り上げる。

(1) 大学改革と教育行政

「現代日本における大学教授の職能と地位について」は一九六〇年代末の大学紛争の時に書かれ、後の一九九四年に発表するために準備された草稿。大学紛争はなぜ起きたか。平田は大学の学問の専門分化がヨコの協業的発展をもたらさず、教授会は教授の人格的連合ともならず、教授と学生の関係も支配・被支配の関係になってしまい、社会の変化に自主的に対応できなくなったと分析し、その原因を講座制に求める。彼は名古屋大学で教養部の改革に参加しており、その後も他の大学で諸種の機構改革や双方向等の授業改革に精力的に取り組む。

「学問の勧め——経験の座標の上に」は平田が神奈川大学の副学長として一九九三年四月に新入生に向けてなされた講話であるが、通り一遍のものではない。平田は今日のソ連の崩壊や主権国家を超えるEUの動き、市場化による格差拡大と民族・宗派対立という現状に対して大学が教える世界史の進歩史観では役に立たなくなったと考え、それに代わる世界史像を探っていく。また彼は日本語の特性を森有正に倣って客観的な事実を相手との関係次第で表現することにおき、その日本語を駆使する社会で合理化が追求されていることを学生に自覚させる。以上のことは日本人共通の経験であり、この経験が社会科学のもととなると意味づけられる。

(2) 日本の歴史認識

平田は歴史認識が政治問題化する中で歴史を柔軟に複眼的に見ることを説く。

「意見書」――平田は高等学校向けの教科書『新現代社会』(一九九三年、清水書院)で監修し執筆を分担するが、教科書検定の審査官から「帝国主義」の用語を削除するように指示される。平田はそれに正面から反論して意見書を書く。「帝国主義」という言葉はマルクス主義の独占物でなく、歴史批評的な英仏の大辞典にも載っているように普遍的であり、レーニン帝国主義論を語るものは今日の中国とソ連を社会帝国主義と規定すべきだとも断言して。

「歴史教育への反省」――議論を西暦年号を使うことの必要から始め、自分の先祖の平田靭負の治水工事とフランスのルソー『不平等起源論』の刊行が同じ年であることに驚き、そこに共通する何かがあると探っていく。また彼は戦後の極東裁判史観はルソーの言葉「強者の権利の前に弱者の義務はない」を基準にすると訂正されるべき点があり、大胆にもソ連崩壊で「唯物史観は壊滅した」と言う。

(3) 市民運動

平田は「京都西山の自然と文化を守る会」の会長となって『趣意書』を書く。彼は京都大学に移って歴史と文化のつまった大原野に居を構えたが、そこに一九八九年、第二外環状道路の建設が強行されようとした。彼は反対運動の代表となり、行政の環境影響評価がずさんなこと、住民への対応が上から目線的であることに抗議する（その後、二〇一三年四月に外環は建設されてしまった。）

「結　ケネー経済表の循環回転論的解明」は平田の最晩年の仕事を収めている。平田が戦後に始めたフランス古典経済学研究は『経済科学の創造』（一九六五年）に実る。その後の彼は古典経済学研究から離れるが、一九九四年のケネー生誕三百年記念のシンポジウムに向けて「経済表の循環回転論的解明」を準備する。本書はその草稿を収める。それは経済表の理論的な意義を再確認しつつ現代に対して語るものを示しており、彼の一貫した学問の姿勢を示している。

次のような三つの理論的意義が提示される。①経済表を構成する三つの階級（農業階級、地主、商工階級）は表面的には封建的で絶対主義的に見えるが、機能的には近代的な市民階級であり、階級間の関係も横に対等な取引関係であること。②その社会構成の下で人間労働は剰余価値を生むこと。またケネーにもスミスとは別に一種の価値論があること。③経済表の表面は三階級間の流通取引を示すが、その内実は個別の農業階級の再生産P…Pの運動が社会的な再生産W′…W′の表現形態を必然的にとること。以上の議論から、平田がイギリス古典経済学に対してフランス古典経済学の復位を計っていることがうかがえる。

最後に平田は古典の今日的意義を出す。①経済表は生産・支出、分配と消費の間の三面等価の関係を、また生産様式が分配様式と関連して相互に調整しあうレギュラシオン的な社会的制御の過程を示していること。それは自由放任のみでなされず、主権国家の働きを必要としていること。②社会主義の資本主義化にあたっては市場化でなく同市民関係の開花と社会的調整が必要であること。

Ⅲ　本書の反響

内田弘氏は市民社会を生きた平田を、西欧の古典との対話を通じて、アジア的共同体の歴史的古層をもつ日本に市民社会を探求した歴史理論家と評価する（週刊『読書人』二〇〇八年二月一日）。高橋伸彰氏は平田が市民社会の研究者であると同時に、震災の現場から各種の市民運動と交流しつつ目指すべき市民社会を説く実践の姿に着目する（『朝日新聞』二〇〇八年一月二十七日）。米田綱路氏は平田の経済学をモラル・サイエンスと評価し、そこに理論と実践を架橋した精神活動の全体像をみている（『図書新聞』二〇〇八年二月九日）。伊東光晴氏は社会主義を国有ではなく個体的所有概念で再定義した平田の業績を評価したうえで、日本社会における個体的所有と私的所有の違いについての理解のむずかしさを指摘する（『毎日新聞』二〇〇八年三月二日）。

〔付記〕解題の「Ⅰ　本書の成立事情」と「Ⅱ　論旨の要約」中、「序」と「第Ⅰ部」、「第Ⅲ部」、「第Ⅴ部」、「結」は野沢敏治が、「第Ⅱ部」と「第Ⅳ部」、および「Ⅲ　本書の反響」は佐々木政憲が担当し、全体の調整は相互に行った。

著作目録

（付　略年譜・追悼論稿一覧）

凡例

1. この目録は、1940年から2019年10月までの平田清明著作標題を収め、備考欄に書誌事項を記す。著書・論説・翻訳・書評のほか、アンケート回答等の小文も探索につとめた。学会発表は、これも一項をとる形で収載した。また草稿やシラバス、その他メモ書きの類も、遺稿集等の形で公表されたもの、追悼文集『学問文芸共和国』で言及されていて確認できたものは、立項した。
2. 作成に際し、以下の4つに大きく依拠した。①浅井和弘・若森章孝編集発行『平田清明著作=目録と解題』（非売品、1983年3月14日）、②八木紀一郎「平田清明教授著作目録」（京都大学経済学会『経済論叢』第137巻第3号、1986年3月）、③大町慎浩作成に係る平田清明『教育研究業績書』（1992年5月1日付）および「平田清明先生1986年後半以降の論文・対談等の目録」（1995年8月29日現在確認分）、④野沢敏治「『平田清明著作=目録と解題』への補遺とその後の追加」（千葉大学『経済研究』第23巻第2号、2008年9月）。
3. 〈番号〉は、著作発表の年月日順に並べて付した一連番号であって、[123] の表記で示す。備考欄で引用するときも同様の表記で引く。／〈種類〉は著作の分類のことで、凡そのところ次のように分けた。――単行本、論説、翻訳、講演記録、対談、シンポジウム、学会発表、辞典項目、書評、等々。／〈年月日〉は、発表・発行の日付を示す。雑誌は、月号と発売月とが多くの場合ずれているので、月号を示すようにした。週刊・日刊紙誌は年月日を記録した。号については調べがついたものを記載した。／〈題名・書名〉欄の表題は、明白な誤りでないかぎり原題名にしたがった。／〈掲載紙誌・発行所〉は、掲載紙誌名・巻号・掲載頁、単行本の発行所・発行日、または記事出所を示す。
4. 〈備考〉欄に、後の単行本への収録等、簡単な書誌事項を記した。収録にさいし表題変更したものは「改題」として指示し、変更しなかった場合は〔表題ママ〕と示した。また、本書の「著作解題」は平田清明の著書12点を丁寧に解説するが、共著・編著・共編著などは取り上げていないので、それら何点かを〈備考〉欄で紹介することとした。紹介は必須事項にとどめた。この作成は安孫子誠男が担当した。
5. 以上を通じて〔 〕は編集上の補足を示し、和数字一、二、三、…は洋数字1、2、3、…に改めた。改めるのが不自然と思われるものは和数字のままに残した。人名を除き、旧字は新字に改めた。
6. この目録の作成にあたっては多くの方々のご協力を得た。平田清明先生御遺族には書斎内を探索する便宜を図っていただいた。赤間道夫からブログ版データを快く提供して頂いたことで原稿作成は大いに捗った。また平田ゼミナリステンにも文献調査の助力を得た。記して感謝する。
7. 追記。目録は浅井和弘、安孫子誠男、野沢敏治（五十音順）の3名が作成した。

番号	種類	年月日	題名・書名	掲載紙誌・発行所

1940 年

[1]	評論	1940.10〔?〕.	〔トルストイ『アンナ・カレーニナ』論〕	『一橋新聞寮報』（一橋大学）

1942 年

[2]	談話	1942.5〔?〕.	改革の精神と現実認識	『一橋新聞』付録『予科版』

1947 年

[3]	卒業論文	1947.9.	地代論に於ける若干の問題について	一橋大学

1948 年

[4]	論説	1948.12.	差額地代の源泉について＝山田勝次郎『地代論々争批判』研究＝	季刊『理論』（理論社）第7号「新著研究」欄 pp. 144-151

1949 年

[5]	論説	1949.2.24	学問の自由と民主主義の擁護のために	『大倉高商新聞』第7号 p. 2

1950 年

[6]	翻訳	1950.4.	『哲学の貧困』（マルクス）	マルクス＝レーニン主義研究所編『マルクス＝エンゲルス

[1]　ページなど不明。東京商科大学予科1年のときの一文。

[2]　ページなど不明。予科3年生、報国団総務部幹事長就任時のアピール。参考：村上一郎『振りさけ見れば』(而立書房、1975年10月)。

[4]　季刊『理論』は民主主義科学者協会（通称「民科」）の機関誌である。

[5]　東京経済大学ホームページ「東経大の歴史」に拠れば、1900年9月1日大倉商業学校開校、1919年大倉高等商業学校、1944年大倉経済専門学校と改称、新聞紙名も1946年12月〜1959年3月は大倉経専学報と名乗った。そして、1949年4月1日東京経済大学開学。だから1949.2.24は大倉経済専門学校の時代だった(『追悼平田清明 学問文芸共和国』創造の会、清水康夫編集・発行、非売品、1996年3月1日。以後、備考欄で引くきは『学問文芸共和国』とのみ記す)p. 200田中宏明に拠る。が、掲載紙現物は『大倉高商新聞』で、記事末尾に「本校講師」とある。厳密にいえば、この頃、平田は大倉経済専門学校講師だった。

番号	種類	年月日	題名・書名	掲載紙誌・発行所
				選集』(大月書店) 第1巻下「新世界観の成立・共産主義通信委員会」pp. 268-482
[7]	論説	1950.6.15	恐慌論ノート(1)恐慌理論の課題	『東京経済大学新聞』(大倉高商新聞改題)(東京経済大学新聞会) 第21号 p. 1 (「研究ノート」欄)
[8]	翻訳	1950.9.	『祖国雑記』編集部への手紙――マルクスからミハイロフスキーへ――(1877年11月)	マルクス=レーニン主義研究所編『マルクス=エンゲルス選集』(大月書店) 第13巻上「国家論・ロシア社会論」pp. 178-182
[9]	翻訳	1950.9.	ヴェラ・ザスリッチへの手紙(マルクス)	同上書 pp. 183-216
[10]	翻訳	1950.10.	『レーニン選集――戦略・戦術――』第1巻第2分冊 山口健次郎編集兼発行人	暁明社、1950年10月20日発行
[11]	評論	1950.11.25	欲しい若い魂の躍動――今こそ"文芸復興"の時――	『横浜国立大学新聞』(横浜国立大学新聞会、隔月刊) 第9号 p. 1 (「学生時評」欄)
[12]	辞典項目	1950.11.	『世界思想辞典』編集：高島善哉・古在由重・高桑純夫・中村元 〔執筆項目不明〕	河出書房
[13]	論説	1950.12.	ケェネーの「明証論」における感覚論と偶因論(I)	『エコノミア』(横浜国立大学経済学会) 第3号 pp. 65-83
[14]	論説	1950.12.1	「地代論争」――「虚偽の社会的価値」を中心として―― 〔匿名〕	『週刊エコノミスト』(毎日新聞社) 第8巻第34号「Book Review」欄 pp. 46-47

1951年

番号	種類	年月日	題名・書名	掲載紙誌・発行所
[15]	翻訳	1951.2.	ジェルマン・ギャルニエ	高島善哉編集『スミス国富論

[10]　この『レーニン選集』は、多くが暁明社訳編である。第1巻第1分冊は未見。全3巻6分冊の中で、「何をなすべきか」をロシア語から翻訳し、他にもう1冊を訳したと聞いた（浅井）。[10] 第1巻第2分冊は、「労働者党と農民」pp. 1-29、「何をなすべきか」〔抄訳〕pp. 31-136の2篇を収録する。国立国会図書館デジタルコレクションの目次も、労働者党と農民/p. 1、何をなすべきか/p. 31、とする。平田訳の「もう1冊」は分からない。

[11]　第1号は、昭和24年7月1日の刊。

[15]　うちpp. 109-115は「訳者解説」である。

番号	種類	年月日	題名・書名	掲載紙誌・発行所
			「国富論序文」	講義』（春秋社）第3巻 pp. 109-131
[16]	書評	1951.5.	アンリイ・ルフェーヴル『デカルト』	一橋大学一橋学会編集『一橋論叢』（日本評論新社）第25巻第5号 pp. 75-84
[17]	論説	1951.7.	ケェネーとスミス──『国富論』第4篇における「農業主義」批判をめぐって──	高島善哉編集『スミス国富論講義』（春秋社）第4巻 pp. 117-144
[18]	論説	1951.10.	ケェネーにおける動物生理学《エコノミー・アニマール》と政治経済学《エコノミー・ポリティーク》	一橋大学一橋学会編集『一橋論叢』（日本評論新社）第26巻第4号 pp. 32-54
[19]	論説	1951.10.20	農業問題の盲点──農地改革と農民層の分解過程──	『東京経済大学新聞』（東京経済大学新聞会）第33号 p. 2

1952年

番号	種類	年月日	題名・書名	掲載紙誌・発行所
[20]	論説	1952.9.	フィジオクラシイと経済科学	『エコノミア』（横浜国立大学経済学会）第4巻第1/2号 pp. 109-141
[21]	論説	1952.9.	ディス・インフレと世界不況	『第一経済』秋季特別号 pp. 18-21
[22]	学会発表	1952.11.8	重農学派の価値論	第6回経済学史学会全国大会、1952年11月8-9日、神戸大学
[23]	論説	1952.12.	地代論争の問題点	民主主義科学者協会・全日本学生社研連合編集『講座 資本論の解明』（理論社）第5分冊、1952年12月5日発行 pp. 140-173

［16］ 原著は 1947 年刊。邦訳は 1953 年 11 月、岩波現代叢書、服部英次郎・青木靖三訳。

［17］ 収録→［69］学位論文「フランス古典経済学研究」（京都大学、1961 年）第 2 部：ケネーにおける自然法思想と経済学──イギリス古典経済学（スミス）との関連において──」の第 2 論文 A、改題「ケネーとスミス I」（副題はママ）。また、再録→［638］『市民社会思想の古典と現代』（有斐閣、1996 年）第 3 章、改題「アダム・スミスと重農主義」pp. 125-171。また、収録→［640］『フランス古典経済学研究』（日本経済評論社、2019 年）pp. 167-206。

［18］ 収録→［69］学位論文「フランス古典経済学研究」（京都大学、1961 年）第 2 部：ケネーにおける自然法思想と経済学──イギリス古典経済学（スミス）との関連において──」の第 1 論文 A、改題「ケネーにおける économie animale と économie politique」。また、収録→［640］『フランス古典経済学研究』（日本経済評論社、2019 年）pp. 107-128。

［20］ 収録→［69］学位論文「フランス古典経済学研究」（京都大学、1961 年）第 2 部：ケネーにおける自然法思想と経済学──イギリス古典経済学（スミス）との関連において──」の第 1 論文 B〔表題ママ〕。また、収録→［640］『フランス古典経済学研究』（日本経済評論社、2019 年）pp. 129-165。

［21］ 末尾に執筆「1952.7.7」とある。

［22］ 第 1 日 1952 年 11 月 8 日に、自由論題にて発表。

［23］ 『講座 資本論の解明』は 1・2 分冊が 1951 年初版、3・4・5 分冊が 1952 年初版だった。CiNii で検索してみると 5 冊すべてを 1953 年 5 月初版として登録している図書館があった。推測するに、1953 年、全 5 冊のセット商品が 1953 年 5 月初版として発行されたらしい。

番号	種類	年月日	題名・書名	掲載紙誌・発行所

1953 年

[24]	小文	1953.2.15	社会科学とモラル――一つのヒュマニズム論――	『横浜国大清水ヶ丘評論』（世界思想研究会）第3号 pp. 11-12
[25]	論説	1953.5.	重農主義の成立（Quesnay）	伊坂市助（代表）編『原典経済学 GREAT ECONOMISTS* Mercantilism *to* Marxism』（同文館出版）pp. 44-69
[26]	翻訳	1953.5.	ジャン・バビー『経済学の基本原理』	大月書店、1953年5月30日発行
[27]	小文	1953.6.27	学風創造運動によせて	長洲ゼミナール編集委員会『学風』第1号 p. 1
[28]	論説	1953.6.	平和経済実現のために〔著者名は「X・Y・Z」〕	『経済評論』（日本評論新社）第2巻第6号 pp. 91-95
[29]	書評	1953.12.5	内田義彦『経済学の生誕』（未來社）	『週刊図書新聞』（図書新聞社）第224号 p. 6

1954 年

[30]	辞典項目	1954.1.	『哲学事典』編集：林達夫・野田又夫・久野収・山崎正一・串田孫一〔執筆項目不明〕	平凡社
[31]	討論	1954.4.	経済学の論理と人間の問題 遊部久蔵、水田洋、宮崎犀一、横山正彦、平田清明、平瀬巳之吉、内田義彦	『経済評論』（日本評論新社）第3巻第4号 pp. 138-159
[32]	論説	1954.5.	地代と農業における資本主義	「経済学講座」第1巻、遊部久蔵・長洲一二編集責任『資本主義経済の基礎原理』（大月書店）第7章 pp. 235-268
[33]	辞典項目	1954.5.	『政治学事典』編集委員：中村哲・丸山眞男・辻清明	平凡社

[25] 『原典経済学』は、翻訳を付した（長文の）テキストを意図的に多く引用して諸学派経済学者を解説する。表題の論説は、「第1部：経済学の生成」のうち「第2章：重農主義」の第1節である。

[26] Jean Baby, Principes fondamentaux d'économie politique, deuxième édition revue et corrigée, Editions sociales, 1951.

[31] 末尾に座談会の日付が記されている。——1954年2月16日。

番号	種類	年月日	題名・書名	掲載紙誌・発行所
			〔執筆項目不明〕	
[34]	辞典項目	1954.6.	『経済学事典』編集委員：青山秀夫・都留重人・脇村義太郎 〔執筆項目不明〕	平凡社
[35]	翻訳	1954.6.	ケアンズ「バスチア論」	H. W. スピーゲル編『古典学派——経済思想発展史 II——』越村信三郎・長洲一二ほか監訳（東洋経済新報社）pp. 191-214
[36]	翻訳	1954.10.	アレヴィ「シスモンディ論」	H. W. スピーゲル編『社会主義と歴史学派——経済思想発展史 III——』越村信三郎・長洲一二ほか監訳（東洋経済新報社）pp. 3-28
[37]	論説	1954.12.	スミスの重農主義批判	「経済学説全集」第2巻、高島善哉編『古典学派の成立』（河出書房）pp. 74-108
[38]	論説	1954.12.	スミスとシスモンディ——経済的不調和の問題——	同上書 pp. 261-283

1955年

番号	種類	年月日	題名・書名	掲載紙誌・発行所
[39]	共訳	1955.6.	『トレーズ政治報告集』第1巻「人民戦線とその勝利」 フランス現代史研究会（代表小場瀬卓三）訳	未來社、1955年6月30日発行
[40]	論説	1955.8.	序論	民主々義科学者協会経済部会編集『経済学教科書学習講座』①（蒼樹社）pp. 9-72

[37] 「第 2 部：アダム・スミスの経済学説」の第 2 章。収録→[69] 学位論文「フランス古典経済学研究」（京都大学、1961 年）第 2 部：ケネーにおける自然法思想と経済学――イギリス古典経済学（スミス）との関連において――」の第 2 論文 B、改題「ケネーとスミス II ――スミスの重農主義批判――」。また、収録→[640]『フランス古典経済学研究』（日本経済評論社、2019 年）pp. 207-241。

[38] 「第 3 部：アダム・スミス批判の発展」の第 3 章。収録→[69] 学位論文「フランス古典経済学研究」（京都大学、1961 年）「第 3 部：シスモンディの再生産＝蓄積論と分割地所有論――フランス古典経済学の独自的性格――」の「補論」A〔表題ママ〕。また、収録→[640]『フランス古典経済学研究』（日本経済評論社、2019 年）pp. 387-409。

[39] 共訳、第 1 巻担当者＝内山敏、小野義彦、小場瀬卓三、黒田治、田島貞男、津島弘、筑紫明、梨木康、野沢協、平田清明、本田景介。平田清明執筆「解説」pp. 395-421。

番号	種類	年月日	題名・書名	掲載紙誌・発行所
[41]	共訳	1955.9.	『トレーズ政治報告集』第2巻「レジスタンスとフランスの解放」 フランス現代史研究会（代表小場瀬卓三）訳	未來社、1955年9月30日発行
[42]	学会発表	1955.10.30	分割地所有と地代範疇	1955年度土地制度史学会秋季学術大会、1955年10月29-30日、東京大学

1956年

番号	種類	年月日	題名・書名	掲載紙誌・発行所
[43]	共訳	1956.2.	『トレーズ政治報告集』第3巻「平和と独立のための闘い」 フランス現代史研究会（代表小場瀬卓三）訳	未來社、1956年2月10日発行
[44]	共訳	1956.2.	モーリス・トレーズ『統一戦線と党内民主主義』 フランス現代史研究会訳	未來社、1956年2月25日発行
[45]	学会発表	1956.5.5	シスモンディ経済学の古典的性格について	第13回経済学史学会全国大会、1956年5月5-6日、法政大学
[46]	辞典項目	1956.6.～	『世界大百科辞典』全32巻 「空想的社会主義」 「サン・シモン主義」 「フーリエ」 「フーリエリスム」 「プルードン主義」 「ロマン主義経済学」	平凡社、1955～1959年 第8巻 p. 243（'56.6.） 第12巻 p. 342（'56.12.） 第25巻 p. 306（'58.6.） 〃 p. 308 〃 p. 348 第30巻 p. 499（'58.11.）
[47]	共訳	1956.6.	『トレーズ政治報告集』第4巻「フランス国民の団結と前進」 フランス現代史研究会	未來社、1956年6月20日発行

[41]　共訳、第 2 巻担当者＝赤羽裕、内山敏、小野義彦、小場瀬卓三、黒田治、小出峻、田島貞男、津島弘、梨木康、成瀬駒男、爾津正志、野沢協、平田清明、本田景介。

[42]　共通論題「変革期における地代範疇」、主眼「農地改革の性格、したがってまた特に改革後の土地所有の性格を、明確にすること」。第 1 日は個別研究報告、第 2 日は一般研究報告および討論。本報告は、第 2 日の討論（司会：山田盛太郎）の中の「補足報告」のひとつで、「討論の間へ適宜に織りこんでゆく」かたちで報告された。1956 年 9 月刊行の［48］『変革期における地代範疇』の「はしがき」「討論」に拠る。

[43]　共訳、第 3 巻担当者＝赤羽裕、内山敏、小野義彦、小場瀬卓三、江原順、小出峻、田島貞男、津島弘、梨木康、成瀬駒男、爾津正志、野沢協、林ツヤ子、平田清明、本田景介。

[44]　共訳＝大村敏、小出峻、梨木康、野沢協、野々宮美彌子、林ツヤ子、平田清明、南沢敏子。平田清明執筆「解説 1 —— 一つの読み方」pp. 173-189。

[45]　共通論題「古典学派一般」。第 1 日 1956 年 5 月 5 日に発表。

[47]　共訳、第 3 巻担当者と同じ。

番号	種類	年月日	題名・書名	掲載紙誌・発行所
			（代表小場瀬卓三）訳	
[48]	論説	1956.9.	分割地所有と地代範疇――分割地所有の地代論的研究のために――	山田盛太郎編『変革期における地代範疇』（岩波書店）pp. 269-288
[49]	論説	1956.	分割地所有と土地価格 1、まえがき／2、分割地所有と土地価格	農林省委託の調査研究。タイプ印刷。

1957 年

[50]	予告	1957.5.	〔予告：シスモンディ経済学の再検討〕	内田義彦編『古典経済学研究』（未來社）上巻 p. 4

1958 年

[51]	書評	1958.6.14	鮮明な問題意識　木村健康編『社会思想史読本』、住谷悦治著『社会思想史』	『週刊図書新聞』（図書新聞社）第 454 号 p. 4
[52]	論説	1958.7.	古典経済学の生成と展開 内田義彦、平田清明〔共同執筆〕	都留重人・内田義彦・末永隆甫編『経済学入門』（東京出版）pp. 21-57
[53]	論説	1958.7.	日本資本主義分析	同上書 pp. 405-421
[54]	論説	1958.7.12	アルジェリア問題の新視角	『週刊エコノミスト』（毎日新聞社）第 36 巻第 28 号 pp. 41-45
[55]	翻訳	1958.9.	ガローディ『近代フランス社会思想史』	ミネルヴァ書房、1958 年 9 月 5 日発行

[48]　『変革期における地代範疇』2 篇各 2 部構成のうち、「第 2 篇：農地改革と土地所有の構造　第 1 部：総括的理論」の 4 として収録されている。収録→[69] 学位論文「フランス古典経済学研究」(京都大学、1961 年)「第 3 部：シスモンディの再生産＝蓄積論と分割地所有論――フランス古典経済学の独自的性格――」の「補論」B〔表題ママ〕。また、収録→[640]『フランス古典経済学研究』(日本経済評論社、2019 年) pp. 410-439。

[49]　「まえがき」に、この論説は「1955 年度土地制度史学会大会での報告「分割地所有と地代範疇」(山田盛太郎編『変革期における地代範疇』所掲) を補充するものでもある」と記されている。収録→[69] 学位論文「フランス古典経済学研究」(京都大学、1961 年)「第 3 部：シスモンディの再生産＝蓄積論と分割地所有論――フランス古典経済学の独自的性格――」の「補論」C〔表題ママ〕。また、収録→[640]『フランス古典経済学研究』(日本経済評論社、2019 年) pp. 440-468。

[50]　下巻（予告）の内容は、吉田洋一「リカードウ経済学形成の時論的背景」、吉沢芳樹「リカードウの議会改革論と経済理論」、平田清明「シスモンディ経済学の再検討」である。「編者あとがき」では下巻の 9 月刊行を予告しているが、結局未完に終わった。ただ、平田は、同じ表題の論説を 1961 年に発表した（[64] [65]）。

[52]　『経済学入門』は全 3 部に分かれ、第 I 部：経済学の系譜と現状、第 II 部：資本主義経済の諸問題、第 III 部：現代経済学の成果と課題、から構成されている。本稿は、第 I 部第 1 章。

[53]　同上書第 III 部第 6 章。

[55]　Roger Garaudy, Les sources française du socialisme scientifique, Editions sociales, 1949.

番号	種類	年月日	題名・書名	掲載紙誌・発行所

1959年

[56]	論説	1959.4.	フランス古典経済学	金子武蔵・大塚久雄編「講座近代思想史」第5巻『機械の時代』(弘文堂) pp. 80-126
[57]	小論	1959.5.	フランス古典経済学の復位	金子武蔵・大塚久雄編「講座近代思想史」第6巻『危機の時代』(弘文堂) 月報 pp. 2-4
[58]	翻訳	1959.8.	ケネー著作集 (経済表ほか)	『世界大思想全集　社会・宗教・科学思想篇』6 (河出書房新社) pp. 251-334
[59]	論説	1959.11.	再生産過程把握における生産資本循環の意義〔上〕──古典経済学研究の理論的基準確定のために──	『社会科学論集』(埼玉大学経済学会) 第4号 pp. 33-51
[60]	論説	1959.	再生産過程把握における生産資本循環の意義 (下)──古典経済学研究の理論的基準確定のために──	学位論文用、タイプ印刷 pp. 1-15

1960年

[61]	辞典項目	1960.2.〜	『世界名著大辞典』	平凡社
			「一革命家の思い出」クロポトキン	第1巻 p. 168('60.2.)
			「神と国家」バクーニン	〃　p. 508
			「共同社会の法典」デザミー	第2巻 pp. 69-70('60.4.)
			「近代科学と無政府主義」クロポトキン	〃　pp. 128-129

[56] 目次は、「I　産業革命」「II　政治革命の進展」「III　経済科学の成立」「IV　現実的人間の思想的特質」「V　諸思想」。本論説は、「III」のBを成す。ちなみに、Aは「イギリス古典経済学の完成」（内田義彦）、Cは「マルクス経済学」（内田義彦）である。収録→[69]学位論文「フランス古典経済学研究」（京都大学、1961年）「第1部：フランス古典経済学の基本性格」の第1論文、改題「フランス古典経済学の理論的基本性格――ケネー『経済表』とシスモンディ『新原理』の理論的統一性」。また、収録→[640]『フランス古典経済学研究』（日本経済評論社、2019年）pp. 9-53。

[57] 収録→[69]学位論文「フランス古典経済学研究」（京都大学、1961年）「第1部：フランス古典経済学の基本性格」の「序言」〔表題ママ〕。また、収録→[640]『フランス古典経済学研究』（日本経済評論社、2019年）pp. 5-8。

[58] 所収訳は、「王立外科医アカデミー紀要序文」「明証論」「経済表」。なお、訳者による解説が付されている（pp. 350-353）。

[59] 収録→[69]学位論文「フランス古典経済学研究」（京都大学、1961年）「第1部：フランス古典経済学の基本性格」の第2論文〔表題ママ〕。また、収録→[640]『フランス古典経済学研究』（日本経済評論社、2019年）pp. 55-78。

[60] 収録→[69]学位論文「フランス古典経済学研究」（京都大学、1961年）「第1部：フランス古典経済学の基本性格」の第2論文〔表題ママ〕。学位論文提出時の新稿のひとつを成す。また、収録→[640]『フランス古典経済学研究』（日本経済評論社、2019年）pp. 78-94。

[61] のちに新版（1987-1989年）。新版の第3巻（1987年6月30日発行）に、「「経済的諸矛盾の体系」プルードン」、が追加された。

番号	種類	年月日	題名・書名	掲載紙誌・発行所
			「経済的調和」バスティア	〃　pp. 214-215
			「再生産過程表式分析序論」山田盛太郎	〃　pp. 514-515
			「社会科学研究」シスモンディ	第3巻 p. 154('60.6.)
			「商業的富」シスモンディ	〃　p. 286
			「政治経済学新原理」シスモンディ	〃　p. 514
			「相互扶助論」クロポトキン	第4巻 pp. 81-82('60.9.)
			「田園・工場・仕事場」クロポトキン	〃　pp. 356-357
			「日本資本主義社会の機構」平野義太郎	第5巻 p. 46('60.11.)
			「日本資本主義発達史」野呂栄太郎	〃　p. 47
			「日本資本主義発達史講座」野呂栄太郎・平野義太郎・山田盛太郎・大塚金之助共編	〃　pp. 47-48
			「日本資本主義分析」山田盛太郎	〃　p. 48
[62]	翻訳	1960.11.	マルクス『哲学の貧困――プルードンの「貧困の哲学」への返答』	大内兵衛・細川嘉六監訳『マルクス=エンゲルス全集』(大月書店) 第4巻 pp. 59-190

1961年

番号	種類	年月日	題名・書名	掲載紙誌・発行所
[63]	論説	1961.2.	シスモンディの分割地所有論 (上)――経済学的ロマン主義の特徴づけに寄せて――	『商学論集』(福島大学経済学会) 第29巻第4号 pp. 56-89

備考

[63]　収録→[69] 学位論文「フランス古典経済学研究」(京都大学、1961 年)「第 3 部：シスモンディの再生産＝蓄積論と分割地所有論――フランス古典経済学の独自的性格――」の第 2 論文〔表題ママ〕。ただし、学位論文提出時の新稿のひとつを成す。また、収録→[640]『フランス古典経済学研究』(日本経済評論社、2019 年) pp. 319-352。

番号	種類	年月日	題名・書名	掲載紙誌・発行所
[64]	論説	1961.3.	シスモンディ経済学の再検討（上）――その再生産＝資本蓄積論の基本構成について――	『経済科学』（名古屋大学経済学会）第8巻第3号 pp. 1-41
[65]	論説	1961.6.	シスモンディ経済学の再検討（下）――その再生産＝蓄積論の基本構成をめぐって――	『経済科学』（名古屋大学経済学会）第8巻第4号 pp. 80-111
[66]	論説	1961.6.	シスモンディの分割地所有論（二）	『商学論集』（福島大学経済学会）第30巻第1号 pp. 136-168
[67]	書評	1961.8.14	内田義彦『経済学史講義』（未来社）	『日本読書新聞』（日本出版協会）第1117号
[68]	学会発表	1961.11.4	生産資本循環と市場・恐慌分析視角	第24回経済学史学会全国大会、1961年11月4-5日、和歌山大学。
[69]	学位論文	1961.11.25	「フランス古典経済学研究」	京都大学に提出された経済学博士学位論文（主査：出口勇蔵）

1962年

番号	種類	年月日	題名・書名	掲載紙誌・発行所
[70]	論説	1962.1.	生産資本循環論の方法論的再検討	一橋大学経済研究所『経済研究』（岩波書店）第13巻第1号 pp. 22-28
[71]	学会発表	1962.1.27	ケネー経済表の分析	第28回経済学史学会関西部会、1962年1月27日、京都大学

[64] 収録→[69] 学位論文「フランス古典経済学研究」(京都大学、1961年)「第3部：シスモンディの再生産＝蓄積論と分割地所有論――フランス古典経済学の独自的性格――」の第1論文〔表題ママ〕。副題は [65] に合わせている。ただし、学位論文提出時の新稿のひとつを成す。また、収録→[640]『フランス古典経済学研究』(日本経済評論社、2019年) pp. 245-287。

[65] 収録→[69] 学位論文「フランス古典経済学研究」(京都大学、1961年)「第3部：シスモンディの再生産＝蓄積論と分割地所有論――フランス古典経済学の独自的性格――」の第1論文〔表題ママ〕。ただし、学位論文提出時の新稿のひとつを成す。また、収録→[640]『フランス古典経済学研究』(日本経済評論社、2019年) pp. 287-318。

[66] 収録→[69] 学位論文「フランス古典経済学研究」(京都大学、1961年)「第3部：シスモンディの再生産＝蓄積論と分割地所有論――フランス古典経済学の独自的性格――」の第2論文〔表題ママ〕。ただし、学位論文提出時の新稿のひとつを成す。また、収録→[640]『フランス古典経済学研究』(日本経済評論社、2019年) pp. 353-384。

[69] 年月日欄の「1961.11.25」は学位授与日である。「本研究の構成」によれば、学位論文は、「既に発表した関係論文のうち10篇を択びだし、これに、新たに執筆した論文5篇を加えて集録したもの」である。方法的態度は、「1 理論史的研究に重点をおくこと。2 理論的分析基準を確定すること。3 社会思想史的接近方法を尊重すること。4 イギリス古典経済学との対照を心がけること」である。出版→[640]『フランス古典経済学研究』(日本経済評論社、2019年)。

[71] この頃の『関西部会通信』に学会発表を独立して取り上げた記事はない。なお、『関西部会通信』は1963年7月の第12号をもって終刊し、『経済学史学会年報』に発展した。「学会誌への発展的廃刊」である (『関西部会通信』サイト、赤間道夫のブログ版注)。

番号	種類	年月日	題名・書名	掲載紙誌・発行所
[72]	論説	1962.3.	晩年のエンゲルス――マルクス主義研究序説――	『経済科学』(名古屋大学経済学会) 第9巻第3号 pp. 1-21
[73]	共著	1962.4.	『社会思想史概論』 高島善哉・水田洋・平田清明	岩波書店、1962年4月30日発行。
[74]	学会発表	1962.5.12	農業革命と経済表	第25回経済学史学会全国大会、1962年5月12-13日、東京経済大学
[75]	論説	1962.7.	経済学史の課題と方法	『経済学研究の手引――経済科学X-別冊――』(名古屋大学経済学会) pp. 62-64

1963年

番号	種類	年月日	題名・書名	掲載紙誌・発行所
[76]	論説	1963.3.	「インターナショナル」のマルクス――マルクス主義研究序説――	『経済科学』(名古屋大学経済学会) 第10巻第3号 pp. 31-58
[77]	辞典項目	1963.6.	『経済学史小辞典』小林昇編	学生社
			「ガルニエ」	p. 39
			「シスモンディ」	pp. 74-75
			「セー」	pp. 93-94
			「バスティア」	p. 123
			「プルードン」	pp. 145-146

1964年

番号	種類	年月日	題名・書名	掲載紙誌・発行所
[78]	小論	1964.11.	革命家マルクスの再発見	「世界の大思想」第19巻『マルクス「資本論II」』長谷部文雄訳(河出書房新社) 月報2、pp. 1-4

[73] A 5 判、(ii)＋v＋387＋61＋(2)。「この書物の第 1 部「人間の解放」・第 2 部「民族の解放」・および第 3 部「階級の解放」の第 1 章と第 6 章第 1 節（ラサールをのぞく）を、水田が、そして第 3 部の残りの数章を平田が執筆した。序章と終章は高島の筆によるものであるが、高島はこのほか全編にわたって校閲、加筆、付注などによってつとめて統一性の実現を心がけた」(「あとがき」pp. 385-386)。

[74] 第 1 日、1962 年 5 月 12 日に発表。

番号	種類	年月日	題名・書名	掲載紙誌・発行所

1965年

[79]	書評	1965.1.	杉原四郎『マルクス経済学の形成』(未來社)	一橋大学経済研究所『経済研究』(岩波書店) 第16巻第1号 pp. 84-86
[80]	講演記録	1965.5.29	学生の生き方と学問のあり方	『名古屋大学新聞』(名古屋大学新聞社) 第236号、名大祭特集号 p. 1
[81]	辞典項目	1965.6.～	『世界大百科辞典』全26巻	平凡社、1964～1968年
			「空想的社会主義」	第6巻 p. 525 ('65.6.)
			「サン・シモン主義」	第9巻 p. 691 ('65.11.)
			「フーリエ」	第19巻 p. 611 ('67.6.)
			「フーリエリスム」	〃 p. 614
			「プルードン主義」	〃 p. 666
			「ロマン主義経済学」	第23巻 pp. 642-3('67.12.)
[82]	単行本	1965.7.	『経済科学の創造──「経済表」とフランス革命──』	岩波書店、1965年7月30日発行
[83]	論説	1965.9.	ケネー経済学体系	内田義彦・小林昇・宮崎義一・宮崎犀一編「経済学史講座」第2巻『経済学批判』(有斐閣) pp. 54-83
[84]	辞典項目	1965.9.	『経済学辞典』大阪市立大学経済研究所編	岩波書店
			「シスモンディ」	pp. 479-480
			「生産的消費・個人的消費」	p. 680
			「生産的労働・不生産的労働」	pp. 680-681
[85]	学会発表	1965.9.25	マルクスにおける歴史意識と経済学	第29回経済学史学会全国大会、1965年9月25-26日、小樽商科大学
[86]	討論	1965.9.	経済学史研究の原点を顧みて──堀・住谷両会員をか	『経済学史学会年報』第3号 pp. 18-32

[82]　A 5 判、(ii)＋xvii＋565＋30＋(2)。第 2 刷 1971 年 8 月は［176］『経済学と歴史認識』刊に合わせて重版された。これには献辞「内田義彦先生に」が入った。第 3 刷は 1979 年 3 月。
⇒本書の「著作解題」中の『経済科学の創造』を参照。

[83]　本稿は、全 4 篇——第 1 篇：イギリス社会主義、第 2 篇：フランス経済学の形成、第 3 篇：独・墺経済学の形成、第 4 篇：経済学批判の体系——の、第 2 篇全 3 章構成のうちの、第 2 章である。

[85]　第 1 日、1965 年 9 月 25 日に発表。

番号	種類	年月日	題名・書名	掲載紙誌・発行所
			こんで―― 堀経夫、住谷悦治、内田義彦、杉原四郎、河野建二、平田清明	
[87]	小論	1965.10.28	日韓条約の経済的諸問題	『名古屋大学新聞』（名古屋大学新聞社）第244号 p. 3

1966年

番号	種類	年月日	題名・書名	掲載紙誌・発行所
[88]	講演	1966.2.11	史的唯物論の再検討	名古屋大学経済学部大講義室、「紀元節」復活反対全学抗議集会
[89]	論説	1966.4.	マルクスにおける経済学と歴史認識（上）――『経済学批判要綱』を中心として――	『思想』（岩波書店）第502号 pp. 11-18
[90]	論説	1966.5.	マルクスにおける経済学と歴史認識（中）――『経済学批判要綱』を中心として――	『思想』（岩波書店）第503号 pp. 111-124
[91]	小論	1966.5.12	「国家社会の要請の」方向へ	『名古屋大学新聞』（名古屋大学新聞社）第256号 p. 3
[92]	学会発表	1966.5.21	『経済学批判要綱』と『資本論』との論理的連繋	経済学史学会関東部会、1966年5月21日、國學院大学
[93]	論説	1966.8.	マルクスにおける経済学と歴史認識（下ノ1）――『経済学批判要綱』を中心として――	『思想』（岩波書店）第506号 pp. 106-122
[94]	小論	1966.8.	ローザ・ルクセンブルグ	「経済学全集」第17巻『金融論』（筑摩書房）月報 No. 4、pp. 1-2
[95]	論説	1966.11.	マルクスにおける経済学と歴史認識（下ノ2・完）――『経済学批判要綱』を中心として――	『思想』（岩波書店）第509号 pp. 121-136

[88] 祝日法改正に反対する運動に呼応した抗議集会での講演。改正「国民の祝日に関する法律」は1966年6月25日公布・施行。この改正は「建国記念の日」を「政令で定める日」とした。「建国記念の日」を2月11日とする「建国記念の日となる日を定める政令」は同年12月9日に公布・施行された。

[89] 全4回連載。収録→[177]『経済学と歴史認識』(岩波書店、1971年) 全6章の第1章。改題「『要綱』における循環＝蓄積論と歴史認識──循環＝蓄積論視座と先資本家的生産諸形態──」pp. 3-18。

[90] 収録→[177]『経済学と歴史認識』(岩波書店、1971年) 全6章の第1章。改題「『要綱』における循環＝蓄積論と歴史認識──循環＝蓄積論視座と先資本家的生産諸形態──」pp. 18-37。

[93] 収録→[177]『経済学と歴史認識』(岩波書店、1971年) 全6章の第1章。改題「『要綱』における循環＝蓄積論と歴史認識──循環＝蓄積論視座と先資本家的生産諸形態──」pp. 38-78。

[95] 収録→[177]『経済学と歴史認識』(岩波書店、1971年) 全6章の第1章。改題「『要綱』における循環＝蓄積論と歴史認識──循環＝蓄積論視座と先資本家的生産諸形態──」pp. 78-105。

番号	種類	年月日	題名・書名	掲載紙誌・発行所
[96]	論説	1966.12.	商品論の復位──歴史理論としての商品論の発見──	一橋大学一橋学会『一橋論叢』（日本評論社）第56巻第6号（高島善哉教授退官記念号）pp. 44-66

1967年

番号	種類	年月日	題名・書名	掲載紙誌・発行所
[97]	論説	1967.1.	都市ユートウピアと土地国有──20世紀の日本──	『経済評論』（日本評論社）第16巻第1号「学会夜話」欄 pp. 74-77
[98]	講演記録	1967.2.	『明治百年』と資本論100年	「紀元節」問題連絡協議会事務局編集・発行『建国記念日（紀元節復活）制定不承認運動の記録』pp. 7-10
[99]	論説	1967.5.	歴史理論としての『資本論』──マルクス市民社会論の生成と展開──	『思想』（岩波書店）第515号（特集：『資本論』と『帝国主義論』）pp. 38-54
[100]	小論	1967.6.	A. スミス	「経済学全集」第2巻『社会思想史』（筑摩書房）月報 No.10、pp. 1-2
[101]	辞典項目	1967.6.	『教養経済学辞典』編集：大河内一男・田添京二・内田忠夫・高梨昌・大河内暁男・加藤三郎・兵藤釗〔執筆項目不明〕	青林書院新社
[102]	共編著	1967.11.	『「資本論」の成立』経済学史学会編	岩波書店、1967年11月8日発行
[103]	論説	1967.11.	50年代マルクスの市民社会論──歴史理論としての商品論の成立──	同上書 pp. 255-284
[104]	小論	1967.11.	В.И. レーニン	「経済学全集」第21巻『社会主義経済論』（筑摩書房）月報 No.15、pp. 1-2

[96]　収録→[177]『経済学と歴史認識』(岩波書店、1971年）全6章の第3章。ただし、[103]「50年代マルクスの市民社会論」とともに、新稿「『批判』における商品論の成立とその意義──歴史理論としての商品論の成立──」pp. 239-295の原型をなす。

[98]　「建国記念の日となる日を定める政令」の公布・施行は1966年12月9日だった。この年1967年の2月11日は同政令に基づく「建国記念の日」の初めての適用例。

[101]　執筆項目不明としたが、冊子「教養経済学辞典執筆要綱」によれば平田の分担は経済学史・社会思想史関連で10項目、人名10項目で、以下の通りだった。重農主義（フィジオクラシー）／経済表（タブロー・エコノミック）／自由放任（レッセ・フェール）／アンシクロペディスト（百科全書派）／ロマン派経済学／経済的自由主義／啓蒙主義（啓蒙思想）／社会契約説（原始契約説）／単一税論／市民社会／ケネー／シスモンディ／サン・シモン／テュルゴー／カンティロン／コンディヤック／フーリエ／プルードン／ボアギュベール／ルソー。

[102]　A5判、(ii)＋v＋428＋xiv＋(2)。遊部久蔵、杉原四郎とともに編集委員をつとめた。

[103]　収録→[177]『経済学と歴史認識』(岩波書店、1971年）全6章の第3章。ただし、[96]「商品論の復位──歴史理論としての商品論の発見──」とともに、新稿「『批判』における商品論の成立とその意義──歴史理論としての商品論の成立──」pp. 239-295の原型をなす。

番号	種類	年月日	題名・書名	掲載紙誌・発行所
[105]	辞典項目	1967.11.	『社会科学辞典』社会科学辞典編集委員会編 「マルサス主義」ほか、執筆項目不明分あり	新日本出版社

1968年

番号	種類	年月日	題名・書名	掲載紙誌・発行所
[106]	研究会発表	1968.1.28	ルフェーブル教授のマルクス理解について	『BULLETIN』(日仏経済学会) 第6/7号合併号、1971年3月31日発行 p. 45
[107]	論説	1968.2.	社会主義と市民社会	『世界』(岩波書店) 第267号 pp. 48-68
[108]	小論	1968.2.	F.ケネー	「経済学全集」第12巻『日本経済史』(筑摩書房) 月報 No.13、pp. 1-2
[109]	論説	1968.3.	ヨーロッパで考えたこと――日本で考えることへの序章――	『展望』(筑摩書房) 第111号 pp. 144-163
[110]	論説	1968.3.	Remarques sur les catégories fondamentales du marxisme	『経済科学』(名古屋大学経済学会) 第15巻第3号 pp. 1-18
[111]	小論	1968.3.	R. ヒルファディング	「経済学全集」第18巻『財政論』(筑摩書店) 月報 No. 14、pp. 1-2
[112]	論説	1968.4.	範疇と日常語――市民社会と唯物史観――	『思想』(岩波書店) 第526号 pp. 1-25
[113]	討論	1968.4.	(座談会)現代の技術と文明――東洋と西洋の接点を求めて―― H. ルフェーブル、桑原	『世界』(岩波書店) 第269号 pp. 253-269

[106]　「「第 4～5 号」（1964-65 年号）の岡山教授の記された会記にて、1965 年度までの本学会の活動が記されておるので」1966 年度以降を記すとして、その中で当項目を挙げてある。
[107]　掲載誌目次と本文での表題は「社会主義と市民社会」、表紙での表題は「市民社会と社会主義」。収録→[145]『市民社会と社会主義』（岩波書店、1969 年）全 7 章の 3、改題「市民社会と社会主義」pp. 73-125。再録→『「世界」主要論文選 1946-1995』（岩波書店、1995 年 10 月）pp. 495-521。また、抄録→『リーディングス戦後日本の思想水脈 8』西部忠編（岩波書店、2017 年 1 月）pp. 69-89。中国語訳→『現代学者視野におけるマルクス主義哲学——日本学者巻』（北京師範大学出版社、2014 年）。

[109]　収録→[145]『市民社会と社会主義』（岩波書店、1969 年）全 7 章の 1、改題「市民社会の歴史のなかで——ヨーロッパで考えたこと——」pp. 7-47。また、再録→『戦後日本思想体系』第 8 巻伊東光晴・長幸男編集解説『経済の思想』（筑摩書房、1971 年）〔表題ママ〕pp. 339-366。

[112]　収録→[145]『市民社会と社会主義』（岩波書店、1969 年）全 7 章の 4、改題「市民社会と唯物史観——範疇と日常語——」pp. 127-175。
[113]　ルフェーブルは京都大学人文科学研究所の招きで 1 月初旬に来日していた。この座談会は、帰国の数日前「2 月 7 日東京にて」催された。

番号	種類	年月日	題名・書名	掲載紙誌・発行所
			武夫、河野健二、平田清明、多田道太郎	
[114]	書評	1968.4.6	河野健二著『思想史と現代』(ミネルヴァ書房)	『週刊図書新聞』(図書新聞社) 第955号p. 3
[115]	小論	1968.5.4	夕鶴とマルクス	『朝日新聞』(朝日新聞社)(名古屋本社版夕刊) p. 7
[116]	書評	1968.5.27	高島善哉著『アダム・スミス』(岩波書店)	『日本読書新聞』(日本出版協会) 第1459号p. 4
[117]	小論	1968.5.	M. ヴェーバー	「経済学全集」第11巻『西洋経済史』(筑摩書房) 月報No.16、pp. 1-2
[118]	学会発表	1968.5.18	歴史理論としての市民社会論	経済学史学会関東部会、1968年5月18日、上智大学
[119]	研究会発表	1968.6.	市民社会論としての貨幣論――『要綱』の貨幣論――	経済原論研究会第1回
[120]	論説	1968.8.	マルクスにおける「構造」概念の再検討――経済学と文化人類学との谷間に――	『BULLETIN』(日仏経済学会) 第4/5号合併号、1968年8月31日発行pp. 3-13
[121]	対談	1968.9.26	歴史の主体的形成と学問 内田義彦、平田清明	『名古屋大学新聞』(名古屋大学新聞社)第305号pp. 2-3
[122]	対談	1968.10.10	『資本論』と社会主義 佐藤金三郎、平田清明	『大阪市大新聞』(大阪市大新聞会) 第333号pp. 2-3
[123]	翻訳	1968.10.	(エンゲルス) 1863年のポーランド蜂起記念集会での演説	大内兵衛・細川嘉六監訳『マルクス=エンゲルス全集』(大月書店) 第19巻pp. 35-37
[124]	翻訳	1968.10.	(マルクス)『オテーチェストヴェンヌィエ・ザピスキ』編集部への手紙	同上書pp. 114-117

[115]　木下順二『夕鶴』、山本安英の会による名古屋公演、つう＝山本安英、与ひょう＝宇野重吉。収録→[145]『市民社会と社会主義』（岩波書店、1969 年）の「序にかえて「夕鶴」とマルクス」pp. 1-6。

[119]　経済原論研究会は、関西と名古屋在住の原論研究者が組織した。2 か月に 1 回、京都開催。第 1 回の報告者は杉原四郎と平田清明。平田報告要旨「貨幣は市民社会における共同体である」。『学問文芸共和国』pp. 84-85 田中真晴に拠る。

[121]　対談は 7 月 16 日、岐阜、長良川沿いの「岩舟荘」にて催された。『名古屋大学新聞』の 300 号記念のひとつとして企画され、第 300 号掲載の予定が遅れて第 305 号掲載となった。再録→専修大学社会科学研究所編『社会科学年報』第 4 号（特集：古典研究の現代的地平）（未來社、1970 年 3 月）、改題「現代研究への経済学史的アプローチ」pp. 199-235。また、再録→『内田義彦対談集　読むということ』（筑摩書房、1971 年 11 月）「III 社会科学の対談」のひとつ〔表題ママ〕pp. 213-241。また、再録→「内田義彦著作集」第 7 巻『対談への試み』（岩波書店、1989 年 1 月）「V 社会科学の対談」のひとつ〔表題ママ〕pp. 524-560

番号	種類	年月日	題名・書名	掲載紙誌・発行所
[125]	翻訳	1968.10.	(マルクス)『哲学の貧困』について	同上書 pp. 226-227
[126]	翻訳	1968.10.	(マルクス) ヴェ・イ・ザスーリチへの手紙	同上書 pp. 238-239
[127]	翻訳	1968.10.	(マルクス) ヴェ・イ・ザスーリチへの手紙への回答の下書き。第1草稿、第2草稿、第3草稿	同上書 pp. 386-409
[128]	論説	1968.11.	マルクスにおける経済と宗教――市民社会と人間疎外――	『展望』(筑摩書房) 第119号 pp. 36-77
[129]	学会発表	1968.11.9	市民社会と資本主義――貨幣の資本への転化をめぐって――	第32回経済学史学会全国大会、1968年11月9-10日、広島大学

1969年

番号	種類	年月日	題名・書名	掲載紙誌・発行所
[130]	論説	1969.1.	市民社会と階級独裁	『世界』(岩波書店) 第278号 pp. 65-86
[131]	論説	1969.1.	キリスト教とマルクス主義	『三田文学』(三田文学会) 第56巻第1号 pp. 64-79
[132]	討論	1969.1.	所有の概念をめぐって 平田清明、井汲卓一、前野良、長洲一二	『現代の理論』(現代の理論社) 第60号 (社会主義の原理を探る III) pp. 72-99
[133]	報告討論	1969.1.2	テレビ討論2 スチューデント・パワーと現代社会 会田雄次、平田清明、高畠通敏、香山健一、司会:青地晨	NHK報道局政経番組部 pp. 1-47
[134]	論説	1969.2.	近代化と市民社会	『大学キリスト者』(日本YMCA同盟学生部) 第35/36合併号 pp. 78-86
[135]	講演記録	1969.2.	物の見方・考え方――とくに経済と文化をめぐって	『学生論叢』(名古屋市立女子短期大学学術研究委員会) 第

[128]　収録→[145]『市民社会と社会主義』（岩波書店、1969年）全7章の5、副題と追記を削除 pp. 177-255。

[129]　『経済学史学会年報』第7号(November 1969)目次に、「経済学史学会第32回大会研究報告要旨」がある。

[130]　収録→[145]『市民社会と社会主義』（岩波書店、1969年）全7章の7〔表題ママ〕pp. 293-340。再録→『現代中国と市民社会——普遍的《近代》の可能性——』石井知章、緒形康、鈴木賢編（勉誠出版、2017年4月）pp. 319-354。

[131]　編集長は遠藤周作。小特集「現代人にとって宗教は必要か」のひとつとして掲載。収録→[145]『市民社会と社会主義』（岩波書店、1969年）全7章の6〔表題ママ〕pp. 257-291。

[133]　NHK教育テレビ放映の記録。

[134]　1968年3月、「大学キリスト者の会」で「近代化と市民社会」というテーマで講演し、その速記原稿を生かし、また「マルクス主義にとって近代化とは何を意味するか」という質問にしぼって、論述したもの。「近代化論の再検討：シリーズ3」として掲載された。

番号	種類	年月日	題名・書名	掲載紙誌・発行所
			──	1号（創刊号〈『学生研究年報』改題〉）pp. 2-11
[136]	報告討論	1969.2.	中ソ対立からチェコ事件に至るまで	別冊『潮』「日本の将来」（潮出版社）冬季号（総特集：1970年問題）pp. 90-94
[137]	辞典項目	1969.2.	『社会科学大事典』第6巻「経済表」	鹿島研究所出版会 pp. 59-61
[138]	論説	1969.4.	社会主義における人間の再生	別冊『潮』「日本の将来」（潮出版社）春季号 pp. 75-87
[139]	論説	1969.5.	マルクス研究におけるフランス語版『資本論』の意義(上)──とくに本源的蓄積をめぐって──	『思想』（岩波書店）第539号 pp. 26-48
[140]	論説	1969.6.	マルクス研究におけるフランス語版『資本論』の意義(下)──とくに本源的蓄積をめぐって──	『思想』（岩波書店）第540号 pp. 68-89
[141]	対談	1969.6.	現代における変革と終末論 大木英夫、平田清明	『展望』（筑摩書房）第126号 pp. 16-30
[142]	論説	1969.7.	マルクスにおける市民社会の概念について	一橋大学経済研究所編『経済研究』（岩波書店）第20巻第3号 pp. 200-208
[143]	論説	1969.7.	現代マルクス主義──その展望と問題点──	『大学キリスト者』第37号 pp. 25-39
[144]	報告討論	1969.8.	市民社会における私的個人の自己矛盾	別冊『潮』「日本の将来」夏季号、第4号 pp. 190-213
[145]	単行本	1969.10.	『市民社会と社会主義』	岩波書店、1969年10月25日発行
[146]	論説	1969.10.	物神性の再発見（上）──歴史理論としての商品論の総括──	『思想』（岩波書店）第544号 pp. 84-100
[147]	対談	1969.10.	反戦と直接民主主義 竹内芳郎、平田清明	『現代の眼』（現代評論社）第10巻第10号 pp. 34-53
[148]	論説	1969.11.	物神性の再発見（下）──歴史理論としての商品論の総	『思想』（岩波書店）第545号 pp. 93-122

[136] 「シンポジウム：社会主義は何を問われているか」pp. 89-117。出席者＝平田清明、中島嶺雄、佐藤経明、菊地昌典、岡稔。報告①中ソ対立からチェコ事件に至るまで（平田清明）pp. 90-94。報告②中国文化大革命の本質（中島嶺雄）pp. 95-100。討議：社会主義像混乱の原因、pp. 101-117。

[139] 全2回連載。収録→[177]『経済学と歴史認識』（岩波書店、1971年）全6章の第5章、副題中の「本源的蓄積」を「本源的蓄積篇」に改題、pp. 379-429。

[140] 収録→[177]『経済学と歴史認識』（岩波書店、1971年）全6章の第5章、副題中の「本源的蓄積」を「本源的蓄積篇」に改題、pp. 429-481。収録書では新稿「個体的所有の再建をめぐる『資本論』各国語版の検討」を付論として追加。pp. 482-492。

[142] 収録→[145]『市民社会と社会主義』（岩波書店、1969年）全7章の2〔表題ママ〕pp. 49-72。

[144] 「シンポジウム：自己否定と国家否定」出席者＝柴田高好、長崎浩、高尾利数、廣松渉、平田清明、最首悟。
[145] B6判、vi＋345＋3＋(2)。
⇒本書の「著作解題」中の『市民社会と社会主義』を参照。
[146] 全2回連載。収録→[177]『経済学と歴史認識』（岩波書店、1971年）全6章の第4章、改題「『資本論』商品章における物神性世界の批判的省察──歴史理論としての商品論の完成──」pp. 299-328。

[148] 収録→[177]『経済学と歴史認識』（岩波書店、1971年）全6章の第4章、改題「『資本論』商品章における物神性世界の批判的省察──歴史理論としての商品論の

番号	種類	年月日	題名・書名	掲載紙誌・発行所
			括──	
[149]	学会発表	1969.11.8	商品物神性論の意義について──歴史理論としての商品論の総括──	第33回経済学史学会全国大会、1969年11月8-9日、横浜市立大学

1970年

番号	種類	年月日	題名・書名	掲載紙誌・発行所
[150]	インタビュー記事	1970.1.24	マルクスと誤解	『朝日新聞』名古屋本社版夕刊、「言いたいこと」欄、p. 5
[151]	討論	1970.4.	社会主義における経済と人間 平田清明、佐藤経明、正村公宏	『世界』（岩波書店）第293号 pp. 54-74
[152]	討論	1970.5.	マルクス再検討・市民社会と人間 赤羽裕、平田清明、山之内靖	『展望』（筑摩書房）第137号 pp. 39-59
[153]	共著	1970.6.	『経済学史』（「経済学全集」第3巻） 内田義彦・大野英二・住谷一彦・伊東光晴・平田清明	筑摩書房、1970年6月25日発行
[154]	講演記録	1970.6.1	経済学と歴史認識	『一橋新聞』（一橋大学一橋新聞部）第871号 pp. 2-4
[155]	講演記録	1970.6.8	価値論と歴史認識	『京都大学新聞』（学生団体京都大学新聞社）第1475号 p. 4
[156]	講演記録	1970.6.22	価値論と歴史認識（第2回）	『京都大学新聞』（学生団体京都大学新聞社）第1477号 p. 4
[157]	論説	1970.7.	貨幣把握と歴史認識（上）──『要綱』貨幣章における市民社会の省察──	『思想』（岩波書店）第553号 pp. 1-22
[158]	講演記録	1970.7.6	価値論と歴史認識（第3回）	『京都大学新聞』（学生団体京都大学新聞社）第1479号 p.

完成──」pp. 329-377。

[149] 第 1 日 1969 年 11 月 8 日に発表。

[153] 菊判、(ii)＋xi＋435＋(2)。平田執筆は「終章：地平設定のために・市民社会の経済学批判──所有論としての『資本論』体系──」pp. 326-423。末尾に「1969 年 12 月 29 日早朝、執筆完了」とある。別冊として吉沢芳樹「発展的社会把握におけるリカードウとマルクス」。

[154] 高見出版主催による渋谷山手教会での講演記録。「講演記録テープを編集部が筆録し、それに平田氏の加筆・削除を得て成ったもの」とある。

[155] 5 月 16 日に京都大学新聞社が開催したシンポジウム「価値論と歴史認識」における講演の記録。全 3 回連載。6 月 8 日号には全 4 回掲載とあるが、7 月 6 日号で全 3 回で終了とある。

[157] 全 3 回連載。収録→[177]『経済学と歴史認識』（岩波書店、1971 年）全 6 章の第 2 章、改題「『要綱』貨幣章における貨幣把握と歴史認識──物象化の歴史理論と経済理論──」pp. 107-143。本書ではまた新稿「初期マルクスの歴史認識──『要綱』研究への予備的考察──」を付論として追加。pp. 219-236。

[158] 本号 7 月 6 日号で全 3 回で終了とある。

番号	種類	年月日	題名・書名	掲載紙誌・発行所
				4
[159]	論説	1970.8.	貨幣把握と歴史認識（中）―『要綱』貨幣章における市民社会の省察―	『思想』（岩波書店）第554号 pp. 42-61
[160]	論説	1970.9.	個体的所有の再建に向かって―マルクスの思想的核心―	杉原四郎・尾上久雄・置塩信雄編『経済像の歴史と現代』（有斐閣）pp. 126-138
[161]	論説	1970.10.	貨幣把握と歴史認識（下）―『要綱』貨幣章における市民社会の省察―	『思想』（岩波書店）第556号 pp. 98-124
[162]	報告記録	1970.10.	文化創造の方法―西欧近代、とくにマルクス主義の受入れにおける日本的な歪みとそれを突破するために―	『思想の科学会報』（思想の科学研究会）第68号 pp. 5-10
[163]	学会報告	1970.11	商品物神性論の意義について―歴史理論としての商品論の総括―	『経済学史学会年報』第8号 p. 92
[164]	討論	1970.11.	市民社会論とマルクス主義―『市民社会と社会主義』をめぐって― 平田清明、正村公宏、岸本重陳	『現代の理論』（現代の理論社）第82号（特集：市民社会とマルクス主義）pp. 92-117
[165]	論説	1970.11.	フランス啓蒙思想―市民社会の精神的基盤―	「日本と世界の歴史15」（『18世紀(I)』学習研究社、全22巻）pp. 336-345
[166]	講演記録	1970.11.25	物象的依存関係の廃棄を―個体的所有の再建としてのコミュニズム―(上)	『横浜国立大学新聞』（横浜国立大学新聞会）第233号 p. 2
[167]	論説	1970.12.	物象化と地代範疇（上）―分割地所有論と経済学的三位一体―	『思想』（岩波書店）第558号 pp. 1-27
[168]	論説	1970.12.	アダム=スミス―市民社会の道徳哲学と経済学―	「日本と世界の歴史16」（『18世紀(II)』学習研究社、全22巻）pp. 316-321
[169]	論説	1970.12.	産業革命と金本位制―資	同上書 pp. 330-337

[159] 収録→[177]『経済学と歴史認識』(岩波書店、1971 年) 全 6 章の第 2 章、改題「『要綱』貨幣章における貨幣把握と歴史認識――物象化の歴史理論と経済理論――」pp. 143-175。

[160] 収録→[378]『新しい歴史形成への模索』(新地書房、1982 年)「2：社会主義と自主管理　III：個体的所有と自主管理」の 1、改題「個体的所有の再建にむかって――マルクス思想の核心」pp. 126-138。

[161] 収録→[177]『経済学と歴史認識』(岩波書店、1971 年) 全 6 章の第 2 章、改題「『要綱』貨幣章における貨幣把握と歴史認識――物象化の歴史理論と経済理論――」pp. 175-218。

[162] 思想の科学研究会 1970 年度年次総会 (8 月 23 日、東京青山会館) での公開シンポジウムの記録。

[163] これは第 33 回経済学史学会全国大会での学会発表 [149] の報告要旨である。

[166] 全 2 回連載。「11 月 16 日教育共闘主催による連続シンポジウム『自己否定論の揚棄』の一環」とある。

[167] 全 2 回連載。収録→[177]『経済学と歴史認識』全 6 章の第 6 章、改題「経済学体系における物象化と地代範疇――分割地所有論と経済学的三位一体――」pp. 493-538。

番号	種類	年月日	題名・書名	掲載紙誌・発行所
			本主義的経済秩序の創出──	
[170]	講演記録	1970.12.10	物象的依存関係の廃棄を──個体的所有の再建としてのコミュニズム──(下)	『横浜国立大学新聞』(横浜国立大学新聞会) 第234号 p. 3

1971年

番号	種類	年月日	題名・書名	掲載紙誌・発行所
[171]	論説	1971.2.	物象化と地代範疇(下)──分割地所有論と経済学的三位一体──	『思想』(岩波書店) 第560号 pp. 78-94
[172]	対談	1971.2.	近代化とナショナリズム 高島善哉、平田清明	岩波講座「哲学」第5巻『社会の哲学』(日高六郎・城塚登編) pp. 297-354
[173]	報告討論	1971.2.	シンポジウム:『市民社会と社会主義』をめぐって 宮崎犀一、星野彰男、中野雄策、平田清明	『経済系』(関東学院大学経済学会) 第86号 pp. 64-95
[174]	辞典項目	1971.4.	『哲学事典』〔執筆項目不明〕	平凡社、1954年初版の改訂新版
[175]	論説	1971.5.	経済学史・経済学 資本論研究の新地平	『別冊経済評論』(日本評論社) 第5号 (Summer'71 全面特集「社会科学への招待」) pp. 57-75
[176]	講演記録	1971.5.	所有論と歴史認識	『極北の思想』(北海道解放大学出版会) 第4号 (廃刊号) pp. 101-119
[177]	単行本	1971.8.	『経済学と歴史認識』	岩波書店、1971年8月30日発行
[178]	講演記録	1971.8.	マルクス主義の原像と人間解放	『現代の変革と人間』新地社、pp. 1-56
[179]	対談	1971.9.	芸術とマルクス 木下順二、平田清明	別冊『潮』「日本の将来」(潮出版社) 秋2 (1971年第2号・秋季号) pp. 286-298
[180]	論説	1971.10.	歴史的必然と歴史的選択──マルクス「ザスーリチ	『展望』(筑摩書房) 第154号 pp. 38-58

[171]　収録→[177]『経済学と歴史認識』全 6 章の第 6 章、改題「経済学体系における物象化と地代範疇――分割地所有論と経済学的三位一体――」pp. 539-568。

[173]　『経済系』の特集「市民社会と社会主義の諸問題」のうち「第 1 部」。シンポジウムは 70 年 9 月 21 日に開催された。冒頭で平田の報告は pp. 64-72、討論（シンポジウム）は pp. 72-95。

[177]　A 5 判、xviii＋574＋5＋(2)。
⇒本書の「著作解題」中の『経済学と歴史認識』を参照。
[178]　タイプ印刷で、非売品。

[179]　再録→『To Be or Not To Be：木下順二対談集』）筑摩書房、1977 年 5 月、全 15 対談のうち第 14。pp. 289-306。

[180]　全 3 回連載。収録→[378]『新しい歴史形成への模索』（新地書房、1982 年）全 4 部の 3「必然と選択のディアレクティーク」、改題「歴史における必然と選択――

番号	種類	年月日	題名・書名	掲載紙誌・発行所
			あての手紙」について・文献史と理論内容——	
[181]	論説	1971.11.	歴史的必然と歴史的選択(その2)——マルクス「ザスーリチあての手紙」について・文献史と理論内容——	『展望』(筑摩書房) 第155号 pp. 167-188
[182]	論説	1971.12.	歴史的必然と歴史的選択(最終回)——マルクス「ザスーリチあての手紙」について・文献史と理論内容——	『展望』(筑摩書房) 第156号 pp. 164-189
[183]	小論	1971.12.	経済学と哲学の谷間に	岩波講座「哲学」第15巻『宗教と道徳』(滝沢克己・小倉志祥編) 月報15、pp. 3-5
[184]	辞典項目	1971.12.～	『大百科事典 アルファ』	日本メール・オーダー社
			「共産主義」	66号 pp. 1581-84 ('71.12.12)
			「経済——マルクス経済学」	79号 pp. 1875-78 ('72.3.22)
			「コルベール」	98号 p. 2349(8.2)
			「コンミューン」	100号 p. 2386(8.16)
			「サンジカリズム」	105号 pp. 2513-14(9.20)
			「サン＝シモン」	〃 p. 2514
			「市民」	113号 pp. 2705-07(11.15)
			「社会主義」	114号 pp. 2729-31(11.22)
			「ジャコバン党」	115号 p. 2742(11.29)
			「重農主義」	118号 pp. 2811-12(12.20)
			「人権宣言」	128号 p. 3062('73.2.28)
			「チャーティスト運動」	161号 pp. 3852-53(10.17)

1972年

[185]	論説	1972.3.	物象化と三位一体範式(1)	『思想』(岩波書店) 第573号 pp. 1-31

マルクスをこえるマルクス──」pp. 179-215。

[181] 収録→[378]『新しい歴史形成への模索』(新地書房、1982年) 全4部の3「必然と選択のディアレクティーク」、改題「歴史における必然と選択──マルクスをこえるマルクス──」pp. 216-253。

[182] 収録→[378]『新しい歴史形成への模索』(新地書房、1982年) 全4部の3「必然と選択のディアレクティーク」、改題「歴史における必然と選択──マルクスをこえるマルクス──」pp. 253-285。ただし、「付論:「ザスーリチあて書簡」についての竹内芳郎氏の見解について」は削除された。

[185] 全5回連載。収録→[380]『経済学批判への方法叙説』(岩波書店、1982年)、「V:物象化と三位一体範式──「自由の王国」と「必然の王国」──」pp. 325-375。

番号	種類	年月日	題名・書名	掲載紙誌・発行所
[186]	論説	1972.4.	物象化と三位一体範式(2)	『思想』(岩波書店)第574号 pp. 106-118
[187]	辞典項目	1972.4.～	『世界大百科事典』 「空想的社会主義」 「サン・シモン主義」 「フーリエ」 「フーリエリスム」 「プルードン主義」 「ロマン主義経済学」	平凡社 第8巻 pp. 267-268 第12巻 p. 443 第27巻 p. 161 〃 p. 164 〃 p. 218 第32巻 pp. 500-501
[188]	論説	1972.5.	物象化と三位一体範式(3)	『思想』(岩波書店)第575号 pp. 119-133
[189]	討論	1972.5.	大塚史学とマルクス主義へのチャレンジ 長洲一二、平田清明、山之内靖	『現代の理論』(現代の理論社)第100号 pp. 20-72
[190]	論説	1972.6.	物象化と三位一体範式(4)	『思想』(岩波書店)第576号 pp. 120-132
[191]	論説	1972.7.	「自由の王国」と「必然の王国」――物象化と三位一体範式(5)――	『思想』(岩波書店)第577号 pp. 24-49
[192]	報告討論	1972.7.	明治以後のマルクス主義の受容・その歴史的反省	日本基督教団宣教研究所編『出会い＝日本におけるキリスト教とマルクス主義』(日本基督教団出版局)
[193]	講演記録	1972.7.4.	日本における社会科学研究の新地平	『週刊エコノミスト』(毎日新聞社)第50巻第28号(増大号)pp. 120-132
[194]	講演記録	1972.8.	『資本論』をいかに読むか	『現代の変革と人間(II)』新地社、pp. 87-140
[195]	基調報告	1972.10.6	マルクスの著作における「アジア的生産様式」概念について	シンポジウム:「アジア的生産様式論」をめぐって。1972年10月6日。

1973年

[196]	講演討論	1973.3.	市民社会と福祉	国民生活センター調査研究

[186]　収録→[380]『経済学批判への方法叙説』（岩波書店、1982年)、「V：物象化と三位一体範式──「自由の王国」と「必然の王国」──」pp. 376-397。

[188]　収録→[380]『経済学批判への方法叙説』（岩波書店、1982年)、「V：物象化と三位一体範式──「自由の王国」と「必然の王国」──」pp. 397-420。
[189]　『現代の理論』第100号記念号。特集「戦後思想の原点と戦後マルクス主義──大塚史学・丸山政治学・武谷理論・近代文学──」のひとつである。第1部：問題提起（長洲pp. 20-32、平田pp. 32-37、山之内pp. 37-43)、第2部：討論pp. 43-72。再録→『現代の理論　主要論文集』（現代の理論社、1978年12月）pp. 580-632。
[190]　収録→[380]『経済学批判への方法叙説』（岩波書店、1982年)、「V：物象化と三位一体範式──「自由の王国」と「必然の王国」──」pp. 420-440。
[191]　収録→[380]『経済学批判への方法叙説』（岩波書店、1982年)、「V：物象化と三位一体範式──「自由の王国」と「必然の王国」──」pp. 441-483。

[192]　全5章のうち「第4章pp. 190-290」。「発題」＝平田pp. 190-230。「コメント」＝久世了pp. 231-238。「討論」pp. 239-290。

[193]　講演速記録に加筆。講演会は5月下旬に開かれた。「エコノミスト創刊50年記念講演から　日本における社会科学研究の新地平：平田　日本の文化：松本清張「ヨコメシ・タテメシ」日本人論：堀田善衛」のひとつ。
[194]　タイプ印刷で、非売品。

[195]　再録→[199]『アジア経済』（アジア経済研究所）第14巻第5号pp. 22-32。

[196]　「昭和47年度一般研究　国民福祉向上への課題と展望に関する研究資料(2)　平田

番号	種類	年月日	題名・書名	掲載紙誌・発行所
				部、pp. 1-29
[197]	論説	1973.3.～	ソルボンヌ大学講述…〔の準備草稿〕	〔1973.3.～1974.10.在外研究中のパリ第3大学講義草稿〕
[198]	論説	1973.3.～	現代日本におけるマルクス主義の諸問題	〔1973.3.～1974.10.在外研究中のパリ第3大学東洋言語文化研究所講義草稿〕
[199]	報告討論	1973.5.	シンポジウム：「アジア的生産様式論」をめぐって(1) 佐伯有一、芝原拓自、平田清明、福富正美、松井透、小林文男、多田博一、宮治一雄、山口博一、司会＝林武	『アジア経済』(アジア経済研究所) 第14巻第5号 pp. 2-32
[200]	報告討論	1973.6.	シンポジウム：「アジア的生産様式論」をめぐって(2) 佐伯有一、芝原拓自、平田清明、福富正美、松井透、小林文男、多田博一、宮治一雄、山口博一、司会＝林武)	『アジア経済』(アジア経済研究所) 第14巻第6号 pp. 2-34
[201]	報告討論	1973.8.	シンポジウム：「アジア的生産様式論」をめぐって(3) 佐伯有一、芝原拓自、平田清明、福富正美、松井透、小林文男、多田博一、宮治一雄、山口博一、司会＝林武	『アジア経済』(アジア経済研究所) 第14巻第8号 pp. 2-50

1975年

番号	種類	年月日	題名・書名	掲載紙誌・発行所
[202]	論説	1975.11.	個体的所有概念との出会い——労働と所有のディアレ	『思想』(岩波書店)第617号 pp. 103-125

清明氏講述　市民社会と福祉（昭和48年1月31日講述）」。講述 pp. 1-23、質疑応答 pp. 24-29。

[197]　収録→[638]『平田清明 市民社会を生きる』（晃洋書房、2007年）、改題「マルクス主義研究の現代的問題点――パリ大学ソルボンヌ校講義――」pp. 18-46。

[198]　収録→[638]『平田清明 市民社会を生きる』（晃洋書房、2007年）、改題「現代日本におけるマルクス主義の諸問題――パリ大学ソルボンヌ校講義」pp. 47-70。

[199]　1972年10月6日、10月20日の2回にわたったシンポジウムを全3回掲載したもの。基調報告：芝原「戦前戦後の日本におけるアジア的生産様式論」pp. 3-12、福富「ソビエトにおけるアジア的生産様式論とその政策論的意味」pp. 12-21、平田「マルクスの著作における『アジア的生産様式』概念について」pp. 22-32。1972年10月6日分。

[200]　上記報告にもとづく討論の掲載。1972年10月6日分。

[201]　佐伯の報告「F. テーケイ『アジア的生産様式』「第3章：アジア的生産様式と中国社会の諸問題」論文の「内容検討若干」」pp. 4-10と討論。1972年10月20日分。

[202]　全4回連載。収録→[380]『経済学批判への方法叙説』（岩波書店、1982年）「IV：個体的所有概念との出会い――労働と所有のディアレクティーク――」pp.

番号	種類	年月日	題名・書名	掲載紙誌・発行所
			クティーク――覚え書（上）	
[203]	論説	1975.11.	〈ガイダンス〉経済学史の課題	『経済科学』（名古屋大学経済学会）第23巻第1号 pp. 112-118
[204]	論説	1975.12.	個体的所有概念との出会い――労働と所有のディアレクティーク――覚え書（中）	『思想』（岩波書店）第618号 pp. 113-136
[205]	論説	1975.12.	日常言語と科学的概念――“剰余価値”概念再検討への序章――	『現代思想』（青土社）第3巻第13号（総特集：資本論後期マルクスへの視座）pp. 26-51

1976年

番号	種類	年月日	題名・書名	掲載紙誌・発行所
[206]	論説	1976.1.	個体的所有概念との出会い――労働と所有のディアレクティーク――覚え書（中の続）	『思想』（岩波書店）第619号 pp. 94-109
[207]	論説	1976.2.	個体的所有概念との出会い――労働と所有のディアレクティーク――覚え書（下）	『思想』（岩波書店）第620号 pp. 84-97
[208]	論説	1976.3.	剰余価値概念の再検討	『経済セミナー』（日本評論社）第254号 pp. 80-96
[209]	討論	1976.4.13	個体的所有概念との出会い 千賀重義ほか4名、平田清明	『香川大学新聞』（香川大学新聞会）第149号 pp. 4-5
[210]	論説	1976.6.4	「独裁」概念の放棄か、豊富化か	『朝日ジャーナル』（朝日新聞社）第18巻第22号 pp. 91-98
[211]	論説	1976.6.4	フランス共産党の公開党内論争	同上誌 pp. 91-92
[212]	翻訳	1976.6.4	エチエンヌ・バリバール「プロレタリア独裁について」（『ユマニテ』1976年1月22日）	同上誌 pp. 93-96

207-245。

[204]　収録→[380]『経済学批判への方法叙説』(岩波書店、1982年)「IV：個体的所有概念との出会い――労働と所有のディアレクティーク――」pp. 245-283。

[206]　収録→[380]『経済学批判への方法叙説』(岩波書店、1982年)「IV：個体的所有概念との出会い――労働と所有のディアレクティーク――」pp. 283-307。

[207]　収録→[380]『経済学批判への方法叙説』(岩波書店、1982年)「IV：個体的所有概念との出会い――労働と所有のディアレクティーク――」pp. 307-323。

[208]　収録→[287]『社会形成の経験と概念』(岩波書店、1980年)「第1部：社会認識の経験と概念」のIII、改題「批判的自己了解の学としての経済学――日常語としての「剰余価値」とその概念――」pp. 94-135。

番号	種類	年月日	題名・書名	掲載紙誌・発行所
[213]	翻訳	1976.6.4	ギー・ベス「E.バリバールへの反論」(『ユマニテ』1976年1月23日)	同上誌 pp. 96-98
[214]	論説	1976.7.	フランス人民連合の自己認識――プロレタリア独裁概念の放棄に寄せて――	『世界』(岩波書店)第368号(特集:先進国革命の検討)pp. 68-95
[215]	対談	1976.7.	個体的所有・市民社会・プロレタリア独裁――概念の再把握のために―― 編集部、平田清明	『現代の理論』(現代の理論社)第150号(復刊150号記念特集:現代と社会主義・共産主義)pp. 31-65
[216]	論説	1976.7.9	放棄決定後のプロレタリア独裁――大統領も介入したフランスの場合――	『朝日ジャーナル』第18巻第27号 pp. 30-34
[217]	対談	1976.8.	先進国革命をどう把えるか 井汲卓一、平田清明	『世界政経』(世界政治経済研究所)第5巻第8号(通巻第54号)(特集:現代革命の視座)pp. 126-147
[218]	対談	1976.9.	考えよう、新しい変革への道――『市民社会と社会主義』から―― 平田清明、大島喜四郎、長田真、堀木学、松葉誠一郎	全電通学習誌『あすど』(アスド:全電通労働学校団結の家)第8号 pp. 56-67
[219]	抄訳	1976.9.29	地中海世界と中世ヨーロッパ――ソルボンヌ大J・エルス教授の講演から――	『中日新聞』(中日新聞社)9月29日号夕刊 p. 5

1977年

番号	種類	年月日	題名・書名	掲載紙誌・発行所
[220]	論説	1977.1.	『あすど』の友へ	全電通学習誌『あすど』(アスド:全電通労働学校団結の家)第10号 pp. 10-18
[221]	翻訳	1977.2.	M・リュベール「経済学のプランと方法」(上)	『経済評論』(日本評論社)第26巻第2号 pp. 94-114
[222]	翻訳	1977.3.	M・リュベール「経済学のプランと方法」(下)	『経済評論』(日本評論社)第26巻第3号 pp. 82-102

[214]　収録→[287]『社会形成の経験と概念』(岩波書店、1980年)「第2部：社会闘争の経験と概念」のI、改題「プロレタリア独裁概念の放棄」pp. 167-221。

[216]　収録→[287]『社会形成の経験と概念』(岩波書店、1980年)「第2部：社会闘争の経験と概念　I［付論］」〔表題ママ〕pp. 221-236。

[221]　全2回連載。

[222]　収録→[287]『社会形成の経験と概念』(岩波書店、1980年)「第1部：社会認識の経験と概念」のI、改題「現代日本の比較社会史的一考察——諸文明の弁証法を

番号	種類	年月日	題名・書名	掲載紙誌・発行所
[223]	論説	1977.7.	日欧貿易戦争における経済と文化――外国紙での日本像の検討を通じて――	『経済評論』(日本評論社) 第26巻第7号 pp. 80-92
[224]	対談	1977.8.	現代社会主義再考 平田清明、しまね・きよし	『思想の科学』(思想の科学社) 第79号 (主題:いま、社会主義をどのようにとらえるか) pp. 2-13
[225]	対談	1977.9.	《新風土論》日本の共同体 伊東光晴、平田清明	『経済セミナー』(日本評論社) 第272号 pp. 2-11
[226]	対談	1977.10.	《新風土論》日本の共同体(2) 伊東光晴、平田清明	『経済セミナー』(日本評論社) 第273号 pp. 52-61
[227]	小文	1977.11.	一枚の写真――そこに写っているのは確かに私であった――	『月刊健康』(月刊健康発行所) 第163号 pp. 12-13
[228]	対談	1977.12.	現代社会主義と『市民社会と社会主義』――フランスの自主管理社会主義を中心に―― 編集部、平田清明	『季刊現代の理論』(現代の理論社) 第165号 (1977年冬季号、第14巻第10号) (特集:社会主義への新しい思考) pp. 110-133

1978年

番号	種類	年月日	題名・書名	掲載紙誌・発行所
[229]	論説	1978.2.	哲学と社会を生きる――追憶の森有正――	家永三郎、小牧治編『哲学と日本社会』(弘文堂) pp. 149-182
[230]	論説	1978.3.	Sur la Notion de Propriété Individuelle chez Karl Marx	『経済科学』(名古屋大学経済学会) 第25巻第4号 pp. 1-23
[231]	討論	1978.4.	欧米経済社会考――わが生活体験から―― 助川顕、長幸男、平田清明、〔司会〕伊東光晴	『世界』(岩波書店) 第389号 (特集:世界不況下の経済社会) pp. 88-104
[232]	論説	1978.6.	現代に甦えるマルクス	『経済セミナー』(日本評論社) 第281号 pp. 12-20

模索しつつ――」pp. 45-71。

［225］ 収録→伊東光晴ほか『日本の経済風土』（日本評論社、1978年12月）pp. 114-165。

［226］ 収録→伊東光晴ほか『日本の経済風土』（日本評論社、1978年12月）pp. 114-165。

［229］ 論文末尾に「1977年5月15日執筆」とある。収録→［287］『社会形成の経験と概念』（岩波書店、1980年）「序章」、改題「力としての知を求めて――森有正における経験の弁証法」pp. 1-42。

［231］ 再録→伊東光晴ほか『日本の経済風土』（日本評論社、1978年12月）pp. 1-33。

［232］ 収録→［287］『社会形成の経験と概念』（岩波書店、1980年）「第1部：社会認識の経験と概念」のII、改題「変革の弁証法の蘇生――現代に甦えるマルクス――」

番号	種類	年月日	題名・書名	掲載紙誌・発行所
[233]	論説	1978.6.	自主管理型社会主義への人間科学――J・アタリ『言葉と道具』を読む――	『経済評論』（日本評論社）第27巻第6号 pp. 113-127
[234]	書評	1978.6.2	E・バリバール『プロレタリア独裁とはなにか』加藤晴久訳、新評論	『朝日ジャーナル』（朝日新聞社）第20巻 第22号 pp. 67-69
[235]	小文	1978.7.4	世界という書物の前で……	『週刊エコノミスト』（毎日新聞社）第56巻第27号「私の研究テーマ」欄、p. 47
[236]	論説	1978.7.14	フランス左翼の苦悩と模索	『朝日ジャーナル』（朝日新聞社）第20巻第28号「本：思想と潮流」欄、pp. 61-63
[237]	論説	1978.7.25	フランス左翼の自己革新：「歴史的同盟」と共産党改革――内部批判がめざすもの――	『週刊エコノミスト』（毎日新聞社）第56巻第30号 pp. 26-33
[238]	論説	1978.8.1	フランス左翼の自己革新 第2回：「連合」と「党アイデンティティ」――批判的諸潮流が共同戦線へ――	『週刊エコノミスト』（毎日新聞社）第56巻第31号 pp. 58-63
[239]	論説	1978.8.22	フランス左翼の自己革新 第3回：「政治学批判」としての国家論を――アルチュセールの共産党批判――	『週刊エコノミスト』（毎日新聞社）第56巻第33号、8月15/22日合併号 pp. 108-114
[240]	論説	1978.9.5	フランス左翼の自己革新 第4回：マルクス主義と民主主義（上）――社党内からの問題提起――	『週刊エコノミスト』（毎日新聞社）第56巻第36号 pp. 58-63
[241]	書評	1978.9.11	N・プーランツァス『資本主義国家の構造I』田口富久治・山岸紘一訳、未來社	『日本読書新聞』（日本出版協会）第1972号 p. 8
[242]	論説	1978.9.12	フランス左翼の自己革新 第5回：マルクス主義と民主主義（下）――グラムシに拠りつつ――	『週刊エコノミスト』（毎日新聞社）第56巻第37号 pp. 76-81

pp. 72-93。

[233] 収録→[287]『社会形成の経験と概念』(岩波書店、1980 年)「第 1 部:社会認識の経験と概念」の III、改題「自己管理型社会主義への人間科学的接近——過渡期におけるエネルギーと情報の人間科学(J. アタリ)——」pp. 136-163。

[234] 収録→[378]『新しい歴史形成への模索』(新地書房、1982 年)「4:現代社会主義の書想」の 1、pp. 287-290。

[235] 収録→[443]『平田清明教授　京大時代の小品』(八木紀一郎編集・発行、1986 年)pp. 4-5。

[236] 収録→[287]『社会形成の経験と概念』(岩波書店、1980 年)「第 2 部:社会闘争の経験と概念」の II の「序」、改題「78 年 3 月選挙敗北後の苦悩と模索」pp. 237-244。

[237] 全 7 回連載。収録→[287]『社会形成の経験と概念』(岩波書店、1980 年)「第 2 部:社会闘争の経験と概念　II:連合の敗北と自己変革」の 1、改題「1:「歴史的同盟」と党改革(エレンシュタイン)——民主集中原則と水平的交通様式——」pp. 244-262。

[238] 収録→[287]『社会形成の経験と概念』(岩波書店、1980 年)「第 2 部:社会闘争の経験と概念　II:連合の敗北と自己変革」の 2、改題「2:左翼連合と党アイデンティティ——PCF における批判的諸潮流の形成——」pp. 262-274。

[239] 収録→[287]『社会形成の経験と概念』(岩波書店、1980 年)「第 2 部:社会闘争の経験と概念　II:連合の敗北と自己変革」の 3、改題「2:「政治学批判」としての哲学的省察(アルチュセール)——理論における階級闘争——」pp. 275-290。

[240] 収録→[287]『社会形成の経験と概念』(岩波書店、1980 年)「第 2 部:社会闘争の経験と概念　II:連合の敗北と自己変革」の 4、改題「4:マルクス主義と民主主義——社会党 CERES のシンポジウム——」pp. 290-304。

[241] 収録→[378]『新しい歴史形成への模索』(新地書房、1982 年)「4:現代社会主義の書想」の 2、pp. 291-295。

[242] 収録→[287]『社会形成の経験と概念』(岩波書店、1980 年)「第 2 部:社会闘争の経験と概念　II:連合の敗北と自己変革」の 4、改題「4:マルクス主義と民主主義——社会党 CERES のシンポジウム——」pp. 305-316。

番号	種類	年月日	題名・書名	掲載紙誌・発行所
[243]	論説	1978.9.19	フランス左翼の自己革新 第6回：自己管理主義への二つの接近――現代権力の構造把握から――	『週刊エコノミスト』（毎日新聞社）第56巻第38号 pp. 50-56
[244]	論説	1978.9.26	フランス左翼の自己革新 最終回：マルクス主義なき社会主義――多元的社会主義への方法的基礎――	『週刊エコノミスト』（毎日新聞社）第56巻第39号 pp. 44-52
[245]	共著	1978.10.30	『転換期の思想』 宮崎義一、篠原一、平田清明	新地書房、1978年10月30日発行
[246]	論説	1978.10.	発生史的方法とは何か	『経済セミナー』（日本評論社）第285号 pp. 48-55
[247]	論説	1978.10.	ユーロコミュニズムとレーニン主義――ユーロコミュニズムを定義するもの――	『経済評論』（日本評論社）第27巻第10号 pp. 82-95
[248]	論説	1978.11.	マルクスにおける生産諸力の概念について(1)――生産力の弁証法――	『経済論叢』（京都大学経済学会）第122巻第5/6号 pp. 1-22
[249]	対談	1978.11.	マルクス研究と現代 平田清明、森田桐郎	『経済評論』（日本評論社）第27巻第11号（特集：マルクス研究と現代）pp. 54-74

[243]　収録→[287]『社会形成の経験と概念』（岩波書店、1980年）「第2部：社会闘争の経験と概念　II：連合の敗北と自己変革」の5、改題「4：現代権力への分節構造への諸接近（F・アンケールとJ・L・シャルティエ）」pp. 316-333。

[244]　収録→[378]『新しい歴史形成への模索』（新地書房、1982年）「2：社会主義と自主管理　II：フランスにおける自主管理社会主義の進展」の1〔表題ママ〕pp. 66-88。

[245]　四六判、(i)＋iii＋vii＋334＋2＋(3)。
本書は、1960年代末以降、政治的・経済的に、また文明的にも、時代が大きな曲り角に突入しつつあるという共通認識のもと、「その転換期の構造と思想は何か、またそれが行きつく先はどこか」という点をめぐって、三人の碩学が討論を交わした記録である。「細切れ討論」ではなく、各論者がいわば基調報告ふうに自説を開陳したうえで、そのつど質疑応答を深めるという討論のスタイルが独自である。したがって、経済学、政治学、マルクス学の「最先端における収穫をなるべく多くとりいれ」ながら、「現代という巨像の全体像をよりよくつかまえる」ことが試みられている（はじめに）。折々の専門用語の解説も適切。

本書は次の三つの部分からなる。第1部「55年体制の終焉と現代」、第2部「転換期の諸問題」、第3部「現代社会の変革の運動と論理」。55年体制の政治的・経済的枠組みの史的解析に始まり、資源・エネルギー問題、多国籍企業や南北問題など「国民国家を超えた」諸問題が論じられたうえで、現代社会の変革の運動と論理が検討されている。平田は、とくに第3部で多く発言しており、「個体的所有の再建と自己管理」「個体的所有と市民運動」「市民運動と労働運動」といったテーマの意義と射程が存分に語り出されている。専攻領域の水準に一切の妥協なしに、かつ学際的である対論集として、本書はひとつの範例をなそう。

[246]　収録→[380]『経済学批判への方法叙説』（岩波書店、1982年）「I：物象化論的「資本」範疇の批判的再措定にむかって」の1〔表題ママ〕pp. 1-16。

[247]　収録→[287]『社会形成の経験と概念』（岩波書店、1980年）「第2部：社会闘争の経験と概念　III：自己管理と複数主義の社会主義」の1、改題「ユーロコミュニズムとレーニン主義――社会主義の理念を定義するもの――」pp. 334-360。

[248]　全3回連載。収録→[380]『経済学批判への方法叙説』（岩波書店、1982年）のII、改題「生産諸力の弁証法――社会的生産力の顕勢と潜勢――」pp. 39-62。

番号	種類	年月日	題名・書名	掲載紙誌・発行所
[250]	討論	1978.11.	シンポジウム：新しい所有構造の模索 飯尾要、梅原猛、河合雅雄、作田啓一、平田清明、吉田民人	『創造の世界』（小学館編、小学館）通巻28号（年4回発行）pp. 98-113
[251]	推薦	1978.11.	田中真人『高畠素之――日本の国家社会主義――』	現代評論社、オビ

1979年

番号	種類	年月日	題名・書名	掲載紙誌・発行所
[252]	紹介	1979.1.	〔はしがき〕（荻原宏章「アルジェからの手紙」）	『経済評論』（日本評論社）第28巻第1号 pp. 96-97
[253]	論説	1979.1.	マルクスにおける生産諸力の概念について(2)――生産諸力の弁証法――	『経済論叢』（京都大学経済学会）第123巻第1/2号 pp. 1-23
[254]	論説	1979.2.	複数主義の富――党(PCF)内討議の激流において――	『経済評論』（日本評論社）第28巻第2号 pp. 78-95
[255]	論説	1979.3.	マルクスにおける生産諸力の概念について(3)――生産諸力の弁証法――	『経済論叢』（京都大学経済学会）第123巻第3号 pp. 1-15
[256]	論説	1979.4.	コンメンタール『資本』論第1講：課題と方法――「序言」「後書き」における――〔1：甦る古典　2：「序言」と「後書き」の意義　3：『資本』の研究対象と「究極目的」　4：資本把握の「弁証法的方法」〕	『経済セミナー』（日本評論社）第291号 pp. 115-123
[257]	討論	1979.4.	特別シンポジウム：憂うべき日本社会の右旋回 平田清明、正村公宏、小宮隆太郎	現代経済研究会編集『季刊現代経済』（日本経済新聞社）Spring '79、第34号 pp. 22-38

[250] シンポジウムに先立って、次の報告。吉田民人「資本主義・社会主義パラダイムの終焉――所有論の再建を求めて――」pp. 70-97。

[253] 収録→[380]『経済学批判への方法叙説』(岩波書店、1982 年) II、改題「生産諸力の弁証法――社会的生産力の顕勢と潜勢――」pp. 62-86。

[254] 収録→[287]『社会形成の経験と概念』(岩波書店、1980 年)「第 2 部：社会闘争の経験と概念　III：自己管理と複数主義の社会主義」の 2、改題「複数主義の富――PCF における党内複数主義と復権――」pp. 360-394。

[255] 収録→[380]『経済学批判への方法叙説』(岩波書店、1982 年) II、改題「生産諸力の弁証法――社会的生産力の顕勢と潜勢――」pp. 86-102。この(3)のみ、再録→『経済論叢』(京都大学経済学会) 第 189 巻第 1 号 (創刊 100 周年記念号；戦後編) 2015 年 4 月、pp. 129-138。

[256] 収録→[293]『コンメンタール「資本」』1 (日本評論社、1980 年) 第 1 講、改題「課題と方法――『序言』『後書き』に即して」pp. 3-20。
『経済セミナー』(以下『経セミ』と略す) 連載の「コンメンタール『資本』論」は、第 5 講以降、初出『経セミ』と単行本『コンメンタール「資本」』(1～4) とのあいだに講番号のズレが発生する。最終的に、『経セミ』の 46 の講が単行本では 32 の講に集約される (本書「コンメンタール『資本』(全四冊) 解題」の 76～77 頁を参照)。この備考欄では、講番号のズレはいちいちには指摘しない。表題につき、変更があった場合は「改題」として指示し、変更がなかった場合は〔表題ママ〕と示す。(一) (二)、(上) (下) 等の異同があってもこれは「変更なき場合」に含め〔表題ママ〕とした。

[257] 報告「憂うべき右旋回――現代日本の政治経済的状況――」小宮隆太郎 pp. 4-21、討論：平田・正村・小宮 pp. 22-38。

番号	種類	年月日	題名・書名	掲載紙誌・発行所
[258]	辞典項目	1979.4.	『大月 経済学辞典』経済学辞典編集委員会編 「自然法」 「社会主義思想」	大月書店 p. 391 pp. 442-443
[259]	推薦	1979.4.	マルクス経済学と近代経済学の主論点を解明	大阪市立大学経済研究所編『経済学辞典第2版』(岩波書店、1979年6月) 内容見本パンフレット
[260]	小文	1979.4.	近代的悟性を越えた弁証法的理性	『経済セミナー』(日本評論社) 第291号 p. 126
[261]	論説	1979.5.	第2講：未完の書『資本』の輪郭〔1：資本の日常的概念とその批判的自己了解 2：近代的魔術からの解放〕	『経済セミナー』(日本評論社) 第292号 pp. 116-125
[262]	論説	1979.5.	自己管理と複数主義	『世界』(岩波書店) 第402号 (特集：重き社会主義の現実) pp. 103-124
[263]	談話	1979.5.14	世界史の複数主義的把握──フランス語版『資本論』の意義──	『日本読書新聞』(日本出版協会) 第2006号 p. 1
[264]	論説	1979.6.	第3講：商品論の基本構成〔1：始源としての商品──その文化史的特徴 2：第1章「商品」および第1篇「商品と貨幣」の輪郭 3：商品存在の二重性 4：労働の二重性〕	『経済セミナー』(日本評論社) 第293号 pp. 122-133
[265]	論説	1979.6.	社会主義の危機か、中越戦争の意味	『月刊総評』(日本労働組合総評議会) 第258号 (特集：労働運動と社会主義 III) pp. 22-33
[266]	報告	1979.6.	個体的所有と自主管理社会主義	『社会主義と労働運動』(社会主義理論政策センター) 第3巻第6号 pp. 3-8
[267]	論説	1979.6.8	中越戦争と社会主義──『ヌ	『朝日ジャーナル』(朝日新聞

[260] 雑誌巻末にある「筆者からのひとこと」欄。コンメンタール『資本』論を始めるにあたっての小文。

[261] 収録→[293]『コンメンタール「資本」』1（日本評論社、1980年）第2講〔表題ママ〕pp. 21-40。

[262] 収録→[287]『社会形成の経験と概念』（岩波書店、1980年）「第2部：社会闘争の経験と概念　III：自己管理と複数主義の社会主義」の3、改題「ユーロコミュニスムの探求――自己管理と複数主義――」pp. 395-434。

[263] 編集部まえがきによれば、インタビュー内容は、(1)邦訳が刊行されたフランス語版（ラシャトル版）『資本論』の意義、(2)『資本論』の方法（発生論的方法）、(3)フランス共産党（PCF）を軸にしたコミュニズムと現代、だったが、(2)(3)は割愛されている。

[264] 収録→[293]『コンメンタール「資本」』1（日本評論社、1980年）第3講〔表題ママ〕pp. 41-66。

[266] 3月に開かれた社会主義理論政策センター第21回定例研究会での報告。文責・見出しは編集部。

[267] 収録→[378]『新しい歴史形成への模索』（新地書房、1982年）「1：社会主義の翳

番号	種類	年月日	題名・書名	掲載紙誌・発行所
			ーヴェル・クリティーク』誌ほか──	社）第21巻第22号「本：思想と潮流」欄、pp. 61-63
[268]	書評	1979.6.19	E・バリバール『史的唯物論研究』今村仁司訳、新評論	『週刊エコノミスト』（毎日新聞社）第57巻第24号 pp. 92-94
[269]	書評	1979.6.25	PCF党内論争の二文献──アルチュセールとモリナ=ヴァルガス──	『日本読書新聞』（日本出版協会）第2012号 p. 6
[270]	辞典項目	1979.6.	『経済学辞典第2版』大阪市立大学経済研究所編	岩波書店
			「三位一体範式」	pp. 534-535
			「生産的消費・個人的消費」	pp. 764-765
			「物神崇拝」	p. 1164
[271]	編著	1979.8.	『社会思想史』平田清明編著	青林書院新社、1979年8月6日発行
[272]	小文	1979.8.	序（はしがき）	同上書 pp. i-ii
[273]	論説	1979.8.	マルクス主義の生成と構造	同上書、第7章 pp. 295-367
[274]	論説	1979.8.	第4講：価値形態の展開〔1：価値形態論の課題をめぐって　2：商品の相対的価値表現の展開　3：小括	『経済セミナー』（日本評論社）第295号 pp. 113-125

りのなかで」の3、副題削除 pp. 13-20。

[268] 収録→[378]『新しい歴史形成への模索』(新地書房、1982年)「4：現代社会主義の書想」の3、pp. 296-299。

[269] とりあげているのは、アルチュセール『共産党のなかでこれ以上つづいてはならないこと』(加藤晴久訳)、モリナ&ヴァルガス『革命か改良か』(山辺雅彦訳)。収録→[378]『新しい歴史形成への模索』(新地書房、1982年)「4：現代社会主義の書想」の4、pp. 300-305。

[271] A5判、(ii)+viii+402+11+5+(1)。韓国語版→『社会思想史』平田清明編著、チャン・ハジン翻訳、1982年12月1日初版発行。表紙書名の下に、小振りの文字で「批判的社会認識の発生史」と謳う。
「本書は、ベイコンから始まりルカーチでひとまず終わる社会知の発生史として編まれた。そこでは、西欧社会史の諸画期を代表する諸思想が問題史の素材としてとりあげられている」(序、p. 2)。網羅的でもなく代表例として委曲を尽くすものでもないにせよ、「社会形成の批判的な理論史」(同上)を浮き彫りにしたものと自己評価されている。──第1章：ベイコンの社会思想、第2章：イギリスにおける市民社会思想の成立、第3章：フランス啓蒙思想とルソー──フランス革命と啓蒙思想、第4章：イギリス古典経済学における社会理論、第5章：ドイツ古典哲学の社会思想、第6章：フランス社会主義の諸潮流──社会主義における政治と経済、第7章：マルクス主義の生成と構造、第8章：ルカーチと西欧マルクス主義。平田は第7章を執筆した。この章は、[637]『市民社会思想の古典と現代』の第4章として再録された。

[273] 再録→[637]『市民社会思想の古典と現代』(有斐閣、1996年)「第4章」原題ママ pp. 193-282。

[274] 収録→[293]『コンメンタール「資本」』1(日本評論社、1980年)第4講〔表題ママ〕pp. 67-95。

番号	種類	年月日	題名・書名	掲載紙誌・発行所
			──価値の軌跡と実体〕	
[275]	論説	1979.9.	第5講：商品物神と交換過程〔1：形態論と物神性論 2：商品物神の存在様式とその理論的解体〕	『経済セミナー』（日本評論社）第296号 pp. 120-131
[276]	論説	1979.9.	分岐点に立つユーロソシアリズム──フランス社会党メッツ大会での党内複数主義の総括──	『経済評論』（日本評論社）第28巻第9号 pp. 102-118
[277]	論説	1979.9.	フランス社会党の試練	『月刊総評』（日本労働組合総評議会）第261号 pp. 68-72
[278]	論説	1979.10.	第6講：商品物神と交換過程（続）〔3：交換過程の矛盾的展開──その批判的自己了解──〕	『経済セミナー』（日本評論社）第297号 pp. 119-131
[279]	講演	1979.10.20	河上肇の社会科学	河上肇生誕100年記念講演会、京都大学法経第1教室
[280]	論説	1979.11.	第7講：貨幣または商品流通〔1：価値尺度　2：流通手段〕	『経済セミナー』（日本評論社）第298号 pp. 119-131
[281]	論説	1979.12.	第8講：「貨幣としての貨幣」および「貨幣の資本への転化」〔1：貨幣としての貨幣──固有な意味での貨幣──〕	『経済セミナー』（日本評論社）第299号 pp. 121-131
[282]	論説	1979.12.26	左翼──混迷の中、新たな模索──	『信濃毎日新聞』（信濃毎日新聞社）朝刊「過ぎてゆく一つの時代」欄〈19〉、p. 8

1980年

番号	種類	年月日	題名・書名	掲載紙誌・発行所
[283]	論説	1980.1.	第9講：「貨幣としての貨幣」および「貨幣の資本への転化」（続）〔2：貨幣の資本への転化〕	『経済セミナー』（日本評論社）第300号 pp. 163-176

[275]　収録→[293]『コンメンタール「資本」』1（日本評論社、1980年）第5講〔表題ママ〕pp. 97-120。この第5講以降、初出『経セミ』と単行本『コンメンタール「資本」』とのあいだに講番号のズレが発生する。

[276]　収録→[287]『社会形成の経験と概念』（岩波書店、1980年）「第2部：社会闘争の経験と概念　III：自己管理と複数主義の社会主義」の「4：ユーロソシアリスムの模索――資本主義的高度産業社会の変革――」pp. 434-471。

[277]　収録→[287]『社会形成の経験と概念』（岩波書店、1980年）「第2部：社会闘争の経験と概念　III：自己管理と複数主義の社会主義」の「4：ユーロソシアリスムの模索――資本主義的高度産業社会の変革――」pp. 434-471。

[278]　収録→[293]『コンメンタール「資本」』1（日本評論社、1980年）第5講〔表題ママ〕〔つづき〕pp. 120-145。

[279]　再録→[309]『求道の人・河上肇』（新評論、1980年）pp. 149-188。

[280]　収録→[293]『コンメンタール「資本」』1（日本評論社、1980年）第6講〔表題ママ〕pp. 147-173。

[281]　収録→[293]『コンメンタール「資本」』1（日本評論社、1980年）第7講〔表題ママ〕pp. 175-195。

[282]　収録→[378]『新しい歴史形成への模索』（新地書房、1982年）「1：社会主義の翳りのなかで」の1、改題「社会主義――混迷のうちの模索」pp. 1-7。

[283]　収録→[293]『コンメンタール「資本」』1（日本評論社、1980年）第7講〔表題ママ〕〔つづき〕pp. 195-223。

番号	種類	年月日	題名・書名	掲載紙誌・発行所
[284]	回答	1980.1.7	1979年度　今年の収穫	『日本読書新聞』(日本出版協会) 第2038号 (1979.12.31/1980.1.7合併号) p. 9
[285]	小論	1980.1.8	模索と動揺の80年代	『京都新聞』(京都新聞社) 第35293号、朝刊 p. 13
[286]	論説	1980.2.	コンメンタール『資本』論第10講：剰余価値の生産〔1：絶対的剰余価値の生産〕	『経済セミナー』(日本評論社) 第301号 pp. 127-141
[287]	単行本	1980.2.	『社会形成の経験と概念』	岩波書店、1980年2月25日発行
[288]	論説	1980.3.	第11講：剰余価値の生産(2)〔II：相対的剰余価値の生産　序　相対的剰余価値論の輪郭　A　相対的剰余価値の概念〕	『経済セミナー』(日本評論社) 第302号 pp. 122-132
[289]	論説	1980.4.	第12講：剰余価値の生産(3)〔II：相対的剰余価値の生産　B　相対的剰余価値の特殊的生産諸方法〕	『経済セミナー』(日本評論社) 第303号 pp. 108-122
[290]	論説	1980.4.	相対的剰余価値の概念に関する覚え書――物象化論的「資本」範疇の批判的再措定に向かって――	一橋大学経済研究所編集『経済研究』(岩波書店) 第31巻第2号 pp. 97-106
[291]	論説	1980.5.	第13講：剰余価値の生産(4)――剰余(増加)価値と労賃〔III：絶対的および相対的剰余価値の生産(増加価値の生成)〕	『経済セミナー』(日本評論社) 第304号 pp. 144-156
[292]	論説	1980.6.	第14講　剰余価値の生産(5)――労賃〔IV：労賃　序にかえて――労賃論の体系的意義――　A　労働力の価値・価格の労賃への転化　B　賃金形態――時間賃金と個数賃金――　C	『経済セミナー』(日本評論社) 第305号 pp. 119-132

備考

[284]　アンケートへの回答。3点の書物をあげている。『森有正全集』（筑摩書房）、細見英『経済学批判と弁証法』』（未來社）、S・ハイマー『多国籍企業論』（宮崎義一編訳、岩波書店）。

[285]　収録→[378]『新しい歴史形成への模索』（新地書房、1982年）「1：社会主義の翳りのなかで」の2〔表題ママ〕pp. 8-12。

[286]　収録→[322]『コンメンタール「資本」』2（日本評論社、1981年）第8講、改題「絶対的剰余価値の生産」pp. 225-257。

[287]　B6判、ix＋477＋(2)。
⇒本書の「著作解題」中の『社会形成の経験と概念』を参照。

[288]　収録→[322]『コンメンタール「資本」』2（日本評論社、1981年）第9講、改題「相対的剰余価値の生産」pp. 259-280。

[289]　収録→[322]『コンメンタール「資本」』2（日本評論社、1981年）第9講、改題「相対的剰余価値の生産〔つづき〕」pp. 280-310。

[290]　収録→[380]『経済学批判への方法叙説』（岩波書店、1982年）「I：物象化論的「資本」範疇の批判的再措定にむかって」の2、副題「向かって」を「むかって」に改題、pp. 17-37。

[291]　収録→[322]『コンメンタール「資本」』2（日本評論社、1981年）第10講、改題「剰余（増加）価値と労賃」pp. 311-337。

[292]　収録→[322]『コンメンタール「資本」』2（日本評論社、1981年）第10講、改題「剰余（増加）価値と労賃〔つづき〕」pp. 337-366。

番号	種類	年月日	題名・書名	掲載紙誌・発行所
			諸国民的賃金率と価値法則〕	
[293]	単行本	1980.7.	『コンメンタール「資本」』1	日本評論社、1980年7月10日発行。
[294]	論説	1980.7.	第15講：資本の蓄積過程(1)〔I：単純再生産　II：資本の蓄積──剰余価値の資本への（再）転化〕	『経済セミナー』（日本評論社）第306号 pp. 108-121
[295]	論説	1980.7.	剰余（増加）価値のプロブレマティーク──物象化視座と領有論的課題──	『経済系』（関東学院大学経済学会）第124集（高島善哉教授退職記念号）pp. 1-12
[296]	報告	1980.7.	復権されるべき社会主義の内実	『社会主義と労働運動』（社会主義理論政策センター）第4巻第7号 pp. 3-8
[297]	小文	1980.7.	ホームグラウンドに立ち帰った気安さ	『社会運動研究センター準備会・会報　社会運動』（社会運動研究センター設立準備会）第4号 pp. 16-19
[298]	対談	1980.7.21	社会主義の再定義　平田清明、内田弘	『日本読書新聞』（日本出版協会）第2066号 pp. 1-2
[299]	論説	1980.8.	自己管理社会主義の三潮流──自己管理思想の社会主義諸党への浸透（フランスの場合）──	伊東光晴・森恒夫編『現代資本主義──その理論と現状──』（日本評論社）（宮崎義一教授還暦記念論文集の第2巻）pp. 13-35
[300]	論説	1980.8.	第16講：資本の蓄積過程(2)〔II：資本の蓄積〔つづき〕　III：資本蓄積の一般法則〕	『経済セミナー』（日本評論社）第307号 pp. 120-131
[301]	論説	1980.9.	一つのデカルト像──マルクスとデカルト──	中川秀恭編『森有正記念論文集──経験の水位から──』（出版：新地書房、発売：技報堂出版）pp. 165-199
[302]	論説	1980.9.	第17講：資本の蓄積過程(3)〔III：資本蓄積の一般	『経済セミナー』（日本評論社）第308号 pp. 124-136

[293]　A 5 判、(ii)＋x＋223＋3＋(1)。
⇒本書の「著作解題」中の『コンメンタール「資本」』（全 4 冊）を参照。

[294]　収録→[322]『コンメンタール「資本」』2（日本評論社、1981 年）第 11 講〔表題ママ〕pp. 367-393。

[296]　社会主義理論政策センター結成 4 周年記念シンポジウム「社会主義の復権」での報告。1980 年 5 月 24 日、於 PLP 会館。コメントは、I：沖浦和光「人類史の未来と社会主義」、II：水原輝雄（学習運動連絡会議）「トータルな革命戦略を」、司会は小寺山康雄（社会主義理論政策センター）。

[297]　再録→『社会運動』（社会運動研究センター、1995 年 4 月）第 181 号 pp. 4-6。

[299]　この論説の末尾に「フランスにおける自己管理社会主義理念の展開過程」と題する、1956 年から'80 年に至る歴史表がある。pp. 34-35。収録→[378]『新しい歴史形成への模索』（新地書房、1982 年）「2：社会主義と自主管理」　III：個体的所有と自主管理」の 2、表題中の「自己管理」を「自主管理」に改題 pp. 139-178。

[300]　収録→[322]『コンメンタール「資本」』2（日本評論社、1981 年）第 11 講〔表題ママ〕〔つづき〕pp. 393-415。

[301]　末尾に「1979・9・6　信州追分にて」とある。

[302]　収録→[322]『コンメンタール「資本」』2（日本評論社、1981 年）第 11 講〔表題ママ〕〔つづき〕pp. 415-441。

番号	種類	年月日	題名・書名	掲載紙誌・発行所
			法則〔つづき〕〕	
[303]	論説	1980.9/10.	経済学のプランと方法(上)——M・リュベールの所説によせて——	『経済論叢』(京都大学経済学会) 第126巻第3/4号 pp. 1-20
[304]	報告	1980.9.	〈生産 production〉について	伊東光晴〈責任編集〉『〈もの〉からの発言… 作る』平凡社カルチャー today ⑤ (平凡社) pp. 188-213
[305]	討論	1980.9.	廃棄の時代から計画の時代へ 伊東光晴(司会)、有吉佐和子、華山謙、平田清明	同上書 pp. 6-87
[306]	辞典項目	1980.9.	『経済学大辞典』(第2版) 編集委員代表:熊谷尚夫・篠原三代平 「共産主義思想Communism」	東洋経済新報社、第3巻 pp. 370-381
[307]	小文	1980.9.	編集後記	経済理論学会編『現代資本主義と国家』経済理論学会年報第17集(青木書店)p. 296
[308]	論説	1980.10.	第18講:資本の本源的蓄積(1)〔I:原蓄の神話と原蓄の秘密 II:原蓄の画期的諸位相(諸審級)〕	『経済セミナー』(日本評論社) 第309号 pp. 108-121
[309]	講演記録	1980.10.	河上肇の社会科学——河上肇における経済学と唯物史観——	住谷一彦編『求道の人・河上肇』(新評論) pp. 149-188
[310]	書評	1980.10.	イヴォン・ブールデ、アラン・ギレルム『自主管理とは何か?』(海原峻・宇佐見玲里訳、五月社)	『社会運動』(社会運動研究センター) 第7号 pp. 31-32
[311]	論説	1980.11.	第19講:資本の本源的蓄積(2)〔III:資本家的蓄積の歴史的傾向〕	『経済セミナー』(日本評論社) 第310号 pp. 118-125
[312]	論説	1980.11/12.	経済学のプランと方法(下)——M・リュベールの	『経済論叢』(京都大学経済学会) 第126巻第5/6号 pp. 1-

[303] 収録→[380]『経済学批判への方法叙説』(岩波書店、1982年)「III:経済学批判への方法的模索　2:経済学のプランと方法──M.リュベールの所説によせて──」pp. 163-184。

[304] 次項座談会に対する報告。

[305] 末尾に、座談会の日付が「1979年6月8日」とある。

[308] 収録→[322]『コンメンタール「資本」』2(日本評論社、1981年)第12講〔表題ママ〕pp. 443-472。

[309] 河上肇生誕100年記念講演会(1979年10月20日、京都大学法経第1教室)で「河上肇の社会科学」と題して報告。

[310] 収録→[378]『新しい歴史形成への模索』(新地書房、1982年)「4:現代社会主義の書想」の5、pp. 306-309。

[311] 収録→[322]『コンメンタール「資本」』2(日本評論社、1981年)第12講〔表題ママ〕pp. 472-488。

[312] 収録→[380]『経済学批判への方法叙説』(岩波書店、1982年)「III:経済学批判への方法的模索　2:経済学のプランと方法──M.リュベールの所説によせて

番号	種類	年月日	題名・書名	掲載紙誌・発行所
			所説によせて――	20
[313]	辞典項目	1980.11.	『経済学辞典』大河内一男・大河内暁男・貝塚啓明・加藤三郎・高梨昌・田添京二・中村隆英・兵藤釗共編〔執筆項目不明〕	青林書院新社
[314]	推薦	1980.11.	勇敢かつ大胆な企画	置塩信雄・佐藤金三郎・高須賀義博・本間要一郎編『現代資本主義分析』全14冊（岩波書店）内容見本パンフレット
[315]	小文	1980.11.	やっと第1部	『経済セミナー』（日本評論社）第310号、経セミ・コア「あとがき」欄 p. 128
[316]	小文	1980.11.	断想――歌劇「ナクソス島のアリアドネ」	民主音楽協会関西事務局『音楽の街』Vol. 8
[317]	論説	1980.12.	コンメンタール『資本』論――『資本』第2部「資本の流通過程」　第20講：貨幣資本の循環〔第2部に入るにあたって　I：貨幣資本の循環〕	『経済セミナー』（日本評論社）第311号 pp. 116-129

1981年

番号	種類	年月日	題名・書名	掲載紙誌・発行所
[318]	論説	1981.1.	第21講：貨幣資本循環と生産資本循環〔I：貨幣資本の循環〔つづき〕　II：生産資本の循環〕	『経済セミナー』（日本評論社）第312号 pp. 116-129
[319]	書評	1981.1.5	R・バーロ『社会主義の新たな展望』I・II（永井清彦・村山高康訳、岩波書店）	『日本読書新聞』（日本出版協会）第2089号、1981.1.5/12合併号 p. 9
[320]	対談	1981.1.6	曲がり角の日本と社会科学――どのような目で現代を	『週刊エコノミスト』（毎日新聞社）第59巻第1号、

──」pp. 184-205。

[317]　収録→[364]『コンメンタール「資本」』3（日本評論社、1982年）「第2部にはいるにあたって」pp. 491-501。第13講、改題「貨幣資本の循環（1）──「過程する資本価値」の分節＝連節的解明」pp. 503-522。

[318]　収録→[364]『コンメンタール「資本」』3（日本評論社、1982年）、第14講、改題「貨幣資本の循環（2）──G…G′の総循環」pp. 523-537。第15講、改題「生産資本の循環」pp. 539-554。

[319]　収録→[378]『新しい歴史形成への模索』（新地書房、1982年）「4：現代社会主義の書想」の6、pp. 310-315。

番号	種類	年月日	題名・書名	掲載紙誌・発行所
			みるべきか―― 内田義彦、平田清明	1980.12.30/1981.1.6、1981年新年倍大号 pp. 116-127
[321]	書評	1981.1.23	キャロル・C・グールド『「経済学批判要綱」における個人と共同体――社会存在論の哲学的研究――』(平野英一・三階徹訳、合同出版)	『朝日ジャーナル』(朝日新聞社) 第23巻第3号 pp. 68-70
[322]	単行本	1981.2.	『コンメンタール「資本」』2	日本評論社、1981年2月10日発行
[323]	論説	1981.2.	第22講：商品資本の循環〔III：商品資本の循環〕	『経済セミナー』(日本評論社) 第313号 pp. 117-129
[324]	討論	1981.2.	平田清明氏に聞く――新しい経済学の立場から―― 聞き手：鶴見俊輔・加太こうじ、平田清明	『思想の科学』(思想の科学社) 第128号、臨時増刊号(特集：第三次世界大戦と現代資本主義) pp. 2-20
[325]	書評	1981.2.9	ズデヌク・ムリナーシ『夜寒　プラハの春の悲劇』(相沢久監訳・三浦健次訳、新地書房)	『週刊読書人』(日本書籍出版協会) 第1368号 p. 4
[326]	小論	1981.3.	意見書	〔1981年3月執筆の草稿〕
[327]	共著	1981.3.	文部省検定済教科書、高等学校社会科用『高等学校現代社会』 小牧治、平田清明、星野安三郎ほか8名	清水書院、昭和　年　月　日初版発行、昭和56年3月31日文部省検定済、昭和57年度用
[328]	論説	1981.3.	第23講　三循環の統一と流通時間(費)〔IV：三循環の統一　V：流通時間と流通費〕	『経済セミナー』(日本評論社) 第314号 pp. 113-128
[329]	論説	1981.3.	アルチュセールの悲劇	『経済評論』(日本評論社) 第30巻第3号 pp. 84-89
[330]	論説	1981.4.	第24講：資本の回転〔回	『経済セミナー』(日本評論

[321]　収録→[378]『新しい歴史形成への模索』(新地書房、1982年)「4：現代社会主義の書想」の7、pp. 316-319。

[322]　A5判、(ii)＋xv＋266＋3＋(1)。
⇒本書の「著作解題」中の『コンメンタール「資本」』(全4冊) を参照。

[323]　収録→[364]『コンメンタール「資本」』3 (日本評論社、1982年) 第16講〔表題ママ〕pp. 555-580。

[325]　収録→[378]『新しい歴史形成への模索』(新地書房、1982年)「4：現代社会主義の書想」の8、pp. 320-322。

[326]　次項教科書『高等学校 現代社会』中の「帝国主義」語につき旧文部省教科書検定審査官から削除指示 (1981年3月) が出た。これに対して反論した意見書の、最初の手書き原稿。B4判400字詰原稿用紙2枚。収録→[638]『平田清明 市民社会を生きる』(晃洋書房、2007年) pp. 217-220。

[327]　執筆担当は「第1篇：現代社会の基本的な問題　第2章：現代の経済機構と国民福祉」pp. 56-108。3月31日は文部省検定を通過した日。翌1982年3月、副読本『高等学校現代社会：指導と研究』を発行。

[328]　収録→[364]『コンメンタール「資本」』3 (日本評論社、1982年) 第17講、改題「三循環の統一」pp. 581-600。第18講、改題「流通時間と流通費」pp. 601-613。

[330]　収録→[364]『コンメンタール「資本」』3 (日本評論社、1982年) 第19講、改題

番号	種類	年月日	題名・書名	掲載紙誌・発行所
			転論に入るにあたって I：回転論と循環論──三循環の統一と回転期間の組成 II：回転論の基礎範疇〕	社）第315号 pp. 115-131
[331]	論説	1981.4-10.	Conceptual Evolution of "Capital in Process" in "Foundations of the Critique of Political Economy"	The Kyoto University Economic Review, Vol. LI, No.1-2 (Whole No.110-111) April-October 1981, pp. 1-35
[332]	辞典項目	1981.4.20	『世界大百科辞典』	平凡社
			「空想的社会主義」	第8巻 p. 267
			「サン・シモン主義」	第12巻 p. 443
			「フーリエ」	第27巻 p. 161
			「フーリエリスム」	〃 p. 164
			「プルードン主義」	〃 p. 218
			「ロマン主義経済学」	第32巻 pp. 500-501
[333]	小文	1981.4.	原著者と苦楽を分かち合う──コンメンタール『資本』2	『経済評論』第30巻第4号、『経済セミナー』第315号、「日本評論社・出版案内＝'81・3対話の窓・今月の著者」欄
[334]	論説	1981.5.	第25講：資本の回転(II)〔III：流動資本一般の回転法則　IV：可変資本の回転と年剰余価値率〕	『経済セミナー』（日本評論社）第316号 pp. 114-128
[335]	講演記録	1981.5.6	経済学と社会認識──『資本』の現代的意義──	『滋賀大学陵水新聞』（滋賀大学陵水新聞会）第128号 p. 1
[336]	小論	1981.5.25	フランスの新しい実験──ミッテランの7年──	『毎日新聞』（毎日新聞社）5月25日東京夕刊 p. 5
[337]	論説	1981.6.	第26講：資本の回転(III)〔IV：可変資本の回転と年剰余価値率〔つづき〕 V：回転論としての蓄積（＝再生産）論の論点開示──剰余価値の流通と蓄蔵貨幣　結語〕	『経済セミナー』（日本評論社）第317号 pp. 120-134

「回転論の主題と基礎範疇」pp. 615-648。

[331]　[380]『経済学批判への方法叙説』(岩波書店、1982年) のための書き下ろしの一篇 (同書、III-1「『経済学批判要綱』における「過程する資本」の概念展開」) を、英文で発表したもの。同書 p. 488「初出標題・掲載誌一覧」による。

[334]　収録→[364]『コンメンタール「資本」』3 (日本評論社、1982年) 第20講、改題「流動資本一般の回転法則」pp. 649-670。第21講、改題「可変資本の回転と年剰余価値率」pp. 671-677。

[335]　第14回滋賀大学祭。「講演会々録の一部を掲載する」。

[336]　収録→[378]『新しい歴史形成への模索』(新地書房、1982年)「1：社会主義の翳りのなかで」の4、副題削除 pp. 21-26。

[337]　収録→[364]『コンメンタール「資本」』3 (日本評論社、1982年) 第21講、改題「可変資本の回転と年剰余価値率〔つづき〕」pp. 677-684。第22講、改題「回転論としての蓄積 (＝再生産) 論の論点開示――剰余価値の流通と蓄蔵貨幣」pp. 685-704。

番号	種類	年月日	題名・書名	掲載紙誌・発行所
[338]	小論	1981.6.	労働時間と労働の強度	『経済セミナー』（日本評論社）第317号「セミナー質問箱」欄 pp. 134-135
[339]	討論	1981.6.	曲り角にきた日本をどう捉えるか 中岡哲郎、沖浦和光、熊沢誠、平田清明、司会＝山崎春成	『社会主義と労働運動』（社会主義理論政策センター）第5巻第6号 pp. 3-23
[340]	講演記録	1981.6.	現代における市民社会・国家・共同体――転換期の思想を求めて――	『自治と社会』（自治社会研究会）第4号
[341]	論説	1981.7.	第27講：流通＝および再生産過程の実在的諸条件――再生産表式論(1)〔表式論に入るにあたって　I：問題の措定　II：単純再生産〕	『経済セミナー』（日本評論社）第318号 pp. 92-103
[342]	対談	1981.7.5	保守と革新のはざまで――変革の新風に日本はどう対処する―― 平田清明、伊東光晴	『週刊エコノミスト』（毎日新聞社）第59巻第26号、臨時増刊（特集：供給の経済学現代資本主義を救えるか）pp. 152-166
[343]	論説	1981.7.20	現代世界の問題史的なリアリティ――いまポーランドで起こっていること――	『週刊読書人』（株式会社読書人）第1391号 p. 1
[344]	論説	1981.8.	第28講：流通＝および再生産過程の実在的諸条件――再生産表式論(2)〔II：単純再生産〔つづき〕〕	『経済セミナー』（日本評論社）第319号 pp. 115-127
[345]	論説	1981.8.25	いまフランスで始まっていること――「人間の顔をした社会主義」の内実――	『週刊エコノミスト』（毎日新聞社）第59巻第33号、8月18/25日合併号 pp. 28-34
[346]	論説	1981.9.	第29講：流通＝および再生産過程の実在的諸条件――再生産表式論(3)〔II：単純再生産〔つづき〕〕	『経済セミナー』（日本評論社）第320号 pp. 115-131

[339]　社会主義理論政策センターの結成5周年記念座談会。第1部：問題提起「現代世界史のなかの日本」中岡哲郎pp. 4-10、第2部：討論「日本は第3世界のモデルたりうるか」pp. 11-23。

[341]　収録→[364]『コンメンタール「資本」』3（日本評論社、1982年）第23講、改題「再生産表式論の問題措定」pp. 705-718。第24講、改題「単純再生産」pp. 719-731。

[343]　収録→[378]『新しい歴史形成への模索』（新地書房、1982年）「2：社会主義と自主管理　I：ポーランドの再生と挫折」の1、改題「1980年夏――いまポーランドで起こっていること」pp. 45-51。

[344]　収録→[364]『コンメンタール「資本」』3（日本評論社、1982年）第24講、改題「単純再生産〔つづき〕」pp. 731-753。

[345]　収録→[378]『新しい歴史形成への模索』（新地書房、1982年）「2：社会主義と自主管理　II：フランスにおける自主管理社会主義の進展」の2、改題「新しいフランス革命――いまフランスで始まっていること」pp. 89-109。

[346]　収録→[364]『コンメンタール「資本」』3（日本評論社、1982年）第24講、改題「単純再生産〔つづき〕」pp. 753-784。

番号	種類	年月日	題名・書名	掲載紙誌・発行所
[347]	論説	1981.10.	第30講：流通＝および再生産過程の実在的諸条件――再生産表式論(4)〔III：蓄積＝および拡大再生産〕	『経済セミナー』（日本評論社）第321号 pp. 116-131
[348]	論説	1981.11.	コンメンタール『資本』論――『資本』第3部「総過程の諸姿容」　第31講：剰余価値の利潤への転化(1)〔第3部に入るにあたって　第1篇：剰余価値の利潤への転化　序：第3部第1篇に入るにあたって　I：収入形態論の基礎視座と基礎認識〕	『経済セミナー』（日本評論社）第322号 pp. 122-128
[349]	小文	1981.11.23	終のすみか 終のすみか	『山陽新聞』（山陽新聞社）11月23日号朝刊、「消息」欄、p. 7
[350]	論説	1981.12.	第32講：剰余価値の利潤への転化(2)〔第1篇〔つづき〕 II：利潤率の「自己内反省」としての利潤　III：利潤率を規定する諸要因　IV：利潤率の剰余価値率にたいする関係――分配関係と生産関係との数量的表現〕	『経済セミナー』（日本評論社）第323号 pp. 122-134
[351]	回答	1981.12.28	今年の収穫　1981下	『日本読書新聞』（日本出版協会）第2138号 p. 4

1982年

番号	種類	年月日	題名・書名	掲載紙誌・発行所
[352]	論説	1982.	法経学会講演会：ポーランドとフランスのなげかけるもの：市民社会と社会主義	『法経論集』（静岡法経短期大学）第19号 pp. 230-237

[347]　収録→[364]『コンメンタール「資本」』3（日本評論社、1982年）第25講、改題「蓄積＝および拡大再生産」pp. 785-813。

[348]　収録→[395]『コンメンタール「資本」』4（日本評論社、1983年）「第3部にはいるにあたって」pp. 817-819。第26講〔表題ママ〕pp. 821-833。

[350]　収録→[395]『コンメンタール「資本」』4（日本評論社、1983年）第26講〔表題ママ〕〔つづき〕pp. 833-863。

[351]　アンケートへの回答で、次の3点の書物をあげている。内田義彦『作品としての社会科学』（岩波書店）、花崎皋平『生きる場の哲学』（岩波書店）、藤村信『ポーランド』（岩波書店）。

番号	種類	年月日	題名・書名	掲載紙誌・発行所
[353]	論説	1982.1.	第33講：利潤の平均利潤への転化(1)〔序：第2篇の特徴　I：資本の有機的構成と特殊的利潤率　II：一般的利潤率と生産価格〕	『経済セミナー』（日本評論社）第324号 pp. 121-131
[354]	論説	1982.1.	さらばロスチャイルド──国有化に揺れるフランス──	『経済セミナー』（日本評論社）第324号 pp. 76-78
[355]	論説	1982.1.5	ポーランドの冬将軍──自主管理共和国に挑戦する軍事政権──	『週刊エコノミスト』（毎日新聞社）第60巻第1号 pp. 20-27
[356]	論説	1982.2.	第34講：利潤の平均利潤への転化(2)〔III：生産価格と市場価値〕	『経済セミナー』（日本評論社）第325号 pp. 114-123
[357]	小論	1982.2.2	社会主義の苦悩と新生	『毎日新聞』（毎日新聞社）2月2日東京夕刊 p. 4
[358]	小論	1982.2.21	フランス左翼政権の明暗	『信濃毎日新聞』（信濃毎日新聞社）2.21朝刊、p. 11；『中国新聞』（中国新聞社）2.23朝刊、p. 9；『山陰中央新報』（山陰中央新報社）2.24；『愛媛新聞』（愛媛新聞社）2.25；『山陽新聞』（山陽新聞社）2.26朝刊、p. 9
[359]	論説	1982.3.	第35講：利潤の平均利潤への転化(3)〔III：生産価格と市場価値（つづき）〕	『経済セミナー』（日本評論社）第326号 pp. 120-128
[360]	共著	1982.3.	『高等学校現代社会：指導と研究』 小牧治、平田清明、星野安三郎ほか著	清水書院
[361]	論説	1982.4.	第36講：一般的利潤率の傾向的低落(1)──資本家的蓄積＝総過程の歴史的傾向──〔第3篇に入るにあたっ	『経済セミナー』（日本評論社）第327号 pp. 144-155

[353]　収録→[395]『コンメンタール「資本」』4（日本評論社、1983年）第27講〔表題ママ〕pp. 865-889。

[354]　収録→[378]『新しい歴史形成への模索』（新地書房、1982年）「1：社会主義の翳りのなかで」の5、pp. 27-34。

[355]　末尾に「81年12月14日記」とある。収録→[378]『新しい歴史形成への模索』（新地書房、1982年）「2：社会主義と自主管理　Ⅰ：ポーランドの再生と挫折」の2、改題「1981年冬──自主管理共和国と軍事政権──」pp. 27-34。

[356]　収録→[395]『コンメンタール「資本」』4（日本評論社、1983年）第27講〔表題ママ〕〔つづき〕pp. 889-908。

[357]　収録→[378]『新しい歴史形成への模索』（新地書房、1982年）「1：社会主義の翳りのなかで」の6、改題「社会主義の苦悩と新生──ポーランドとフランス──」pp. 35-39。

[358]　収録→[378]『新しい歴史形成への模索』（新地書房、1982年）「1：社会主義の翳りのなかで」の7〔表題ママ〕pp. 40-43。

[359]　収録→[395]『コンメンタール「資本」』4（日本評論社、1983年）第27講〔表題ママ〕〔つづき〕pp. 908-924。

[360]　教員用の副読本。

[361]　収録→[395]『コンメンタール「資本」』4（日本評論社、1983年）第28講〔表題ママ〕pp. 925-949。

番号	種類	年月日	題名・書名	掲載紙誌・発行所
			て I：社会的労働の生産力の発展と一般的利潤率の低落 II：利潤率の低落を阻止する諸要因〕	
[362]	論説	1982.4.	国有化とフランス憲法	『経済評論』（日本評論社）第31巻第4号 pp. 74-83
[363]	討論	1982.4.	現代における選択肢：世界の動きと日本の現状 宮崎義一、平田清明、岩根邦雄 司会＝横田克己	『社会運動』（社会運動研究センター）第25号 pp. 22-40
[364]	単行本	1982.5.	『コンメンタール「資本」』3	日本評論社、1982年5月15日発行
[365]	論説	1982.5.	第37講：一般的利潤率の傾向的低落(2)〔第3篇（つづき） III：資本家的蓄積＝総過程の内的諸矛盾の開展――一般的利潤率の傾向的低落法則に関説して――〕	『経済セミナー』（日本評論社）第328号 pp. 135-147
[366]	論説	1982.6.	第38講：一般的利潤率の傾向的低落（3）〔第3篇 III：資本家的蓄積＝総過程の内的諸矛盾の開展――一般的利潤率の傾向的低落法則に関説して――(つづき)〕	『経済セミナー』（日本評論社）第329号 pp. 120-127
[367]	対談	1982.6.14	宗教と経済（上） 平田清明、後藤隆一	『中外日報』（中外日報社）第22904号 pp. 8-11
[368]	対談	1982.6.16	宗教と経済（中） 平田清明、後藤隆一	『中外日報』（中外日報社）第22905号 pp. 8-11
[369]	書評	1982.6.18	フランス社会党編『社会主義プロジェクト』（大津真作訳、合同出版）	『朝日ジャーナル』（朝日新聞社）第24巻第26号 pp. 67-69
[370]	談話	1982.6.20	学部長 大いに語る	『京大学生新聞』（京都大学学

[362] 収録→[378]『新しい歴史形成への模索』(新地書房、1982年)「2：社会主義と自主管理 II：フランスにおける自主管理社会主義の進展」の3〔表題ママ〕pp. 110-125。

[364] A5判、(ii)+xxii+325+4+(1)。
⇒本書の「著作解題」中の『コンメンタール「資本」』(全4冊) を参照。

[365] 収録→[395]『コンメンタール「資本」』4 (日本評論社、1983年) 第28講〔表題ママ〕〔つづき〕pp. 949-974。

[366] 収録→[395]『コンメンタール「資本」4』(日本評論社、1983年) 第28講〔表題ママ〕〔つづき〕pp. 974-988。

[369] 収録→[378]『新しい歴史形成への模索』(新地書房、1982年)「4：現代社会主義の書想」の9、pp. 323-326。

番号	種類	年月日	題名・書名	掲載紙誌・発行所
				生新聞社）第106号 p. 2
[371]	対談	1982.6.23	宗教と経済（下） 平田清明、後藤隆一	『中外日報』（中外日報社）第22908号 pp. 8-11
[372]	小文	1982.6.	法然院を訪ねて	『第36回河上祭プログラム』（河上祭実行委員会）p. 2
[373]	論説	1982.7.	第39講：商人資本の自立化(1)〔序：問題圏の検出 I：商人資本の循環と回転 II：商業利潤と流通費――商人資本による利潤の補完的均等化――〕	『経済セミナー』（日本評論社）第330号 pp. 113-123
[374]	論説	1982.8.	第40講：商人資本の自立化(2)〔III：商人資本の回転――その外面性と無概念性―― IV：貨幣取扱資本の自立化とその限界 V：商人資本の循環・回転視座からする歴史認識〕	『経済セミナー』（日本評論社）第331号 pp. 123-127
[375]	対談	1982.8.25	続・宗教と経済（上） 平田清明、後藤隆一	『中外日報』（中外日報社）第22936号 pp. 8-11
[376]	対談	1982.8.30	続・宗教と経済（下） 平田清明、後藤隆一	『中外日報』（中外日報社）第22938号 pp. 10-13
[377]	共訳	1982.8.	A. トゥレーヌ『ポスト社会主義』 平田清明・清水耕一訳	新泉社、1982年8月16日発行
[378]	単行本	1982.9.	『新しい歴史形成への模索』	新地書房、1982年9月10日発行
[379]	小論	1982.9.	利潤の平均利潤への転化	『経済セミナー』（日本評論社）第332号「セミナー質問箱」欄 pp. 129-131
[380]	単行本	1982.10.	『経済学批判への方法叙説』	岩波書店、1982年10月21日発行
[381]	論説	1982.10.	第41講：利子うみ資本	『経済セミナー』（日本評論

[372]　収録→[443]『平田清明教授　京大時代の小品――最終講義にあたって――』（八木紀一郎編集・発行、1986 年 2 月 22 日）pp. 5-6。
[373]　収録→[395]『コンメンタール「資本」』4（日本評論社、1983 年）第 29 講〔表題ママ〕pp. 989-1011。

[374]　収録→[395]『コンメンタール「資本」』4（日本評論社、1983 年）第 29 講〔表題ママ〕〔つづき〕pp. 1011-1020。

[377]　Alain Touraine : L'après socialisme, Éditions Grasset et Fasquelle, Paris, 1980.

[378]　B 6 判、(ii)＋ix＋329＋(2)。
⇒本書の「著作解題」中の『新しい歴史形成への模索』を参照。

[380]　A 5 判、xiv＋489＋7＋(2)。
⇒本書の「著作解題」中の『経済学批判への方法叙説』を参照。
関係記事（書評）:『週刊読書人』1983.1.31 内田弘、『日本読書新聞』1983.2.7 奥山忠信、『週刊エコノミスト』1983.3.8 宮崎犀一、『経済研究』（一橋大学経済研究所、一橋大学、第 34 巻第 4 号）1983.10. 岸本重陳。
[381]　収録→[395]『コンメンタール「資本」』4（日本評論社、1983 年）第 30 講〔表題

番号	種類	年月日	題名・書名	掲載紙誌・発行所
			(上)──利子と企業者利得とへの利潤の分裂──〔I：利子うみ資本──その独自な流通形態と外面的性格── II：信用・銀行資本・擬制資本〕	社）第333号 pp. 127-135
[382]	論説	1982.11.	第42講：利子うみ資本(下)──利子と企業者利得とへの利潤の分裂──〔III：再生産（=分配）過程との関連における貨幣資本の蓄積　IV：資本主義発達史における信用の役割──とくに株式会社制度に立脚して──〕	『経済セミナー』（日本評論社）第334号 pp. 117-123
[383]	論説	1982.12.	第43講：超過利潤の地代への転化（上）〔I：差額地代の第I形態　II：差額地代の第II形態　III：最劣等地に発生する差額地代〕	『経済セミナー』（日本評論社）第335号 pp. 121-131
[384]	論説	1982.12.	マルクス主義における人格の概念──人格の物象化と物象の人格化──	『社会科学研究年報』（合同出版）第6号〔1982年版〕pp. 59-68

1983年

番号	種類	年月日	題名・書名	掲載紙誌・発行所
[385]	論説	1983.1.	第44講：超過利潤の地代への転化（下）〔IV：絶対地代（=および独占価格）V：土地価格　VI：資本制的地代の発生（論）史〕	『経済セミナー』（日本評論社）第336号 pp. 116-123
[386]	小論	1983.1.	産業国家のアフォリズム	『現代の理論』（現代の理論社）第186号 p. 36
[387]	小文	1983.1.21	著書刊行と上原専禄先生の資料蒐集	『中外日報』（中外日報社）第22999号「今年私はこれをや

ママ〕pp. 1021-1043。

[382]　収録→[395]『コンメンタール「資本」』4（日本評論社、1983 年）第 30 講〔表題ママ〕〔つづき〕pp. 1043-1059。

[383]　収録→[395]『コンメンタール「資本」』4（日本評論社、1983 年）第 31 講〔表題ママ〕pp. 1061-1088。

[385]　収録→[395]『コンメンタール：「資本」』4（日本評論社、1983 年）第 31 講〔表題ママ〕〔つづき〕pp. 1088-1106。

[386]　「特集：いま日本から世界へのメッセージ：各界 50 人 500 字メッセージ」のひとつ。収録→[443]『平田清明教授　京大時代の小品』（八木紀一郎編集・発行、1986 年）p. 6。

番号	種類	年月日	題名・書名	掲載紙誌・発行所
				りたい」欄 p. 5
[388]	論説	1983.2.	第45講：収入とその源泉（上）〔問題の所在　I：三位一体範式　II：再生産過程分析の盲点＝困難〕	『経済セミナー』（日本評論社）第337号 pp. 126-135
[389]	討論	1983.2.	マルクスは何を提起したのか 平田清明、山之内靖、廣松渉	『経済セミナー』（日本評論社）別冊「経済セミナー」『マルクス死後100年』pp. 2-19
[390]	書評	1983.2.4	内田弘『「経済学批判要綱」の研究』新評論	『朝日ジャーナル』（朝日新聞社）第25巻第5号 pp. 44-45
[391]	小文	1983.3.7	マルクスと現代――没後百年に思う――	『山陽新聞』（山陽新聞社）第830307号 p. 6
[392]	論説	1983.3.	第46講・完：収入とその源泉（下）〔III：競争世界での顚倒的仮象　IV：「分配＝および生産諸関係」と「生産様式」　V：諸階級〕〔あとがき〕	『経済セミナー』（日本評論社）第338号 pp. 120-128
[393]	論説	1983.3.	私のなかのマルクス	『思想』（岩波書店）第705号（特集：マルクスと現代）pp. 56-70
[394]	講演	1983.3.14	マルクスと現代（マルクス歿後百年記念学術講演会）	経済理論学会関東部会主催、慶應義塾大学
[395]	単行本	1983.3.	『コンメンタール「資本」』4	日本評論社、1983年3月20日発行
[396]	編著	1983.4.	『経済原論――市民社会の経済学批判――』	青林書院新社、1983年4月30日発行

[388]　収録→[395]『コンメンタール「資本」』4（日本評論社、1983年）第32講〔表題ママ〕pp. 1107-1130。

[389]　再録→『廣松渉コレクション』第6巻 対談、知のアクチュアリート、第II部 マルクス解釈の視座、のII（情況出版、1995年）。

[392]　収録→[395]『コンメンタール「資本」』4（日本評論社、1983年）第32講〔表題ママ〕〔つづき〕pp. 1130-1147。「あとがき」pp. 1149-1151。

[394]　「マルクス没後100年、ケインズ、シュムペーター生誕100年記念行事・出版物(国内) 目録」関西大学経商資料室『関西大学経済論集』第34巻第3号pp. 115-165（1984年7月25日）のp. 135。参照：『学問文芸共和国』（創造の会、非売品、1996年）pp. 95-97井村喜代子。

[395]　A5判、(ii)＋xxv＋337＋21＋31＋(1)。
⇒本書の「著作解題」中の『コンメンタール「資本」』（全4冊）を参照。

[396]　A5判、(ii)＋2＋8＋412＋4＋(2)。
本書は、「近代市民社会の経済学的自己認識」（まえがき）を統一的主題とし、マルクス『資本』をベースにした経済学原論のテキストづくりとして、平田門下生が3年間の共同研究を重ねた成果である。近代市民社会とは、私的所有の経済的運動形態たる商品・貨幣・資本が展開する社会であり、「過程する資本価値」という主体概念をキー・コンセプトとして、次のような「物象化構造」が論じられる。――序章：市民社会の経済学批判――その基礎視座をめぐって、第I部「過程する資本価値の直接的生産過程」、第1章：商品・貨幣・資本の形態発生――資本家的

番号	種類	年月日	題名・書名	掲載紙誌・発行所
[397]	小文	1983.4.	まえがき	同上書 pp. 1-2
[398]	論説	1983.4.	序章　市民社会の経済学批判――その基礎視座をめぐって――	同上書 pp. 3-13
[399]	共訳	1983.6.	ジャック・アタリ『情報とエネルギーの人間科学――言葉と道具――』 平田清明・斉藤日出治共訳	日本評論社、1983年6月30日発行
[400]	小文	1983.8.	しぐれ雪	三原あい編集・発行『INTER NOS』(個人誌) 第11号 pp. 2-3
[401]	小文	1983.8.	わが著書を語る 経済原論	『出版ニュース』(出版ニュース社) 第1294号 p. 66
[402]	講演記録	1983.9.	マルクスからの出発	『社会運動』(社会運動研究センター) 第42号 pp. 2-15
[403]	講演記録	1983.11.	現代の危機と自主管理――マルクスからの出発	『社会主義と労働運動』(社会主義理論政策センター) 第7巻第11号 pp. 3-13
[404]	学会発表	1983.11.	マルクス「資本」概念の再展開――マルクスからの出発と『資本』への再内在――	『経済学史学会第47回全国大会プログラム報告要旨』pp. 43-45 (「レジュメ」)
[405]	小論	1983.12.1	教科書『現代社会』改訂にさいしての文部大臣宛意見	『平田清明教授　京大時代の小品――最終講義にあたって』

市民社会の物象化構造、第 2 章：剰余価値の生産――過程する資本価値の生産力構造、第 3 章：資本の蓄積――資本関係の再生産と社会的生産力の展開、第 4 章：本源的蓄積――個体的所有の再建。第II部「過程する資本価値の流通＝および再生産過程」、第 5 章：資本の姿態変換とその循環――過程する資本価値の形態形成」、第 6 章：「資本の回転と再生産――資本家的交通＝再生産様式の構造形成」。第III部「過程する資本価値の総姿態形成」、第 7 章：利潤――総過程における社会的生産力の矛盾的展開、第 8 章：利子――資本物神の完成と社会的生産力の展開、第 9 章：地代――土地物神の成立と資本-土地所有関係の展開、第 10 章：諸収入とその諸源泉――理論的階級意識と社会的個体の形成。終章：経済学史における資本理論。

[399] Jacques Attali, 1979, LA PAROLE ET L'OUTIL, Presses Universitaires de France.

[402] シンポジウム「現代の危機と自主管理」、1983 年 7 月 16 日に京都労働者総合会館にて講演したものを編集者が記録にまとめた。

[403] 1983 年 5 月 11 日、社会運動研究センターで講演。

[404] 1983 年 11 月 13 日発行。経済学史学会第 47 回全国大会（広島大学、1983 年 11 月 12-13 日）共通論題「マルクスの経済学――形成史を通ずる全体像の把握――」、第 2 日の 11 月 13 日、中川弘・内田弘とともに発表。平田はマルクス後期を担当した。なお、後出［424］『経済学史学会年報』第 22 号（1984 年）に、報告要旨と予定討論者への回答および一般討論への回答が載る。pp. 93-94、 pp. 95-96、pp. 97-98。

[405] これの最初の手書き原稿が［326］「意見書」（審査官宛ての文章、1981 年 3 月。収録→[638]『平田清明 市民社会を生きる』pp. 217-220）である。

番号	種類	年月日	題名・書名	掲載紙誌・発行所
			書	(1986年2月) pp. 8-10

1984年

番号	種類	年月日	題名・書名	掲載紙誌・発行所
[406]	対談	1984.1.17	時代の潮流をみつめる――保守主義の思想にとらわれた日本―― 平田清明、篠原一	『週刊エコノミスト』(毎日新聞社)第62巻第2号 pp. 62-73
[407]	小文	1984.3.	渡瀬浩教授献辞	『経済論叢』(京都大学経済学会) 第133巻第3号 p. (1)
[408]	小文	1984.4.	逝く春	三原あい編集・発行『INTER NOS』(個人誌) 第13号 pp. 2-3
[409]	小文	1984.4.	失明と開眼のはざまで	『世界』(岩波書店) 第461号 pp. 324-332
[410]	論説	1984.4.	L'organisation du travail dans les entreprises japonaises face à la société informatique	The Kyoto University Economic Review. Memories of The Faculty of Economics, Kyoto University, April 1984. Vol. LIV, No. 1, pp. 1-10
[411]	論説	1984.4.5	協同組合の本質とその歴史的意義	『生活協同組合研究:生活問題研究所月報』(生活問題研究所) 第100号 pp. 13-20
[412]	小論	1984.4.~	新しい不確実性にむかう日本	〔1984年4月~1985年10月パリ滞在中または直後に執筆の草稿〕
[413]	論説	1984.4.~	〔パリ第七大学に学生として登録しているあるペルー人夫妻は、…〕	〔同上〕
[414]	小論	1984.4.~	日本産業の技術革新と科学技術政策	〔同上〕
[415]	小論	1984.4.~	日本文明論 序文	〔同上〕

[408] 収録→[443]『平田清明教授 京大時代の小品』(八木紀一郎編集・発行、1986年) pp. 7-8。

[410] 奥付の日本語表記は『京都大学経済学部紀要』第54巻第1号。発行日につき、日本語奥付記載は1984年9月29日だが、英文表記は「April 1984.」とする。

[412] 収録→[638]『平田清明 市民社会を生きる』(晃洋書房、2007年) pp. 107-112。平田はフランス国立パリ大学(第七大学、第三大学東洋言語文化研究所)の客員教授として滞在していた。

[413] 収録→[638]『平田清明 市民社会を生きる』(晃洋書房、2007年) pp. 113-125、改題「無題(亡命・難民学生のこと。産業組織と国家制度の日仏比較)」。
原稿での「産業組織と国家制度の日仏比較」を、[638]『平田清明 市民社会を生きる』の解題は「前半部から切り離されたなにかの原稿の一部」(同 p. 105) とするが、これは、[447]『21世紀への思索』中に付された平田の「フランスからの便り」のための準備草稿の一部であろう。

[414] 収録→[638]『平田清明 市民社会を生きる』(晃洋書房、2007年) pp. 126-131。

[415] 収録→[638]『平田清明 市民社会を生きる』(晃洋書房、2007年) pp. 132-137。

番号	種類	年月日	題名・書名	掲載紙誌・発行所
[416]	紀行文	1984.5.25	にんげん紀行　パリに桜の咲く頃	『中外日報』(中外日報社) 第23214号 pp. 8-9
[417]	紀行文	1984.6.20	にんげん紀行　ヴェルサイユの雨──煙雨の王宮にアントワネットを偲ぶ──	『中外日報』(中外日報社) 第23225号 pp. 8-9
[418]	小文	1984.8.	春近し	三原あい編集・発行『INTER NOS』第14号 pp. 2-5
[419]	小文	1984.9.	かげろうたつ武蔵野──渡辺輝雄学長の若き日とともに	『東京経大学会誌』(東京経大学会誌編集委員会編) 第137号 pp. 11-16
[420]	紀行文	1984.9.3	にんげん紀行　夏の歓びの日々──フランスの象徴ノルマンジー──(上)	『中外日報』(中外日報社) 第23257号 pp. 8-9
[421]	紀行文	1984.9.5	にんげん紀行　夏の歓びの日々──フランスの象徴ノルマンジー──(下)	『中外日報』(中外日報社) 第23258号 pp. 8-9
[422]	紀行文	1984.10.1	にんげん紀行　ブルゴーニュの旅──夏の歓びの日々・第2部──(上)	『中外日報』(中外日報社) 第23269号 pp. 8-10
[423]	紀行文	1984.10.5	にんげん紀行　ブルゴーニュの旅──夏の歓びの日々・第2部──(下)	『中外日報』(中外日報社) 第23271号 pp. 7-9
[424]	報告要旨と回答	1984.11.	マルクス「資本」概念の再展開──マルクスからの出発と『資本』へ再内在──	『経済学史学会年報』(経済学史学会) 第22号、1984年11月10日発行。報告要旨と予定討論者への回答および一般討論への回答、pp. 93-94、pp. 95-96、pp. 97-98
[425]	論説	1984.12.1	産業化と情報化のなかで──パリ大学での講義を通じて──	『世界』(岩波書店) 第469号 pp. 319-337
[426]	論説	1984.12.1	宗教と教育──「私学の自由」をめぐるフランスでの	『潮』(潮出版社) 第308号 pp. 184-191

本稿の書き出しは「今年度（1984-85年）の日本文明論の講義を本日からします」とあるので、この草稿の成立は1984年9月頃かもしれない。

[420]　収録→[475]『自由時間へのプレリュード』（世界書院、1987年）第1章、改題「初夏のノルマンジー」pp. 3-15。

[421]　収録→[475]『自由時間へのプレリュード』（世界書院、1987年）第1章、改題「初夏のノルマンジー」pp. 15-28。

[422]　収録→[475]『自由時間へのプレリュード』（世界書院、1987年）第2章、改題「夏休みのブルゴーニュ」pp. 29-55。

[423]　収録→[475]『自由時間へのプレリュード』（世界書院、1987年）第2章、改題「夏休みのブルゴーニュ」pp. 55-81。

[424]　学会発表そのもの［404］は、経済学史学会第47回全国大会共通論題「マルクスの経済学──形成史を通ずる全体像の把握──」のもと、1983年11月12-13日の13日に中川弘・内田弘とともになされた。平田はマルクス後期を担当した。

[425]　収録→[474]『異文化とのインターフェイス』（世界書院、1987年）第2章、pp. 33-67。収録にさいし副題に「パリ（第7）大学での講義」の補足あり。

[426]　収録→[474]『異文化とのインターフェイス』（世界書院、1987年）第3章、pp. 69-84。収録にさいし副題削除。

番号	種類	年月日	題名・書名	掲載紙誌・発行所
[427]	小文	1984.12.	教育問題——河上肇における経済学と文学	『東京河上会会報』(東京河上会) 第53号 pp. 2-25

1985年

番号	種類	年月日	題名・書名	掲載紙誌・発行所
[428]	紀行文	1985.2.1	にんげん紀行　冬休みのパリ (上)	『中外日報』(中外日報社) 第23319号 pp. 8-9
[429]	紀行文	1985.2.4	にんげん紀行　冬休みのパリ (下)	『中外日報』(中外日報社) 第23320号 pp. 8-9
[430]	紀行文	1985.3.1	セーヌに我が眼を疑う	『図書』(岩波書店) 第427号 pp. 16-21
[431]	紀行文	1985.4.5	にんげん紀行　早春の南フランス (上)	『中外日報』(中外日報社) 第23346号 pp. 8-9
[432]	紀行文	1985.4.10	にんげん紀行　早春の南フランス (下)	『中外日報』(中外日報社) 第23348号 pp. 8-9
[433]	小論	1985.7.1	ブルターニュへの旅——日仏経済シンポジウムに参加して——	『潮』(潮出版社) 第315号 pp. 286-299
[434]	紀行文	1985.8.7	にんげん紀行　ベネルクスの夏 (上)	『中外日報』(中外日報社) 第23398号 pp. 8-9
[435]	紀行文	1985.8.9	にんげん紀行　ベネルクスの夏 (下)	『中外日報』(中外日報社) 第23399号 pp. 8-9
[436]	紀行文	1985.10.16	にんげん紀行　遙かなるピレネーで想う (上)	『中外日報』(中外日報社) 第23426号 pp. 8-9
[437]	紀行文	1985.11.1	にんげん紀行　遙かなるピレネーで想う (下)	『中外日報』(中外日報社) 第23432号 pp. 10-12
[438]	小文	1985.11.20	いつ帰って来ますか	『信濃毎日新聞』(信濃毎日新聞社) p. 11 『琉球新報』(琉球新報社) 11.22、p. 12、『中国新聞』(中国新聞社) 12.4、p. 9、『京都新聞』(京都新聞社) 12.12、p. 15)

[428]　収録→[475]『自由時間へのプレリュード』（世界書院、1987 年）第 3 章、改題「冬休みのパリ」pp. 83-98。
[429]　収録→[475]『自由時間へのプレリュード』（世界書院、1987 年）第 3 章、改題「冬休みのパリ」pp. 98-114。
[430]　収録→[474]『異文化とのインターフェイス』（世界書院、1987 年）第 1 章、改題「視線の戯れ」pp. 19-31。
[431]　収録→[475]『自由時間へのプレリュード』（世界書院、1987 年）第 4 章、改題「早春の南フランス」pp. 115-125。
[432]　収録→[475]『自由時間へのプレリュード』（世界書院、1987 年）第 4 章、改題「早春の南フランス」pp. 125-138。
[433]　収録→[474]『異文化とのインターフェイス』（世界書院、1987 年）第 4 章、pp. 85-111。収録にさいし改題「体制と経済──日仏経済シンポジュームに参加して」。

[434]　収録→[475]『自由時間へのプレリュード』（世界書院、1987 年）第 5 章、改題「ベネルクスの初夏」pp. 139-155。
[435]　収録→[475]『自由時間へのプレリュード』（世界書院、1987 年）第 5 章、改題「ベネルクスの初夏」pp. 155-168。
[436]　収録→[475]『自由時間へのプレリュード』（世界書院、1987 年）第 6 章、改題「遙かなるピレネー」pp. 169-188。
[437]　収録→[475]『自由時間へのプレリュード』（世界書院、1987 年）第 6 章、改題「遙かなるピレネー」pp. 188-209。
[438]　収録→[443]『平田清明教授 京大時代の小品』（八木紀一郎編集・発行、1986 年）pp. 10-12 および［475］『自由時間へのプレリュード』（世界書院、1987 年）エピローグ〔表題ママ〕pp. 267-269。

番号	種類	年月日	題名・書名	掲載紙誌・発行所

1986年

[439]	論説	1986.1.	Les moments décisifs de l'économie japonaise	Cahiers du GERTTD, Série Développement 2 (Université Paris-VII, Section d'Economie)
[440]	小論	1986.1.1	にんげん紀行　中国の旅	『中外日報』（中外日報社）第23457号 pp. 10-13
[441]	紀行文	1986.2.3	にんげん紀行　中欧の旅	『中外日報』（中外日報社）第23466号 pp. 8-11
[442]	論説	1986.2.18	決算迫られるフランス社会党政権——変革へのドラマは終わった——	『週刊エコノミスト』（毎日新聞社）第64巻第7号 pp. 20-25
[443]	冊子	1986.2.	『平田清明教授　京大時代の小品——最終講義にあたって——』	八木紀一郎編集・発行、1986年2月22日発行
[444]	報告討論	1986.3.	ヨーロッパで考えた日本　平田清明、宮崎徹	『現代の理論』（現代の理論社）第223号（「日本的なるもの」とは何か〈特集〉）pp. 30-51
[445]	小文	1986.3.	パリのメトロと友人たち	京都市政調査会『京都市政調査会報』第58・59合併号 p. 1
[446]	紀行文	1986.3.3	にんげん紀行　イギリスの旅——資本主義の母国の惨状——	『中外日報』（中外日報社）第23477号 pp. 10-11
[447]	共著	1986.3.	『21世紀への思索——続・転換期の思想——』　宮崎義一・平田清明・篠原一・中山茂	新地書房、1986年3月10日発行

[440]　収録→[474]『異文化とのインターフェイス』(世界書院、1987年) 第5章、pp. 113-138。副題「帰国の途上で」を追加して収録。

[441]　収録→[475]『自由時間へのプレリュード』(世界書院、1987年) 第7章、改題「中欧の秋」pp. 211-241。

[443]　A5判、(i)+11。
平田清明の京都大学定年退職にさいし八木紀一郎が編集・発行。

[446]　収録→[475]『自由時間へのプレリュード』(世界書院、1987年) 第8章、改題「イギリスの旅」pp. 243-264。

[447]　B6判、(ii)+viii+311+2+(3)。
これは先の『転換期の思想』[245] の続編である。ただし、科学・技術の問題を抜きにして社会の現在と未来 (21世紀への思索) を論ずることはできないため、新たに科学史の専門家・中山茂が加わり、4名の討論集となった。本書の構成は次のとおり。――第1章：2000年の地球と日本、第2章：世界システムの転換構造、第3章：システムとしての科学の展開と社会、第4章：労働の倫理と産業の論理、第5章：反核運動と自治体の役割、第6章：新保守主義の行方、第7章：現代日本の思想的位相。――巻末に、1年の帯仏を経た平田の「フランスからの便り」が付される。この論稿は、「I 二つの日本〔伝統社会と最先進社会との共

番号	種類	年月日	題名・書名	掲載紙誌・発行所
[448]	対談	1986.3.17	死後百年、「マルクスから出発の時代」（友情対談 1）	『中外日報』（中外日報社）第23483 号 p. 1
[449]	論説	1986.3.18	現代に問うフランスの革新と伝統──「近代化」へ十字架を担う社会党──	『週刊エコノミスト』（毎日新聞社）第 64 巻 第 12 号 pp. 77-83
[450]	対談	1986.3.19	五感との結合あってこそ「視覚」も有効に（友情対談 2）	『中外日報』（中外日報社）第23484 号 p. 1
[451]	小論	1986.3.	〔1／それでも保守が勝った。／過半数を 2 議席越えたのだ。…〕	〔1986 年 3 月執筆の草稿〕
[452]	小論	1986.3.24	難問山積みの仏新政府──保革“共住”の行方──	『中国新聞』（中国新聞社）p. 9；『神戸新聞』（神戸新聞社）3.26、p. 11
[453]	対談	1986.3.26	軍人支配に対する統一戦線の大勝利（友情対談 3）	『中外日報』（中外日報社）第23486 号 p. 1
[454]	対談	1986.3.28	時代の激変の中、未来を見据えた英傑（友情対談 4）	『中外日報』（中外日報社）第23487 号 p. 1
[455]	対談	1986.3.31	戦時下学んだ理論を首相として実証（友情対談 5）	『中外日報』（中外日報社）第23488 号 p. 1
[456]	対談	1986.4.2	共通一次を経ず人が人を選ぶ入試へ（友情対談 6）	『中外日報』（中外日報社）第23489 号 p. 1
[457]	対談	1986.4.4	国立大学が中心、ではフランスも近似（友情対談 7）	『中外日報』（中外日報社）第23490 号 p. 1
[458]	対談	1986.4.4	元一橋大学学長『死者と生者』著者　上原専禄先生をめぐって（友情対談 8）	『中外日報』（中外日報社）第23490 号 pp. 10-12
[459]	最終講義	1986.5.	新たに問う「経済学と歴史認識」──研究生活をかえりみて／京都大学における最終講義──	『経済セミナー』（日本評論社）第 376 号 pp. 75-87
[460]	小論	1986.5.	“繁栄の孤島”に帰ってみ	『潮』（潮出版社）第 325 号

存〕、II 二重の不平等社会」を論ずるが、フランス人の眼を介した日本の観察（対象的自己認識）である。II でのテーマは、(1)労働時間、(2)婦人の地位、(3)有給休暇（ヴァカンス）と退職生活、(4)家屋、(5)移民――国際化、(6)産業組織、(7)国家制度、からなる。

[448] 1984 年 3 月 29 日に行われた後藤隆一との対談。以下、[458] 友情対談 8 まで同じ。

[451] 収録→[638]『平田清明 市民社会を生きる』（晃洋書房、2007 年）pp. 138-141「無題（フランスの国会議員選挙結果の分析。1986 年の時事評論）」。フランス議会総選挙は 1986 年 3 月 16 日だった。

[459] 京都大学最終講義そのものは、1986 年 2 月 22 日、二部構成「研究生活をかえりみて」「パリからの帰朝報告と現代社会」であった。（二部構成だったことは『学問文芸共和国』p. 252 津田章裕に拠る。）

[460] 収録→[474]『異文化とのインターフェイス』（世界書院、1987 年 6 月）第 6 章、

番号	種類	年月日	題名・書名	掲載紙誌・発行所
			れば	pp. 238-251
[461]	小論	1986.8.8	〔1、河上肇との出会い　2、恩師の諌めを振りきって　3、内と外からの憂国と警世　4、〕	1986年8月執筆の草稿、「le 8 Août 1986」の記載
[462]	論説	1986.9.9	国際化に対応して革新の再生を──議会制民主主義の空洞化を防ぐ道──	『週刊エコノミスト』(毎日新聞社) 第64巻第38号 pp. 42-48
[463]	小論	1986.9.9	河上肇①──最終講義だった『経済学大綱』(百年の日本人)──	『読売新聞』(読売新聞社) 夕刊、第39590号 p. 7
[464]	小論	1986.9.10	河上肇②──憂国警世の論文 (百年の日本人)──	『読売新聞』(読売新聞社) 夕刊、第39591号 p. 11
[465]	小論	1986.9.11	河上肇③──経済学での苦悩 (百年の日本人)──	『読売新聞』(読売新聞社) 夕刊、第39592号 p. 13
[466]	小論	1986.9.12	河上肇④──“刑余”の老残者 (百年の日本人)──	『読売新聞』(読売新聞社) 夕刊、第39593号 p. 9
[467]	論説	1986.9.	新しい市民社会の構築	『社会運動』(社会運動研究センター) 第78号 pp. 2-26
[468]	書評	1986.12.	廣松渉編『資本論を物象化論を視軸にして読む』(岩波セミナーブックス18、1986年7月	『経済セミナー』(日本評論社) 第383号 p. 108
[469]	論説	1986.12.	物象化文明に関する批判的覚書──精神科医との対話を通じて──	『思想』(岩波書店) 第750号 pp. 29-43
[470]	小論	1986.12.	私の古典──ジャン・ジャック・ルソー『社会契約論』	『学問への誘い──大学で何を学ぶか』(神奈川大学広報委員会) 第1版 pp. 233-236

1987年

番号	種類	年月日	題名・書名	掲載紙誌・発行所
[471]	論説	1987.1.	経済表のプロブレマティーク	『経済論叢』(京都大学経済学会) 第139巻第1号 (菱山泉教授記念号) pp. 1-21
[472]	論説	1987.2.	国際化社会と異文化の理解	『神奈川大学評論』(神奈川大

pp. 139-162。改題「帰国の驚き──日本の東京でみるもの──」。

[461] この草稿1枚目欄外右上に「読売新聞『百年の日本人』用原稿下書、le 8 Août 1986」の記載がある。収録→[638]『平田清明 市民社会を生きる』(晃洋書房、2007年) pp. 3-13「百年の日本人 河上肇」。

[467] 1986年9月15日発行。連載講座「変化をどうつかむか──社会」第3回、6月28日、生活クラブ世田谷センター、の講演。

[470] 1986年12月15日発行。第2版(1987年)にも収録。

[472] 1987年2月25日発行。雑誌特集題「特集・国際化社会と異文化の理解」。収録→

番号	種類	年月日	題名・書名	掲載紙誌・発行所
				学広報委員会編、社団法人宮陵会）創刊号 pp. 12-20
[473]	論説	1987.3.	現代コーポラティズムのプロブレマティーク	『経済貿易研究』（神奈川大学経済貿易研究所年報）第12・13号 pp. 1-13
[474]	単行本	1987.6.	『異文化とのインターフェイス』	世界書院（ぷろぱあ叢書）、1987年6月10日発行
[475]	単行本	1987.6.	『自由時間へのプレリュード』	世界書院（ぷろぱあ叢書）、1987年6月10日発行
[476]	論説	1987.8.	現代資本主義の政治経済学（序章）	『思想』（岩波書店）第758号 pp. 46-69
[477]	小論	1987.8.5	東京・京都・パリ①　ある日　教室の外で	『京都新聞』（京都新聞社）第37998号 p. 10
[478]	小論	1987.8.19	東京・京都・パリ②　静かなる動乱	『京都新聞』（京都新聞社）第38012号 p. 8
[479]	論説	1987.9.	Coexistence du capitalism coopératif avec la corporation politique au Japon	Actuel Marx, sept. 1987
[480]	小論	1987.9.2	東京・京都・パリ③ 京都、竹の里にて	『京都新聞』（京都新聞社）第38026号 p. 10
[481]	小論	1987.9.9	東京・京都・パリ④ バカンス	『京都新聞』（京都新聞社）第38033号 p. 12
[482]	小論	1987.9.16	東京・京都・パリ⑤ ある宿場町で	『京都新聞』（京都新聞社）第38040号 p. 10
[483]	共編著	1987.9.	『現代市民社会の旋回』 平田清明・山田鋭夫・八木紀一郎編著	昭和堂、1987年9月25日発行

[474]『異文化とのインターフェイス』(世界書院、1987年) 序論、pp. 3-17。改題「国際化社会と異文化の相互理解」。

[474] 四六判、6+164+2+(2)
⇒本書の「著作解題」中の『異文化とのインターフェイス』を参照。
[475] 四六判、6+272+2+(2)、末尾に欧州地図付
⇒本書の「著作解題」中の『自由時間へのプレリュード』を参照。

[483] A 5 判、(ii) +vii+347+6+2+(2)。
本書は、平田に教えを受けた研究者を中心にした研究会(「所有理論研究会」)の活動を基礎にして編集された。「この研究会は、平田が1960年代に提起した所有理論、市民社会論を発展させて、1980年代の現代資本主義の分析に結びつけることを共同研究の目標として掲げた」(あとがき)。この書は次の3部からなる。「第一部　現代市民社会論のプロブレマティーク」、「第二部　現代資本主義分析の新潮流──《レギュラシオン理論》を中心に──」、「第三部　経済学批判の諸局面」。平田は、第I章「現代資本主義と市民社会」を執筆し、A. グラムシにおける市民社会概念の再措定、N. プーランツァスによるその批判的受容などを論じつつ、現代市民社会の三層構成(経済/協同社会空間/政治過程)について問題提起を行っている。また、平田がリードして成った、B. コリアによるレギュラシオン理論の日本への紹介も本書を際立たせる。コリアは、フランスの思想史的文脈にレギ

番号	種類	年月日	題名・書名	掲載紙誌・発行所
[484]	小論	1987.9.	まえがき	同上書 pp. i-iii
[485]	論説	1987.9.	I　現代資本主義と市民社会	同上書 pp. 5-26
[486]	学会発表	1987.10.4	社会主義のプロブレマティーク	経済理論学会第35回大会（福島大学、1987.10.3-4）（共通論題「社会主義の理念と現実」）での発表
[487]	論説	1987.10.	自主管理と市場の政治経済学── 一つの方法論的覚え書き──	『商経論叢』（神奈川大学経済学会）第23巻第1号 pp. 99-121
[488]	論説	1987.10.	四全総と土地問題──「地方の時代」を考える前提として──	季刊『自治体研究』（神奈川県自治総合研究センター）第34号 pp. 10-17
[489]	報告まとめ	1987.11.	「グラムシ研究国際シンポジウム」第5分科会報告のまとめ	『グラムシと現代：グラムシ研究国際シンポジウム報告』（伊藤成彦ほか編、御茶の水書房、1988年7月）pp. 204-210
[490]	論説	1987.11	マルクス市民社会概念の再考	季刊『クライシス』（社会評論社）第32号 pp. 62-69
[491]	共編	1987.11.	『経済学小辞典』（第2版）〔執筆項目不明〕	岩波書店、1987年11月10日発行
[492]	論説	1987.12.頃	国際化と地域化	〔1987年12月頃執筆の草稿〕

1988年

[493]	論説	1988.1.5	草の根で進む内なる国際化	『週刊エコノミスト』（毎日新

ュラシオン学派を位置づけるとともに、「この理論はマルクス主義とポスト・ケインズ主義との間に位置している」（p. 121）と経済学史的にもみずからを定位している。

[489] 手書き原稿は「第五分科会報告」とのみ。シンポジウムの正式名称は「国際シンポジウム『アントニオ・グラムシと現代』」。1987 年 11 月 28-29 日、東京・九段のイタリア文化会館にて開催。第 5 分科会の主題は「国家・『ヘゲモニー』」。分科会総括者としての平田は、竹内良知、石井信男、いいだもも 3 氏の報告を紹介しつつ、英国から参加した D. フォーガスらフロアからの発言も汲み取り、「知的道徳的リーダーシップとしてのヘゲモニー」「陣地戦の場としての市民社会」「団体交渉付高賃金システムとしてのフォーディズム」という 3 つの概念で分科会全体をまとめている。

収録→[638]『平田清明 市民社会を生きる』（晃洋書房、2007 年）、改題「グラムシ研究国際シンポジウム──第 5 分科会報告のまとめ──」pp. 76-82。

[490] 雑誌特集題「特集＝現代史としての〈解放〉の意味」。加筆改題→[507] グラムシの市民社会概念によせて」。

[491] 平田は第 2 版から編者に加わった。この小辞典は、誰がどの項目を執筆したかの記載はない。

[492] 次項「草の根で進む内なる国際化」の下書き原稿。収録→[638]『平田清明 市民社会を生きる』（晃洋書房、2007 年）pp. 147-158。

番号	種類	年月日	題名・書名	掲載紙誌・発行所
			──豊かな異文化接触の最先端に──	聞社）第66巻第1号（12月29日・1月5日の新年合併号）pp. 16-21(シリーズ　地域から　日本から）
[494]	小文	1988.1.	映画「ラスト・エンペラー」を見る	『追悼平田清明 学問文芸共和国』創造の会、清水泰夫編集・発行、非売品、1996年3月1日、p. 150
[495]	論説	1988.3.	今日のヨーロッパと日本──パリ大学で講義して──	『地域総合研究』（鹿児島経済大学地域総合研究所）第15巻第2号 pp. 1-14
[496]	論説	1988.3.	グラムシ市民社会論の新しい読み方	『現代の理論』（現代の理論社）第247号(いま、グラムシを語る-2-〈特集〉) pp. 58-62
[497]	共編著	1988.3.	いまマルクスが面白い──現代を読み解く事典── いいだもも・伊藤誠・平田清明共編	有斐閣新書、1988年3月10日発行
[498]	小論	1988.3.	会社は永遠です！	同上書 pp. 20-24
[499]	小論	1988.3.	資本主義の開かれた矛盾〈都市〉	同上書 pp. 158-161
[500]	小論	1988.3.	土地は誰のものか	同上書 pp. 179-182
[501]	小論	1988.3.	法人資本主義の自主管理化	同上書 pp. 269-272
[502]	小論	1988.5.	いま『生誕』に想う	『内田義彦著作集』第1巻（岩波書店）月報1、pp. 3-5
[503]	小論	1988.6.	映画「薔薇の名前」と政治経済学	『高等学校社会科 Research』（清水書院）月報 pp. 2-4
[504]	学会報告と回答	1988.7.	社会主義のプロブレマティーク	『経済理論学会年報』（青木書店）第25集 pp. 17-32、pp.

[494]　映画「ラスト・エンペラー」の日本での劇場公開は1988年1月23日である。

[495]　1986年1月11日、鹿児島経済大学経済学部学会主催の講演「今日のヨーロッパと日本」の要旨をもとに大幅に加筆修正したもの。

[496]　収録→[637]『市民社会思想の古典と現代』(有斐閣、1996年)、改題「エピローグにかえて　市民社会論の現代的読み方」pp. 313-320。

[497]　〔新書版〕(ii)＋xi＋1＋272＋(2)。
現代の世界の危機と混迷のなかでマルクスの眼と視座がどう生きるかを、次の9つのテーマに分節して論ずる。——Ｉ：パラダイム　大きくみると、II：グリーン　自然と人間、III：パープル　女の時代、IV：ライフスタイル　生活の質を問う、V：ワーク　働くこと、VI：アーバン　爆発する都市、VII：サウス　反逆する南、VIII：クライシス　危機の深化、IX：レッド　自主管理・解放。——44名の論客が、それぞれ得意とする62個の現代的イッシューを論じた。平田は、「会社は永遠です！」「資本主義の開かれた矛盾〈都市〉」「土地は誰のものか」「法人資本主義の自主管理化」の4項を執筆。全篇にわたるイラストも効いており、タッチも軽妙。

[502]　1988年5月20日発行。

[503]　1988年6月20日発行。

[504]　1988年7月15日発行。経済理論学会第35回大会（福島大学、1987年10月3-4日）の共通論題「社会主義の理念と現実」における報告（pp. 17-32)、コメント

番号	種類	年月日	題名・書名	掲載紙誌・発行所
				78-80、pp. 86-95
[505]	論説	1988.9.	社会的制御調整の政治経済学	『思想』(岩波書店) 第771号 pp. 17-41
[506]	対談	1988.10.	税と社会――フランスの場合 平田清明、伊東光晴	『世界』(岩波書店) 第520号 (腐蝕の日本政治――税制国会を注視する〈特集〉; 税制改革論議総批判) pp. 114-121

1989年

番号	種類	年月日	題名・書名	掲載紙誌・発行所
[507]	論説	1989.1.	グラムシの市民社会概念によせて	石堂清倫・いいだもも・片桐薫編『生きているグラムシ』(社会評論社) pp. 120-137
[508]	論説	1989.1.	市民社会とヘゲモニー	『商経論叢』(神奈川大学経済学会) 第24巻第2号 pp. 1-24
[509]	論説	1989.2.	資本と国家――N. プーランザスの政治経済学への寄与――	『経済評論』(日本評論社) 第38巻第2号 pp. 48-72、p. 94
[510]	対談	1989.2.	市民社会の変容――日本社会の現在と天皇制―― 加藤周一、平田清明	『神奈川大学評論』(神奈川大学広報委員会編、社団法人宮陵会) 第5号 pp. 2-17 (巻頭対談)
[511]	論説	1989.3.	情報化にともなう日本の経済的・社会的変動――日本経済成功の秘密――	〔1989年3月までに成立した草稿〕
[512]	論説	1989.3.	L'informatisation et ses conséquences économiques et sociales : Le secret du succès de l'économie japonaise	Kanagawa University Economic Review (The Kanagawa University Research Institute of Economics and Trade), No. 1, pp. 2-12
[513]	翻訳	1989.3.	技芸	小場瀬卓三・平岡昇監修『ディドロ著作集 第3巻 政治・経済』(法政大学出版局) pp. 71-84 (『百科全書』より

への回答（pp. 78-80）、一般討論（pp. 86-95、平田の発言は断続）。

[507]　1989年1月15日発行。[490]「マルクス市民社会概念の再考」に加筆したもの。収録→[597]『市民社会とレギュラシオン』（岩波書店、1993年）、補筆・改訂して改題第3部第1章「市民社会概念におけるヘーゲル・マルクス・グラムシ」pp. 241-271。

[508]　収録→[637]『市民社会思想の古典と現代』（有斐閣、1996年）「第5章」〔表題ママ〕pp. 283-312。

[509]　収録→[597]『市民社会とレギュラシオン』（岩波書店、1993年）、補筆・改訂して改題第3部第2章「現代資本主義国家の特徴と自己矛盾――プーランザスにおける市民社会と権威主義国家――」pp. 272-309。

[510]　1989年2月27日発行。

[511]　次項「L'informatisation et…」の日本語原稿。収録→[638]『平田清明 市民社会を生きる』（晃洋書房、2007年）pp. 159-177。

[513]　1989年3月17日発行。

番号	種類	年月日	題名・書名	掲載紙誌・発行所
				翻訳
[514]	翻訳	1989.3.	ガリアニ師讃（1770年）	同上書 pp. 163-202
[515]	解題	1989.3.	解説・「技芸」	同上書 pp. 382-383
[516]	解題	1989.3.	解説・「ガリアニ師讃」	同上書 pp. 388-390
[517]	小論	1989.3.	佐藤金三郎君の死を悼む	『研究者の窓』（神奈川大学経済貿易研究所、1989年3月30日発行）第11/12号 pp. 1-3
[518]	講演記録	1989.3.	異文化接触の中での蓄積体制――レギュラシオン・アプローチの学際的意義――	『横浜5大学連合学会大会報告』（横浜5大学連合学会、1989年3月30日発行）pp. 20-27
[519]	小論	1989.4.	京阪での集いの一齣	『新評論』（新評論社）第67号（特集・佐藤金三郎氏を悼む）pp. 2-3
[520]	小論	1989.4.10	追悼　内田義彦先生	『週刊読書人』（株式会社読書人）第1778号 p. 1
[521]	小論	1989.6.	内田義彦教授の仕事と思い出	『経済セミナー』（日本評論社）第413号 pp. 14-17
[522]	書評	1989.6.	書想『構造と実践』	『新評論』（新評論社）第69号 pp. 22-23
[523]	論説	1989.7.	レギュラシオン・アプローチのプロブレマティーク（コンメンタール・レギュラシオン①）	『経済評論』（日本評論社）第38巻第7号 pp. 34-48
[524]	論説	1989.8.	脱神話化に向かうフランス革命	季刊『クライシス』（社会評論社）第38号（特集「フランス大革命＝クナシリ・メナシ蜂起200年」）pp. 50-61
[525]	翻訳	1989.9.	A.リピエッツ「レギュラシオンの経済学から政治学へ――ナショナル・クライシスへと転落する一国的開発主義――(1)」（コンメンタール・レギュラシオン②）	『経済評論』（日本評論社）第38巻第9号 pp. 2-24

[517]　1989年3月30日発行。

[518]　公開シンポジウム「異文化接触と日本──横浜市制100年を記念して──」（於横浜市立大学、1988年12月3日）における報告記録。

番号	種類	年月日	題名・書名	掲載紙誌・発行所
[526]	翻訳	1989.10.	A. リピエッツ「レギュラシオンの経済学から政治学へ――ナショナル・クライシスへと転落する一国的開発主義――(2)」(コンメンタール・レギュラシオン③)	『経済評論』(日本評論社) 第38巻第10号 pp. 13-21
[527]	論説	1989.10.	異文化接触と蓄積体制――レギュラシオン・アプローチの学際的展開――	『神奈川大学創立60周年記念論文集』(創立60周年記念論文集編集委員会編、神奈川大学、1989年10月30日発行、pp. 3-24
[528]	講義草稿	1989.10.	〔経済学の考え方――現代資本主義のレギュラシオン理論――〕	〔1989年10～12月執筆の草稿。世田谷市民大学、1989年10月～12月〕
[529]	文献紹介	1989.11.	Gianni Vaggi, The Economics of François Quesnay, Macmillan, 1987, xv＋247 pp.	『経済学史学会年報』(経済学史学会) 第27号 p. 56
[530]	小論	1989.11.	佐藤金三郎会員を悼む	同上書 p. 153
[531]	小論	1989.11.	追悼 経済学者 内田義彦――その風格と作品――	「内田義彦著作集」第10巻別冊『私の中の内田義彦』(岩波書店) pp. 3-10
[532]	論説	1989.12.	経済学における人間像	『学問への誘い　大学で何を学ぶか』第4版 (神奈川大学広報委員会) pp. 210-214

[527] 1989年10月30日発行。論説の最後に断り書きがある。「付記——本稿は「異文化接触と日本」と題する横浜五大学連合学会シンポジウム（1988年12月3日、横浜市立大学にて開催）において報告者として発表した論旨に、理論上の加筆をおこなった論稿である」。参照→[518]「異文化接触の中での蓄積体制」。

[528] 11枚の資料。目次1～10は以下の通り。
1、開講——現代世界における西欧と日本——
2、フランス革命と明治維新——フランス革命200年祭とフランソア・ケネー——
3、現代日本資本主義の範型的特徴
4、現代市民社会の空間形成
5、貨幣の経済哲学
6、資本の循環過程とその構造化
7、蓄積体制とレギュラシオン様式
8、ヘゲモニー・ブロックと社会的パラダイム——経済社会的発展モデル——
9、レギュラシオン理論の政治経済学
10、終講——Post Fordism時代への対応——

[529] 1989年11月4日発行。

[531] 1989年11月20日発行。「内田義彦さんを偲ぶ会」（千日谷会堂、1989年3月30日）の記録。

[532] 1991年第5版、1992年度にも収録。また、再録→[638]『平田清明 市民社会を生きる』（晃洋書房、2007年）pp. 241-244（本書［638］での表題は「学問への誘い——経済学における人間像——」）。

番号	種類	年月日	題名・書名	掲載紙誌・発行所

1990 年

番号	種類	年月日	題名・書名	掲載紙誌・発行所
[533]	小論	1990.1.1	90 年経済・時代展望　東欧激動	『公明新聞』（公明党機関紙局）p. 2
[534]	講演記録	1990.2.	河上肇から見た戦後世代	『東京河上会会報』（東京河上会）第 62 号 pp. 10-31
[535]	論説	1990.3.	レギュラシオン理論国際シンポジウム――カーディフ大会の素描――(コンメンタール・レギュラシオン⑤)	『経済評論』（日本評論社）第 39 巻第 3 号 pp. 2-14
[536]	小論	1990.3.2	東欧諸国の市民革命――故高島善哉氏の仕事にふれて――	『毎日新聞』（毎日新聞社）夕刊、第 40912 号、東京本社版 p. 7
[537]	学会発表	1990.3.	経済学における市民社会論の意義――高島善哉、内田義彦、B.ジェソップ――	経済学史学会関東部会第 3 回例会、慶応義塾大学
[538]	小論	1990.3.	薄れゆく感触のなかで偲ぶ	『追悼・内田義彦』（藤原書店、非売品）pp. 4-5
[539]	小論	1990.4.	市民社会が拓く「人間の時代」――「人間」が世界で共通の普遍的な概念に――	『月刊公明』（公明党機関紙局）第 339 号 pp. 37-45
[540]	論説	1990.4.	フランソワ・ケネーの生と死を追って	『図書』（岩波書店）第 490 号 pp. 8-13
[541]	対談	1990.4.10	欧州社民主義の未来像は――市場経済化は万能ではない―― 平田清明、伊藤誠	『週刊エコノミスト』（毎日新聞社）第 68 巻第 15 号 pp. 50-57
[542]	講演記録	1990.4.	現代資本主義論――その潮流と展望――	『社会運動』（社会運動研究センター）第 121 号 pp. 5-26
[543]	共訳	1990.4.	『ケネー 経済表 原表第 3 版所収版』 平田清明・井上泰夫共訳	岩波書店、1990 年 4 月 26 日発行
[544]	小文	1990.6.	京都西山の自然と文化を守る会 趣意書	〔1990 年 6 月執筆〕

[534]　塩田庄兵衛・古田光・住谷一彦との公開シンポジウム、1989 年 10 月 26 日、神田学士会館、の講演録。

[535]　収録→[596]『市民社会とレギュラシオン』（岩波書店、1993 年）の第 3 部第 3 章「現代資本主義の社会・国家・言説」に一部記録。

[537]　共通論題「内田義彦追悼——その学問的世界の理解と継承のために——」。

[538]　1990 年 3 月 18 日発行。再録→『機』（藤原書店）第 2 号、1990 年 6・7 月号、特集「内田義彦氏を悼む」。

[539]　雑誌特集題「1990 年代——変革の時代を占う-3-「人間の世紀」への潮流」。

[542]　連続講座「緑・社会民主主義・自治」開始にむけて。2 月 20 日、赤堤館での報告。

[543]　A 5 判、xii＋197＋(2)。

[544]　趣意書が引く京都市「第二外環状道路及び都市計画道路」は 1989 年 8 月 25 日の都市計画決定に含まれるもの。文中「昨年来大変なことが…」とあって執筆 1990 年と推測され、また「5 月 29 日に緊急に開かれた説明会」「請願書提出日限の都

番号	種類	年月日	題名・書名	掲載紙誌・発行所
[545]	共同討議	1990.6.	民主集中制　放棄か、堅持か、改革か　PART 1 平田清明、加藤哲郎、橋本剛、藤井一行	『窓』（窓社）第4号 pp. 155-186
[546]	対談	1990.7.	対談・激変ヨーロッパを見る眼 平田清明、佐藤経明	『経済評論』（日本評論社）第39巻第7号 pp. 2-23
[547]	論説	1990.7.	社会主義と資本主義──市民社会と世界システムの視座に立って──	『神奈川大学評論』（神奈川大学評論編集専門委員会編、神奈川大学広報委員会）第8号 pp. 27-34
[548]	対談	1990.8.	国境を越える時代とエスニシティの復権 平田清明・佐和隆光	『情況』（情況出版株式会社）第2期第1巻第3号 pp. 70-84
[549]	論説	1990.9.	補章2　現代資本主義論の諸潮流	『現代資本主義論への道標──ヒルファディング『金融資本論』を基軸として──』（古沢友吉編著、三嶺書房）pp. 267-309
[550]	論説	1990.10.	東欧市民革命のエピステモロジー	『経済評論』（日本評論社）第39巻第10号 pp. 2-24
[551]	共同討議	1990.10.	民主集中制　放棄か、堅持か、改革か　PART 2 平田清明、加藤哲郎、橋本剛、藤井一行	『窓』（窓社）第5号 pp. 129-149
[552]	論説	1990.10.	方法論的試金石としての日本 〔ケニー/フロリダ対加藤/スティーヴンの論争に対するコメント〕	『窓』（窓社）第5号 pp. 189-198
[553]	報告要旨	1990.10.	社会主義と資本主義──その危機と変容のブレーンストーミングに向けて──	『経済理論学会第38回大会研究報告要旨』（経済理論学会）pp. 87-92

合上6月15日頃までに、…」との文言から執筆1990年6月と推測される。収録→[638]『平田清明 市民社会を生きる』(晃洋書房、2007年) pp. 221-228。

[547] 雑誌特集題「変容する国家・体制・イデオロギー〈自由〉の現在」。

[549] 1990年9月10日発行。収録→[597]『市民社会とレギュラシオン』(岩波書店、1993年)。改題第2部第1章「現代資本主義論におけるレギュラシオン・アプローチと他の諸潮流——その併行と交錯の軌跡——」pp. 121-168。

[552] 収録→[597]『市民社会とレギュラシオン』(岩波書店、1993年)。改題第2部第3章II「日本的経営論争への一コメント——“ポスト・フォーディズム”か“ウルトラ・フォーディズム”かではなく」pp. 223-238。また、再録→加藤哲郎・ロブ・スティーヴン共編『日本型経営はポスト・フォーディズムか?』(加藤哲郎・ロブ・スティーヴン共編、窓社、1993年)。加筆・修正がある。後書には英語版がある。

[553] 1990年10月14日発行。共通論題「資本主義と社会主義」。

番号	種類	年月日	題名・書名	掲載紙誌・発行所
[554]	報告要旨	1990.11.	経済学における市民社会論の意義──高島善哉、内田義彦、B. ジェソップ──	『経済学史学会年報』(経済学史学会) 第28号、(部会) pp. 128-129
[555]	対談	1990.11.20	世界政治経済システムの大転換と日本──日本は生産性至上主義から脱却できるか── 平田清明、アラン・リピエッツ、司会・訳井上泰夫	『週刊エコノミスト』(毎日新聞社) 第68巻第49号 pp. 26-33
[556]	論説	1990.11.	松浦要教授学位論文の復刻に寄せて	『商学論纂』(中央大学商学研究会) 第32巻第4号 pp. 79-89
[557]	講演記録	1990.12.	東欧市民革命の現状と展望──「新しい時代」をどうとらえるか──	『社会運動』(社会運動研究センター) 第129号 pp. 2-21
[558]	インタビュー	1990.12.	現存の社会主義国とマルクス主義の行方	『時代と私学』(時代と私学社) 第1巻第2号 pp. 43-55

1991年

番号	種類	年月日	題名・書名	掲載紙誌・発行所
[559]	インタビュー	1991.1.	大学と学問──世界認識と自己認識の狭間で──	『時代と私学』(時代と私学社) 第2巻第2号 pp. 34-45
[560]	小論	1991.2.	現代経済分析にレギュラシオン・アプローチがなぜ必要なのか	『グラフィケーション』(富士ゼロックス株式会社) 第53号 pp. 4-5
[561]	論説	1991.2.	東欧市民革命と人権・宗教	『東洋学術研究』(東洋哲学研究所) 第30巻第1号 (特集「人権・グローバリズム・宗教」) pp. 117-147
[562]	小論	1991.2.	20世紀は何であったのか	『神奈川大学評論』(神奈川大学評論編集専門委員会編、神奈川大学広報委員会) 第9号、表紙の裏「評論の言葉」欄、p. 1
[563]	論説	1991.3.	フィジオクラシーとフラン	『経済貿易研究』(神奈川大学

[554]　1990年11月1日発行。関東部会発表［537］の報告要旨である。

[556]　1990年11月30日発行。

[557]　1990年12月15日発行。連続講座〈緑・社会民主主義・自治(3)〉。9月22日、家の光ビルでの講演。

[558]　1990年12月20日発行。

[559]　1991年1月15日発行。

[561]　1991年2月25日発行。雑誌特集題「人権・グローバリズム・宗教」。1990年10月24日に開かれた東洋哲学研究所の公開講座「人権・グローバリズム・宗教」での講演に加筆したもの。

[562]　1991年2月28日発行。

[563]　1991年3月25日発行。

番号	種類	年月日	題名・書名	掲載紙誌・発行所
			ス革命──革命前夜のエコノミスト F.ケネーの個人史をめぐって──	貿易経済研究所年報）第17号 pp. 47-71
[564]	論説討論	1991.3.	社会主義と資本主義──その危機と変容のエピステモロジー──	中央大学経済研究所『研究会報』第33号 pp. 8-22
[565]	論説	1991.5.	現代日本の政治経済学──国際的視座からする現代日本分析──	〔1991年5月までに執筆した草稿〕
[566]	小論	1991.6.21	中国の提携校での講義を終えて	『学園ニュース　かながわ』（神奈川大学）第34号 p. 1
[567]	小論	1991.7.	世紀のはざまにて	『神奈川大学評論』（神奈川大学評論編集専門委員会編、神奈川大学広報委員会）第10号、表紙の裏「評論の言葉」欄 p. 2
[568]	論説草稿	1991.8.	市民社会とレギュラシオン	〔1991年8月末執筆の草稿〕
[569]	インタビュー	1991.9.	社会主義の危機と新理論の可能性	季刊『窓』（窓社）第9号 pp. 55-88
[570]	論説	1991.10.1	社会主義と資本主義──その危機と変容のエピステモロジー──	『経済理論学会年報』（青木書店）第28集「資本主義と社会主義」pp. 35-50
[571]	学会発表	1991.10.9-12	Rapport salarial, rapport transactionnel et mode de régulation : Pour une approche régulationniste de l'économie japonaise	『BULLETIN』（日仏経済学会）第14号 pp. 96-97「1990/91年度活動報告」

[564] 平田の論説と金原の論説とを併せ2人の討論を収めた企画。共通タイトル「新しい世界史像をめざして」。金原の論説は「人類史の現段階と地域再構成への試論」pp. 23-51。両者の討論はpp. 53-65である。『研究会報』は「21世紀への展望——世界と日本の経済と経済学——」というシリーズ企画を立ちあげていて、本項はそのひとつである。

[565] 本項は、1991年5月、平田が上海建築材料工業学院で客員教授として講義したときの講義草稿である。収録→[638]『平田清明 市民社会を生きる』(晃洋書房、2007年) pp. 159-203。

[567] 1991年7月25日発行。再録→[587]『国家の変容』(神奈川大学評論編集専門委員会編「神奈川大学評論叢書」第1巻、執筆平田清明ほか、御茶の水書房、1992年)、大幅に改稿して改題「現代史の激動のなかで」pp. 3-16。

[568] 収録→[638]『平田清明 市民社会を生きる』(晃洋書房、2007年) pp 93-96。草稿成立時期につき、この論説の末尾に「急展開するロシアの動向と"繁栄"のはての金融腐敗とが、こもごも映像におどり出る1991年8月末…」とある。ソ連、1991年8月19日、8月クーデター発生、保守派がゴルバチョフ大統領を軟禁(8月21日、クーデター失敗)。日本、イトマン事件。1991年7月23日、大阪地方検察庁特別捜査部は特別背任の疑いで河村良彦元イトマン社長、伊藤寿永光、許永中ら6人を逮捕。

[569] 1991年9月20日発行。

[570] 経済理論学会第38回大会(1990年)共通論題「資本主義と社会主義」での報告。「コメントへのリプライⅠ」はpp. 74-75。収録→[597]『市民社会とレギュラシオン』(岩波書店、1993年)、改題第1部第3章「社会主義と資本主義のエピステモロジー」pp. 94-117。

[571] 第4回日仏経済学会議(共通論題:Accumlation du capital et modes de régulation)での発表。表題の日本語訳は「現代日本経済へのレギュラシオン・アプローチ(一つの試論)——賃労働関係・取引関係・蓄積体制——」(参照:[625])。

番号	種類	年月日	題名・書名	掲載紙誌・発行所
[572]	小論	1991.11.	村上一郎の思い出	「村上一郎著作集」第5巻『作家・思想家論Ⅰ』(国文社)月報7、pp. 1-4
[573]	小文	1991.12.	社会形成とレギュラシオン様式	『BULLETIN』(日仏経済学会) 第14号 pp. 13-15 (エッセー欄)
[574]	解説	1991.12.	生産力理論とイデオロギー	山田秀雄編・高島善哉著『市民社会論の構想』(新評論) pp. 421-438
[575]	論説	1991.12.	レギュラシオン・アプローチとグラムシ	〔1991年12月末執筆の草稿。フォーラム'90s (フォーラムナインティーンズ) 講演のためのもの〕

1992年

番号	種類	年月日	題名・書名	掲載紙誌・発行所
[576]	論説	1992.〔?〕.	Rapport salarial, rapport transactionnel et mode de régulation : Pour une approche régulationniste de l'économie japonaise	Mondes en développement, tome 20, numéro 79/80, pp. 97-106
[577]	小論	1992.2.	フランソワ・ケネーの歴史空間	『図書』(岩波書店)第512号 pp. 16-20
[578]	報告	1992.2.	現代資本主義とレギュラシオン・アプローチ	『社会運動』(社会運動研究センター) 第143号 pp. 79-88
[579]	インタビュー	1992.3.1	ソ連消滅後の社会主義	『月刊公明』(公明党機関紙局) 第362号 pp. 14-26
[580]	論説	1992.3.	現代日本経済分析へのレギュラシオン・アプローチ――労資関係・取引関係・蓄積体制――	『経済貿易研究』(神奈川大学貿易経済研究所年報) 第18号 pp. 83-100
[581]	論説	1992.6.	日本経済分析における発想の転換――B・コリア『逆転の思考』が訴えるもの	『経済評論』(日本評論社) 第41巻第6号 pp. 27-37

備考

[572] 1991年11月20日発行。

[573] 1991年12月20日発行。雑誌特集題「EC 1992年市場統合と日仏関係」。

[574] 1991年12月25日発行。

[575] 収録→[638]『平田清明 市民社会を生きる』(晃洋書房、2007年) pp 83-92。草稿執筆時期につき、この論説の末尾に「“現存社会主義”が死滅した今日、…」とある。ゴルバチョフ大統領が辞任してソ連邦が崩壊したのは1991年12月25日である。

[576] 1991年10月9-12日に「資本蓄積とレギュラシオン様式：日仏比較」をテーマとしてフランスのグルノーブルで開催された第6回日仏経済学会議での発表の記録。これの日本語版は後に、再録→[625] 現代日本経済へのレギュラシオン・アプローチ(一つの試論)──賃労働関係・取引関係・蓄積体制──(『BULLETIN』日仏経済学会、第16号、1994年10月30日、pp. 36-49)。

[578] 1992年2月15日発行。フォーラム'90 s主催の第2回フォーラム第10分科会「アフター・フォーディズムと日本」のパネラーの一人として報告。「質問への答え」pp. 97-99。

[580] 1992年3月25日発行。これは、[576] Rapport salarial, rapport transactionnel et…の日本語版に術語の翻訳変更や注の追加、図に対し補助線の追加などを施し、改題して発表したもの。収録→[597]『市民社会とレギュラシオン』(岩波書店、1993年) 第2部第2章、改題「現代日本へのレギュラシオン・アプローチ(一つの試論)──賃労働関係・取引関係・蓄積体制──」pp. 169-206。

[581] 収録→[597]『市民社会とレギュラシオン』(岩波書店、1993年)、改題第1部第3章I「ヨーロッパ人による日本経済分析へのチャレンジ──B・コリアによるオオノイズムの概念提示──」pp. 207-223。

番号	種類	年月日	題名・書名	掲載紙誌・発行所
			──	
[582]	論説	1992.7.7	マーストリヒト条約と国民国家の変容（上）──ヨーロッパ連合への期待と抵抗──	『週刊エコノミスト』（毎日新聞社）第70巻第29号 pp. 34-39
[583]	論説	1992.7.14	マーストリヒト条約と国民国家の変容（下）──トランスナショナルに向かうEC──	『週刊エコノミスト』（毎日新聞社）第70巻第30号 pp. 80-85
[584]	報告	1992.8.	現代市民社会と企業国家 補足報告：質問に答えて	『経済評論』（日本評論社）第41巻第8号 pp. 2-13、pp. 52-56
[585]	論説	1992.10.20	深刻化したフランスの政治vs市民社会の分裂──仏国民投票「僅差」成立の意味するもの──	『週刊エコノミスト』（毎日新聞社）第70巻第44号 pp. 58-63
[586]	小文	1992.11.1	身辺随想──二つの都を去来して──	『京大広報』（京都大学広報委員会）第436号 p. 445
[587]	小論	1992.11.	現代史の激動のなかで	『国家の変容』（神奈川大学評論編集専門委員会編「神奈川大学評論叢書」第1巻、執筆平田清明ほか、御茶の水書房）pp. 3-16
[588]	論説	1992.11.	国家の変容──地域統合とエスニシティ(CIEとEU)──	同上書 pp. 17-60
[589]	報告	1992.11.28	マーストリヒト条約の特徴と展望	教育総研公開研究会『EC統合と日本の課題』（国民教育文化総合研究所）pp. 1-3

1993年

番号	種類	年月日	題名・書名	掲載紙誌・発行所
[590]	報告	1993.1.	最近のヨーロッパ──マーストリヒト条約をめぐって──	『東京河上会会報』（東京河上会）第65号 pp. 23-30
[591]	新著目次	1993.1.～	現代政治経済学の基本問題	〔遺稿中のメモ〕

[582]　次項［583］（下）と併せ、収録→[597]『市民社会とレギュラシオン』（岩波書店、1993年）、改題第1部第2章「ヨーロッパ市民権に依拠する地域連合の推進——マーストリヒト条約の展望するもの——」pp. 66-82。

[584]　1992年5月23日、神奈川大学人文学会主催のフォーラム「現代市民社会と企業国家日本」における報告。

[585]　収録→[597]『市民社会とレギュラシオン』（岩波書店、1993年）、改題第1部第2章II「権威主義国家の下での政治社会と市民社会の分裂」pp. 82-93。

[587]　1992年11月5日発行。この小論は、もと［567］「世紀のはざまにて」である。収録→[597]『市民社会とレギュラシオン』（岩波書店、1993年）、改題「はしがき——世紀のはざまにて——」pp. v-vi。

[588]　収録→[597]『市民社会とレギュラシオン』（岩波書店、1993年）、改題第1部第1章「国民国家の変容——地域統合とエスニシティ——」pp. 19-65。

[589]　『EC統合と日本の課題』は、11月28日、日本教育会館で開かれたパネルディスカッションでの報告要旨を掲載したもの。

[590]　1992年6月14日、神田学士会館での河上会例会報告。

[591]　収録→[638]『平田清明 市民社会を生きる』（晃洋書房、2007年）pp. 97-101。メ

番号	種類	年月日	題名・書名	掲載紙誌・発行所
			──市民社会とレギュラシオン──補論 社会主義とは──	
[592]	共著	1993.3.	『高等学校　新現代社会』〔13人の共著〕	清水書院、1993年3月31日
[593]	小論	1993.4.	学問の勧め──経験の座標の上に──	神奈川大学1993年度入学式告辞
[594]	小論	1993.6.	学史を往来する随想──フランソワ・ケネーとレギュラシオニスト──	『BULLETIN』（日仏経済学会）第15号 pp. 10-11（エッセー欄）
[595]	小論	1993.6.	序文　共同する個の自己実現を求めて	岩根邦雄『新しい社会運動の四半世紀──生活クラブ・代理人運動──』（協同図書サービス株式会社）pp. 1-5
[596]	論説	1993.7.	神奈川大学におけるカリキュラム改正	『大学と教育』（東海高等教育研究所）第8号 pp. 60-67
[597]	単行本	1993.9.	『市民社会とレギュラシオン』	岩波書店、1993年9月27日発行
[598]	研究会発表	1993.10.1	現存社会主義崩壊後の思想状況	立命館大学産業社会学部教員・院生の学部研究会

1994年

番号	種類	年月日	題名・書名	掲載紙誌・発行所
[599]	共著	1994.2.	『高等学校新現代社会：94の視点で考える現代社会』小牧治〔ほか〕著	清水書院、1994年2月
[600]	論説	1994.2.	〔第2章　市民社会(再)形成の法理〕	〔1994年2～3月執筆の草稿〕
[601]	共著	1994.2.	『現代市民社会と企業国家』平田清明・山田鋭夫・加	御茶の水書房、1994年2月1日発行

モ本文「III、1」に「92年統一市場完成→93年EU基本条約批准完了」とある。統一市場は1993年1月1日発足、条約は1992年2月7日調印、10月12日批准完了、1993年11月1日発効。なので、この時点に置いた。

[592] 高等学校公民科文部省検定済教科書。平成6年度用。3月31日は検査済を示す日付。

[593] 収録→[638]『平田清明 市民社会を生きる』(晃洋書房、2007年) pp. 229-240。本文中に「私たちは今入学式を終えた新しい大学生諸君と…」とあり (p. 232)、末尾にも「私は1993年、この大学の入学式において…」とある (p. 240)。

[594] 1993年6月10日発行。雑誌特集題「自由時間、余暇、およびツーリズム」。

[595] 1993年6月15日発行。再録→『社会運動』(社会運動研究センター、1995年4月) 第181号 pp. 7-8。

[596] 1993年7月10日発行。

[597] 四六判、(iv)+vii+361+15+(2)。
二つの原稿がある。「第一部序 世紀末における世界空間の変容」、「第三部第三章 現代資本主義の社会・国家・言説」。
⇒本書の「著作解題」中の『市民社会とレギュラシオン』を参照。

[598] 収録→[606]『立命館産業社会論集』第29巻第4号、副題「歴史と道徳、その和解は可能か」を追加した。

[599] 教員用の副読本。

[600] 収録→[637]『市民社会思想の古典と現代』、改題「第1章 J.J.ルソーの社会契約論──市民社会(再)形成の法理──」pp. 5-46。この草稿は、「第2章…」の表題に先立って構想していた著作名 [637]『市民社会思想の古典と現代』を記した最初の1行を持つ。著作名は [604] の叙述プランに同じ。ただ、叙述プランでは、章名を「II ルソーにおける市民社会再構築の法理」としていた。

[601] A5判、(ii)+iv+215+2+(2)。
本書は、1992年5月23日、神奈川大学で開催された「現代市民社会と企業国家」

番号	種類	年月日	題名・書名	掲載紙誌・発行所
			藤哲郎・黒沢惟昭・伊藤正純共著	
[602]	論説	1994.2.	現代市民社会と企業国家	同上書 pp. 3-46
[603]	インタビュー	1994.2.4	大学院設置目指す〔学長就任正式決定の南日本新聞報道〕	『南日本新聞』(南日本新聞社) 第 18811 号 p. 22
[604]	小文	1994.2.6	市民社会思想の古典と現代(叙述プラン)	〔遺稿中のメモ、標題の下に「1994 年 2 月 6 日」の日付〕
[605]	小論	1994.3.15	生涯学習の拠点に	『みなみ風』(鹿児島経済大学広報委員会・企画広報室) 第 42 号 p. 2
[606]	論説	1994.3.21	現存社会主義崩壊後の思想状況――歴史と道徳、その和解は可能か――	『立命館産業社会論集』(立命館大学産業社会学会) 第 29 巻第 4 号 pp. 305-319
[607]	インタビュー	1994.3.21	地域経済、社会に貢献を(語いもんそ――この人にインタビュー――)	『鹿児島新報』(鹿児島新報社) p. 1
[608]	小文	1994.3.	二十一世紀へのメッセージ	『神奈川大学評論』(神奈川大学評論編集専門委員会編、神奈川大学広報委員会) 第 17 号 pp. 28-31
[609]	小文	1994.4.	〔鹿児島経済大学入学式告辞草稿〕	〔草稿〕、入学式は 4 月 5 日
[610]	小文	1994.4.	入学式告辞	鹿児島経済大学学内配布冊

というテーマのフォーラムをベースにして成った（黒沢惟昭：「あとがき」にかえて——本書成立の経緯——）。平田清明の同名の基調報告と、それをうけた山田鋭夫、加藤哲郎、黒沢惟昭の各報告、および当日の積極的な参加者、伊藤正純がのちに寄稿した論稿の5編から構成されている。——平田清明「現代市民社会と企業国家」、山田鋭夫「企業社会と市民社会」、加藤哲郎「過労死とサービス残業の政治経済学——市民社会の基礎は労働時間か自由時間か——」、黒沢惟昭「企業国家日本と教育改革——現代市民社会創造のために——」、伊藤正純「成熟国家スウェーデン——選挙制度・男女平等・教育——」。

[603] 鹿児島経済大学学長就任正式決定発表後、初めての記者会見（2月3日、於鹿児島県庁）。『学問文芸共和国』p. 18 山口清徳に拠る。

[604] 収録→『学問文芸共和国』pp. 3-5。また、引用→[637]『市民社会思想の古典と現代』編者解題、pp.325-327。

[605] 鹿児島経済大学記者会見での発言の要旨。

[606] 立命館大学産業社会学部教員・院生の学部研究会講師に招かれ、「現存社会主義崩壊後の思想状況」と題して報告した（1993年10月1日）。これを収録するさい副題を追加した。この1回目の学部研究会のあと院生自身が研究会を組織し（竹林ゼミ）、自分たちで平田清明を講師に招いた。2回目の学部研究会は1994年10月21日に催され、「五つのレジュメ」を残した。『学問文芸共和国』p. 101 田口富久治や p. 154 松葉正文に拠れば、五つのレジュメは以下の通り。「歴史教育への反省／社会主義社会の資本主義化／近代市民社会の古典的経済理論（価値論史1 イギリス古典経済学の展開）／ケネー『経済表』の社会史的意義と現代的意義／現代市民社会の空間的諸規定」。

[607] 鹿児島経済大学の次期学長就任にあたっての記者会見記事。

[608] 1994年3月30日発行。雑誌特集題「特集：人間の未来——二十一世紀への希望のメッセージ」。

[609] 収録→[638]『平田清明 市民社会を生きる』（晃洋書房、2007年）改題「鹿児島経済大学入学式告辞」pp. 247-251。

[610] これは、当日列席した関係者の求めに応じて、式後、学内配布したもの。収録→

番号	種類	年月日	題名・書名	掲載紙誌・発行所
				子。入学式は4月5日
[611]	インタビュー	1994.4.12	総合大学化目指す（鹿経大平田清明新学長に聞く、インタビュー）	『南日本新聞』（南日本新聞社）p. 10
[612]	インタビュー	1994.?.??	平田清明学長へのインタビュー	『みなみ風』（鹿児島経済大学広報委員会・企画広報室）
[613]	小文	1994.5.20	自分の時間に誇りと責任を	『みなみ風』（鹿児島経済大学広報委員会・企画広報室）第43号 p. 2
[614]	公開講義	1994.5.	平田靫負とジャン・ジャック・ルソー	特別公開講義、1994年5月25日
[615]	小文	1994.6.1	広松渉さんを悼む	『南日本新聞』（南日本新聞社）第18924号 p. 12
[616]	論説	1994.6.	ケネー経済表の循環回転論的解明	〔1994年6月迄に執筆した草稿〕
[617]	論説	1994.6.	現代日本における大学教授の職能と地位について〔及び、まえがき「現代の大学」〕	〔1960年代末執筆の草稿〕〔まえがき「現代の大学」1994年6月23日〕
[618]	小文	1994.7.20	小異残し大同を	『みなみ風』（鹿児島経済大学広報委員会・企画広報室）第44号 p. 1
[619]	小文	1994.7.20	靫負とルソー	『みなみ風』（鹿児島経済大学広報委員会・企画広報室）第44号 p. 7
[620]	論説	1994.8.	ケネー再考──「経済表」とフランス革命──	〔8～12月執筆の草稿〕

『学問文芸共和国』pp. 5-10。

[612]　収録→[638]『平田清明　市民社会を生きる』（晃洋書房、2007 年）pp. 245-246。

[613]　これは入学式告辞の全文または一部である。鹿児島経済大学『'94　Orientation bk』p. 6 にも収録。

[614]　公開講義のこの日は平田靫負の命日である。宝暦治水の工事は 1754 年（宝暦 4 年）2 月から 1755 年（宝暦 5 年）5 月まで。参考：ルソー『人間不平等起源論』は 1755 年刊。

[616]　収録→[638]『平田清明　市民社会を生きる』（晃洋書房、2007 年）pp. 262-280。同書 pp. 260-261 解題に拠って以下をしるす。1994 年 6 月 4 日はケネー生誕 300 年にあたる。6 月 1 日～3 日、パリ近郊ヴェルサイユで「ケネー生誕 300 年記念シンポジウム」開催。本項「ケネー経済表の循環回転論的解明」は、このシンポジウムで発表すべく準備してきた仏文原稿 L'ēlucidation du Tableau Economique の日本語訳である。

[617]　収録→[638]『平田清明　市民社会を生きる』（晃洋書房、2007 年）pp. 210-216。「まえがき「現代の大学」」を付して発表予定だったが、結局、未発表に終わった。同書 pp. 206-207 解題に拠る。1960 年代末につき参考：1969.1.19 東大安田講堂陥落。

まえがきに 1994 年 6 月 23 日との記載があったので、ここに置いた。

[618]　「活性化へのステップ⑩」。この記事は、7 月 13 日発表の「教学改革大綱」を紹介するもの。『学問文芸共和国』pp. 19-20 山口清徳に拠る。

[619]　特別公開講義（5 月 25 日）の聴講者による要旨。公開講義原題は［614］「平田靫負とジャン・ジャック・ルソー」。

[620]　収録→[637]『市民社会思想の古典と現代』「第 2 章」（末尾に「ケネー関連年表 I」「II」を付す）pp. 47-123。上記書の「編者解題」は、この論説の標題を草稿に同じとし（同書 p. 331）、収録した論説につき［624］学会発表のときの「報告の原稿がもとになっている」（同書 p. 321）とする。が、完成直後は「生誕 300 年を記念して：ケネー再考――経済学史とフランス革命史学を逆照射するケネー――」

番号	種類	年月日	題名・書名	掲載紙誌・発行所
[621]	小文	1994.8.1	新図書館に思う――開館の喜びを共にして――	『鹿児島経済大学図書館だより』（鹿児島経済大学付属図書館）第7号 p. 2
[622]	インタビュー	1994.8.21	考えたい本県の経済振興（日曜特集・平成の経済学を問う、インタビュー）	『鹿児島新報』（鹿児島新報社）p. 10
[623]	講演記録	1994.10.	歴史教育への反省　文責：鹿児島経済大学企画広報室	『みなみ風』（鹿児島経済大学広報委員会・企画広報室）
[624]	学会発表	1994.10.30	ケネー『経済表』の社会史的意義とその理論的意義	『経済学史学会第58回全国大会プログラム報告要旨』p. 50
[625]	論説	1994.10.	現代日本経済へのレギュラシオン・アプローチ（一つの試論）――賃労働関係・取引関係・蓄積体制――	『BULLETIN』（日仏経済学会）第16号 pp. 36-51
[626]	小文	1994.11.	最初の財政白書――ネッケル「白書」とフランス革命――	『九州ざいむ』（大蔵省九州財務局）第59号（随想欄）pp. 6-7
[627]	小文	1994.11.5	「ドラスティックな改革を」めざすはアジアの拠点	『読売新聞』（読売新聞社）p. 14
[628]	大学公開講座	1994.11.5	18世紀日本における宝暦治水と平田靱負	鹿児島経済大学1994年度第1回公開講座
[629]	学会発表	1994.11.26	ケネー再考――経済学史と	日仏経済学会、於早稲田大学

の表題だった。また、平田の脳中では執筆の構想は数年前からだった様子で、完成直後の同表題ワープロ打ち草稿の最後に「(あとがき)」があり、以下その一部を引く。「本稿は、1994年6月初頭フランスのヴェルサイユで開催されたケネー生誕300年を記念する国際集会において報告すべく執筆したものであるが、筆者が一身上の都合で出席できなくなり、未発表に留めおいたものであり、同年10月末、日本の経済学史学会がその年次大会において、ケネー生誕300年を記念する年次大会を組織したので、それに参加するため、ヴェルサイユ向けの予定原稿に文脈の確定や問題設定の上で多少の変更を加えて、口頭で発表したものの記録である」。

[623] 収録→[638]『平田清明 市民社会を生きる』(晃洋書房、2007年) pp. 234-238。講演会は、1994年10月4日、1994年度北薩・鹿児島地区市町村教育委員会活性化事業として、同地区の教育委員会や事務職員100名が出席、鹿児島市教育総合センターにて開催された。

[624] 経済学史学会第58回全国大会(武蔵大学、1994年10月29-30日)共通論題「ケネー生誕300年――経済表の理論的意義と現代的意義――」。この発表のもとになった長大な報告原稿は、[637]『市民社会思想の古典と現代』(有斐閣、1996年)第2章に、「ケネー再考――「経済表」とフランス革命」pp. 47-123として収録されている(参考:[620])。

[625] 1994年10月30日発行。雑誌特集題「第4回日仏経済学会議報告〈資本蓄積と調整様式:日仏比較〉1」。この論説は、[576] Rapport salarial, rapport transactionnel et…の日本語版である。

[627] 切り分け面、鹿児島地区用広告のページ。

[629]『学問文芸共和国』p. 363山田鋭夫に拠る。

番号	種類	年月日	題名・書名	掲載紙誌・発行所
			フランス革命史学を逆照射するケネー	
[630]	対談	1994.12.	国破れて五十年、いま21世紀を担う人材を育てるために 平田清明、今村武俊	『かごしま』（随筆かごしま社）第87号 pp. 14-23

1995年

[631]	小文	1995.1.20	18世紀日本における宝暦治水と平田靫負	『みなみ風』（鹿児島経済大学広報委員会・企画広報室）第47号 p. 4
[632]	小文	1995.1.	大学から大口高校の皆さんへ	〔1995年1～2月執筆の大口高校PTAだより草稿〕
[633]	論説	1995.1.29	アダム・スミス問題の再審──スミスに学んで何が悪い──	〔1995年1月29日執筆の未完成草稿〕
[634]	小文	1995.2.1	小さな発見に燃えて──本館所蔵『国富論』初版に寄せて──	『鹿児島経済大学図書館だより』（鹿児島経済大学付属図書館）第9号 pp. 2-3
[635]	小文	1995.4.	授業内容(シラバス)	〔鹿児島経済大学『授業内容』『講義概要』掲載草稿〕

1996年

[636]	論説	1996.3.	歴史への反省・古典と現代──平田氏を囲む会・報告	『立命館産業社会論集』（立命館大学産業社会学会）第31

[630]　1994 年 12 月 20 日発行。

[631]　1994 年 11 月 5 日、平成 6 年度第 1 回大学公開講座での講演の要約。文責は企画広報室。

[632]　文中に「私は、昨年 4 月当地に赴任しましたが、…」とあって、1995 年執筆と分かる。序でながら、1995 年度授業内容（シラバス）を引いているので 1995 年度新入生に配布する冊子『授業内容』『講義概要』は既に印刷されていた、ということも分かる。事実、『学問文芸共和国』p. 35 八尾信光は平田の「1995 年度の「社会科学概論」授業計画」を引く。収録→[638]『平田清明 市民社会を生きる』（晃洋書房、2007 年）pp. 252-253。

[633]　収録→[637]『市民社会思想の古典と現代』（有斐閣、1996 年）、改題「付論 断章：アダム・スミス問題の再審」pp. 172-191。表題は［637］『市民社会思想の古典と現代』p. 325 編者解題に拠る。1995 年 1 月 29 日の特定は『学問文芸共和国』p. 327 大町慎浩に拠る。大町はこれを絶筆とする。また、参照：同書 pp. 41-42 衣川恵。

[634]　収録→[637]『市民社会思想の古典と現代』（有斐閣、1996 年）。収録のさい副題を外した。

[635]　これは鹿児島経済大学の経済・社会両学部 1995 年度 1 年生向け授業科目「社会科学概論」の教授細目（syllabus）である。学生に配布する冊子『授業内容』『講義概要』に一旦は収載印刷・学内配布された（『学問文芸共和国』p. 35 八尾信光）ところ平田死去により急遽差し替えられたので同大学の公式の出版物にならなかった。収録→『学問文芸共和国』pp. 10-14。

[636]　1994 年 10 月 21 日に立命館大学産業社会学部共同研究室で行われた共同研究会での報告。同誌編集委員会の責任で文章化したもの。

番号	種類	年月日	題名・書名	掲載紙誌・発行所
			――	巻第4号(特集：追悼 故平田清明客員教授) pp. 3-23
[637]	単行本	1996.10.	『市民社会思想の古典と現代――ルソー、ケネー、マルクスと現代市民社会――』 平田清明著、八木紀一郎・大町慎浩編	有斐閣、1996年10月30日発行

2007年

番号	種類	年月日	題名・書名	掲載紙誌・発行所
[638]	単行本	2007.11.	『平田清明 市民社会を生きる――その経験と思想――』 平田清明遺稿集編集委員会（篠田武司・斉藤日出治・浅野清・安孫子誠男・佐々木政憲）編、編集協力：野沢敏治	晃洋書房、2007年11月20日発行

2013年

番号	種類	年月日	題名・書名	掲載紙誌・発行所
[639]	翻訳	2013.3.	『ケネー 経済表』 平田清明・井上泰夫訳	岩波書店、2013年3月15日発行、岩波文庫

2019年

番号	種類	年月日	題名・書名	掲載紙誌・発行所
[640]	単行本	2019.10.	『フランス古典経済学研究』 平田清明記念出版委員会（千賀重義・野沢敏治・八木紀一郎・山田鋭夫）編、校訂・解題 千賀重義／野沢敏治	日本経済評論社、2019年10月30日発行

[637]　四六判、(i)＋viii＋333＋6＋(1)。
⇒本書の「著作解題」中の『市民社会思想の古典と現代』を参照。

[638]　四六判、(i)＋ix＋284＋4＋(1)。
ほとんどが草稿から成る遺稿集である。
⇒本書の「著作解題」中の『平田清明　市民社会を生きる』を参照。

[639]　文庫判、312＋(8)。
[543]『ケネー　経済表　原表第3版所収版』を底本とする。本文に最小限の字句修正を施した。井上泰夫が新しく解説を書きおろした。

[640]　(i)＋ii＋vii＋468＋45＋3＋(2)
京都大学に提出された経済学博士学位論文（主査：出口勇蔵、1961年11月25日学位授与）を収録する。

同出版委員会は、これの出版にあわせ『平田清明著作　解題と目録』を刊行した。平田清明の著作12点（15冊）の解題と1940年～2019年の著作目録を収める。

略 年 譜

1922/08/17　東京神田、平田清次・やしの長男に生まれる。
1940/03/―　麻布中学校卒業。
1942/09/―　東京商科大学予科終了。
1947/09/―　東京商科大学本科経済学専攻卒業（商学士）。
1947/10/―　東京商科大学特別研究科進学。
1948/04/―　大倉経済専門学校講師（経済政策学担当）。
1949/04/―　東京経済大学大倉経済専門学校講師（経済学説史・経済政策学担当）。
1949/09/―　東京商科大学特別研究科第一期終了。
1950/01/―　横浜国立大学横浜経済専門学校文部教官（～1951 年 3 月）。
1950/04/29　南沢貞治四女敏子（1927 年 12 月 24 日生、東京学芸大学の前身東京第一師範学校卒業）と結婚。
1950/04/―　〈翻訳〉マルクス「哲学の貧困」、マルクス=レーニン主義研究所編『マルクス=エンゲルス選集』第 1 巻下、大月書店。
1950/―/―　経済学史学会会員。
1951/02/―　〈翻訳〉ギャルニエ「国富論序文」、高島善哉編集『スミス国富論講義』3、春秋社。
1951/03/―　横浜国立大学経済学部助手。
1952/04/―　横浜国立大学経済学部助教授（～1958 年 4 月）。
1952/―/―　土地制度史学会会員（～1956 年）。
1953/05/30　〈翻訳〉ジャン・バビー『経済学の基本原理』大月書店。
1953/09/05　〈翻訳〉ロジェ・ガローディ『近代フランス社会思想史』ミネルヴァ書房。
1958/09/―　埼玉大学経済短期大学部講師および同大学文理学部非常勤講師。
1958/10/07　長女郁美誕生。
1959/05/―　埼玉大学経済短期大学部助教授・同大学文理学部助教授併任。
1959/08/―　〈翻訳〉ケネー著作集（経済表ほか）『世界大思想全集 社会・宗教・科学思想篇 6』河出書房新社。
1960/04/―　名古屋大学経済学部講師・同大学院経済学研究科担当。
1960/11/―　〈翻訳〉マルクス「哲学の貧困――プルードンの「貧困の哲学」への返答――」、大内兵衛・細川嘉六監訳『マルクス=エンゲルス全集』4、

大月書店。

1960/—/—　日仏経済学会会員。

1961/05/08　父清次死去。

1961/11/25　「フランス古典経済学研究」により、経済学博士（旧制）の学位（京都大学）を取得。

1961/12/16　長男隆誕生。

1962/04/30　〈共著〉『社会思想史概論』高島善哉・水田洋・平田清明、岩波書店。

1962/—/—　経済学史学会幹事（～1993年）。

1965/06/—　名古屋大学経済学部助教授。

1965/07/30　『経済科学の創造――「経済表」とフランス革命――』岩波書店。

1966/04/—　〈論文〉「マルクスにおける経済学と歴史認識――『経済学批判要綱』を中心として――」『思想』4、5、8、11月号、岩波書店。

1967/08/—　啓蒙思想国際会議出席のため海外派遣。

1968/01/—　〈論文〉「社会主義と市民社会」『世界』2月号、岩波書店。

1968/—/—　日仏経済学会理事（～1995年3月1日）。

1969/10/25　『市民社会と社会主義』岩波書店。

1970/06/25　〈共著〉『経済学史』内田義彦・大野英二・住谷一彦・伊東光晴・平田清明、筑摩書房。

1971/04/—　名古屋大学経済学部教授（経済学史担当）。

1971/08/30　『経済学と歴史認識』岩波書店。

1973/03/—　パリ第三大学客員研究員（～1974年10月）。

1976/04/—　名古屋大学評議員（～1978年3月）。

1978/04/—　京都大学経済学部教授（経済原論担当）・同大学院経済学研究科担当。名古屋大学経済学部教授併任（～1979年3月）。

1978/10/30　〈共著〉『転換期の思想』宮崎義一・篠原一・平田清明、新地書房。

1978/—/—　経済理論学会会員。

1979/05/19　母やし死去。

1979/08/06　〈編著〉『社会思想史』青林書院新社。

1979/—/—　経済理論学会幹事（～1992年）。

1980/01/—　京都大学評議員（～1984年4月）。

1980/02/25　『社会形成の経験と概念』岩波書店。

1980/07/10　『コンメンタール「資本」』1、日本評論社。

1981/02/10　『コンメンタール「資本」』2、日本評論社。

1981/09/—　短期海外出張、パリ第四大学客員研究員（～10月）。

1982/01/—　京都大学経済学部長・同大学院経済学研究科長（～1984年4月）。

1982/05/15　『コンメンタール「資本」』3、日本評論社。

1982/08/16　〈翻訳〉アラン・トゥレーヌ『ポスト社会主義』平田清明・清水耕

一訳、新泉社。

1982/09/10　『新しい歴史形成への模索』新地書房。

1982/10/21　『経済学批判への方法叙説』岩波書店。

1983/03/20　『コンメンタール「資本」』4、日本評論社。

1983/04/30　〈編著〉『経済原論――市民社会の経済学批判――』青林書院新社。

1983/05/07　京都大学学長事務代理・同大学医療技術短期大学部学長事務代理（～同月 22 日）。

1983/06/30　〈翻訳〉ジャック・アタリ『情報とエネルギーの人間科学――言葉と道具――』平田清明・斉藤日出治共訳、日本評論社。

1984/04/―　パリ第七および第三大学客員教授（～1985 年 9 月）。

1986/03/10　〈共著〉『21 世紀への思索――続・転換期の思想――』宮崎義一・平田清明・篠原一・中山茂、新地書房。

1986/03/―　京都大学定年退職。

1986/04/―　神奈川大学経済学部教授（～1993 年 3 月）。鹿児島経済大学社会学部非常勤講師（～1990 年 3 月）。

1987/06/10　『自由時間へのプレリュード』『異文化とのインターフェイス』世界書院。

1987/09/25　〈共編著〉『現代市民社会の旋回』平田清明・山田鋭夫・八木紀一郎編著、昭和堂。

1988/03/10　〈共編著〉『いまマルクスが面白い――現代を読み解く事典――』いいだもも・伊藤誠・平田清明編、有斐閣新書、有斐閣。

1988/04/―　神奈川大学大学院経済学研究科委員長（～1991 年 3 月）。

1988/09/―　京都大学名誉教授。

1989/04/03　国士舘大学大学院経済学研究科非常勤講師。

1989/07/―　パリ第七大学にて在外研究（～10 月）。

1990/04/26　〈翻訳〉『ケネー 経済表 原表第 3 版所収版』平田清明・井上泰夫訳、岩波書店。

1990/04/―　神奈川大学評議員（～1993 年 3 月）。

1990/09/―　学校法人神奈川大学理事（～1993 年 3 月）。

1990/10/―　神奈川大学副学長（～1993 年 3 月）。

1991/05/―　短期海外出張、上海建築材料工業学院大学客員教授。

1992/04/―　短期海外出張、武漢工業大学客員教授。

1993/03/―　神奈川大学定年退職。

1993/09/27　『市民社会とレギュラシオン』岩波書店。

1994/02/01　〈共著〉『現代市民社会と企業国家』平田清明・山田鋭夫・加藤哲郎・黒沢惟昭・伊藤正純著、御茶の水書房。

1994/04/―　鹿児島経済大学学長・同経済学部教授、学校法人津曲学園理事・同評議員、立命館大学産業社会学部客員教授、国士舘大学大学院経済

学研究科客員教授、日本私立大学協会理事（いずれも、～1995 年 3 月 1 日）。

1994/10/30　〈学会発表〉「ケネー『経済表』の社会史的意義とその理論的意義」経済学史学会第 58 回全国大会。

1994/11/26　〈学会発表〉「ケネー再考――経済学史とフランス革命史学を逆照射するケネー――」日仏経済学会。

1995/03/01　急性大動脈解離にて死去。享年 72。

1996/10/30　『市民社会思想の古典と現代　ルソー、ケネー、マルクスと現代市民社会』平田清明著、八木紀一郎・大町慎浩編、有斐閣。

2007/11/20　『平田清明 市民社会を生きる――その経験と思想――』平田清明著、平田清明遺稿集編集委員会（篠田武司・斉藤日出治・浅野清・安孫子誠男・佐々木政憲）編、編集協力：野沢敏治、晃洋書房。

2013/03/15　〈岩波文庫〉『ケネー 経済表』平田清明・井上泰夫訳。

2019/10/30　『フランス古典経済学研究』平田清明著、平田清明記念出版委員会編〔校訂・解題＝千賀重義・野沢敏治〕。

〔参考：『追悼平田清明 学問文芸共和国』創造の会、清水泰夫編集・発行、非売品、1996 年 3 月 1 日〕

〔作成担当＝浅井和弘・野沢敏治（五十音順）〕

追悼論稿一覧

（発表年月日順）

八木紀一郎　「市民社会」理論で時代画す　『南日本新聞』南日本新聞社、1995年3月8日（再録→『学問文芸共和国』清水泰夫編集・発行、1996年3月）

――――　愛した京都の自然　『京都新聞』京都新聞社、1995年3月9日（再録→同書）

山田鋭夫　市民社会論の正しさ　『週刊読書人』株式会社読書人、1995年3月17日（再録→同書）

斉藤日出治　市民社会を真に生きた《対話》の人　『週刊図書新聞』図書新聞社、1995年3月25日（再録→同書）

岩根邦雄　師を送る　『社会運動』社会運動研究センター、第181号、1995年4月（再録→同書）

豊田謙二　鹿経大の改革途上で逝った故平田学長　『南日本新聞』南日本新聞社、1995年4月21日（再録→同書）

水田　洋　平田清明――薩摩藩家老の後裔　『情況』第2期第6巻第4号・追悼平田清明号、情況出版株式会社、1995年5月

今井弘道　「市民社会と社会主義」から「市民社会主義」へ――平田清明『市民社会と社会主義』の現代的意義――　同誌

清水嘉治　故平田清明教授を悼む　『商経論叢』神奈川大学経済学会　第31巻第1号、1995年5月（再録→『学問文芸共和国』清水泰夫編集・発行、1996年3月）

若森章孝　「破壊的な観察」の人　『月刊フォーラム』フォーラム90s、1995年6月号（再録→同書）

安孫子誠男　「古典と現代」探求した生涯　『経済セミナー』日本評論社、1995年8月号（再録→同書）

千賀重義　平田清明会員を悼む　『経済学史学会ニュース』経済学史学会、第6号、1995年8月（再録→同書）

八木紀一郎　永遠に学問の灯かがやけ――平田清明先生の市民社会論――　『経済論叢』京都大学経済学会、第156巻第5号、1995年11月（再録→同書）

菱山　泉　平田清明さんを偲ぶ　同誌（再録→同書）

黒沢惟昭　グラムシ、大学改革、そして市民社会――故平田清明先生の想い出

──『神奈川大学評論』第22号、神奈川大学広報委員会、1995年11月

山田鋭夫　平田清明とフランス──ご逝去を悼む──『BULLETIN』日仏経済学会、第17号、1995年12月（再録→『学問文芸共和国』清水泰夫編集・発行、1996年3月）

重田澄男　マルクスと市民社会──追悼・平田清明──『マルクス・エンゲルス　マルクス主義研究』第26号、マルクス・エンゲルス研究者の会、1995年12月

山田鋭夫　資本循環と市民社会──平田清明論序説──『鹿児島経大論集』第36巻第4号、鹿児島経済大学経済学部学会、平田清明学長追悼号、1996年1月

八木紀一郎　平田氏の経済学史研究における市民社会認識『立命館産業社会論集』第31巻第4号（特集：故平田清明客員教授）、立命館大学産業社会学会、1996年3月

松田　博　グラムシと平田氏の市民社会論　同誌

田口富久治　平田氏と現代市民社会認識──N.プーランザス、B.ジェソップをめぐって──　同誌

篠田武司　レギュラシオン・アプローチと平田氏の市民社会認識　同誌

松葉正文　市民社会概念に関する覚え書──平田清明氏の見解を中心に──　同誌

内田　弘　〈熱情〉のひと、平田清明さん『学問文芸共和国』清水泰夫編集・発行、1996年3月

今村仁司　「交通」「所有」範疇ふたたび　同書

内田　弘　平田清明の市民社会論が意味するもの『神奈川大学評論』第26号（特集・戦後知識人の肖像）、1997年3月

宮崎犀一　平田清明氏の体系　同誌

大町慎浩　平田清明先生の三回忌に想う──2月19日のお約束──　同誌

注：1）大学関係者・内外研究者・友人・ゼミナリステン等による追悼文・回想文集が『追悼平田清明 学問文芸共和国』（清水泰夫編集・発行、1996年3月1日。「創造の会」事務局、167-0023　東京都杉並区上井草1-13-18　浅井和弘気付）として発行されている。

2）本追悼論稿一覧は、平田清明死去（1995年3月1日）後の3年間で各紙誌に掲載された追悼文のうち、多少とも理論的・思想的に平田論を展開しているものに限ってその表題と書誌事項を記録したものである。再録先を（　）内に記した。

〔作成担当＝浅井和弘・安孫子誠男・野沢敏治（五十音順）〕

本冊編者紹介

八《や》木《ぎ》紀《き》一郎《いちろう》

1947年生まれ。京都大学経済学部などで社会経済学・経済学史を担当。『国境を越える市民社会 地域に根ざす市民社会』桜井書店などを公刊。

山《やま》田《だ》鋭《とし》夫《お》

1942年生まれ。名古屋大学経済学部などで経済理論・現代資本主義などを担当。*Contemporary Capitalism and Civil Society*, Springerなどを公刊。

平田清明著作 解題と目録

2019年10月30日 第1刷発行

定価（本体4800円＋税）

編　者　平田清明記念出版委員会
千賀重義 野沢敏治
八木紀一郎 山田鋭夫

発行者　柿　﨑　均

発行所　株式会社 日本経済評論社
〒101-0062 東京都千代田区神田駿河台1-7-7
電話 03-5577-7286 FAX 03-5577-2803
E-mail: info8188@nikkeihyo.co.jp
振替 00130-3-157198

装丁・渡辺美知子　中央印刷／誠製本

落丁本・乱丁本はお取替えいたします　Printed in Japan

ISBN 978-4-8188-2538-3 C3000